Tarot de Marseille : Livre 1

Le Tarot Eternel

Edité par EJP

La Grande Prêtresse et le Grand Prêtre
Tarot Geoffroy de Catelin
Lyon 1557

Livres du même auteur

Les mystères de l'astrologie Maya dévoilés
Le Yi King Pratique
Le Diamant de Naissance (à paraitre fin 2016)
Editions Quintessence

Le Tarot Eternel 2
Le Chemin de votre vérité profonde
Cinq outils extraordinaires de connaissance de soi
Le manuel professionnel du Diamant de Naissance (à paraitre fin 2016)
Les runes germaniques sacrées et magiques
Edité par Eric Jackson Perrin

Les bases pratiques de l'astrologie
Les planètes, les signes, les secteurs
Maitriser l'analyse et l'interprétation du thème astrologique
Les planètes en signes
Les planètes en secteurs
Les aspects à la Lune et à Vénus
Les aspects au Soleil et à Mars
Les aspects Mercure, Jupiter, Saturne et Uranus
Les bases de l'astrologie karmique
Edité par Eric Jackson Perrin

****

© 2015 – Eric Jackson Perrin
www.coaching-evolution.net

Edité par Eric Jackson Perrin
69300 Caluire et Cuire

Imprimé en Allemagne par BoD – Books en Demand
ISBN 979-10-94871-15-7
Dépôt Légal : Novembre 2015-VERSION MAI 2020

Images de couverture : Tarot de Convers - Courtesy of Igor Barzilai

Table des matières

Introduction

Qu'est ce que le Tarot ? Le Tarot est un ensemble de feuilles de papier cartonnées, nommées cartes, lames ou arcanes, qui sont remplies d'images symboliques. Ces images véhiculent un enseignement montrant comment élever l'âme, par l'intégration de symboles, de façon à lui permettre d'accéder au but suprême de tout être humain, c'est à dire retrouver Dieu en soi et se reconnecter à la « Source de toute vie », dont chaque être humain est issu. Pour cela, elles montrent chacune une partie de la réalité qu'il est nécessaire d'intégrer. Intégrer cette partie de la réalité est alors source d'évolution et de guérison parce qu'elle rapproche de la Conscience joyeuse (ce que les croyants nomment Dieu). Les arcanes du tarot ont également pour objectif d'être un langage, un moyen de communication, entre l'inconscient et le moi conscient. Un langage existe pour exprimer un vécu intérieur et extérieur mais aussi pour gérer au mieux son existence. Cela nécessite de pouvoir répondre aux questions que l'on se pose. C'est ce que permet le tarot.

Comment est t-il structuré ? Le tarot composé de quatre familles de 14 cartes, nommées arcanes mineurs et d'une cinquième famille de 22 cartes, nommées arcanes majeurs, soit 78 cartes en tout.

D'où vient-il ? Il a été inventé en Italie du Nord entre 1425 et 1440. Il s'est développé à deux niveaux différents, comme un simple jeu de cartes avec échange d'argent, les cartes étant valorisées selon un certain ordre mais sans signification symbolique, et comme un outil de développement spirituel où l'inconscient et le conscient communiquent à travers des images symboliques qui établissent un pont entre le conscient et les mondes supérieurs de l'inconscient. Ce livre traite exclusivement du second niveau et a été réalisé pour ouvrir de nouveaux liens et de nouveaux horizons dans l'utilisation des images symboliques que sont les arcanes majeurs du Tarot, tant au niveau pratique qu'au niveau du développement de la conscience. Il a pour but d'être un guide de référence pour tous les êtres humains. Issu de la culture de la Grèce antique, de la culture Chrétienne, de la culture de la renaissance Italienne et Européenne et d'un apport conséquent des cultures musulmane et chinoise, le Tarot est maintenant un outil universel de développement de la conscience et un support pour l'enseignement de la spiritualité.

Les images symboliques du Tarot ont été intentionnellement conçues pour être des supports visuels sacrés permettant d'encoder, c'est-à-dire d'incarner, donc de s'approprier, une suite d'états de conscience dont l'ensemble forme un parcours de l'âme aboutissant à sa libération. Le Tarot décrit ainsi un cheminement d'évolution intérieure, une quête de l'âme qui cherche à retrouver la vie éternelle et un parcours spirituel aboutissant à l'union avec Dieu au sein du corps spirituel. Il est le résultat d'un flux de sagesse qui, partant des plus haut sommets de la planète en Asie, s'est répandu jusqu'en Europe et en Amérique.

Les images du Tarot n'ont pas été créées ex-nihilo mais en utilisant des images et des symboles déjà existants au sein des riches courants artistiques et littéraires Chrétiens et Italiens du quinzième siècle. Ces images ont été utilisées dans la vie quotidienne, comme images décoratives sacrées, en tant que supports pour enseigner, en tant que jeux et comme support pour faire de la divination, c'est-à-dire pour tenter de prédire l'avenir, en perdant alors leur aspect sacré. Elles ont ensuite à nouveau évolué depuis les années 70 vers « le développement personnel ». Elles deviennent de plus en plus un outil associant développement personnel et vie quotidienne où le sacré reprend sa place dans la vie de tous les jours.

Ce que vous apporte ce livre : Dans une première partie consacrée à la théorie, ce livre retrace l'évolution du tarot de sa création à nos jours avec des perspectives nouvelles. Il présente ensuite les cartes, lames ou arcanes mineurs qui ont précédé les arcanes majeurs. Il définit ensuite la structure des arcanes majeurs d'un point de vue historique puis en une vision synthétique. Dans une seconde partie consacrée à la pratique, il explique et présente « l'encodage » des arcanes grâce aux « significateurs ». Il propose ensuite l'apprentissage du tirage en croix dans sa version française, avec des textes d'interprétation pour chaque arcane, dans ses différentes positions et dans les secteurs principaux de la vie que sont la vie personnelle et amoureuse, la santé, la vie professionnelle et les finances. Cinq exemples d'interprétation donnent des points de repère pour maîtriser ce tirage. Il propose enfin le tirage cinéma, tirage qui combine l'utilisation des arcanes majeurs et des arcanes mineurs.

Bonne lecture.
Sincèrement.
Eric Jackson PERRIN
Mai 2015

Chapitre premier : Origines du tarot de l'Asie à l'Europe.

La création des jeux de cartes à jouer : Les êtres humains ont depuis toujours cherché à comprendre les lois de l'univers puis à les structurer en symboles. Les premières civilisations de notre humanité actuelle s'étant développées en Irak, en Iran mais surtout en Inde et en Chine, c'est tout naturellement dans cette région du monde que se sont développés les premiers systèmes d'informations visant à organiser la conscience de la réalité.

Les premiers supports d'information furent les os d'animaux puis les tablettes d'argile. Un système symbolique de 64 concepts, associés à des noms, des chiffres et des images, se développa en Chine, vers 1100 ans avant Jésus Christ. Il décrit l'ensemble des situations, des transformations et de la vie humaine sur Terre. Le papier fut inventé en Chine environ 200 ans avant Jésus-Christ. Un système d'information fut ainsi rassemblé en Chine, dans un livre, le Yi King, dont le plus ancien exemplaire disponible date de 168 avant JC. (Voir Le Yi King pratique écrit par Eric Jackson PERRIN).

La nature humaine aime le jeu. En effet, le jeu est un moyen efficace pour entretenir une souplesse intellectuelle mais aussi pour dissimuler dans des cartes un système de développement personnel. C'est ce qui s'est passé pour la création du jeu de tarot. Les chinois créèrent les premiers jeux de cartes, sans doute vers le septième siècle après Jésus-Christ. Les Hindous adaptèrent rapidement ces jeux à leur système de croyances (jeux hindous Ganjifa).

Des fabricants de papier chinois, emprisonnés à Samarkand en Ouzbékistan, partagent le secret de fabrication du papier avec le gouverneur musulman en l'an 751. Les échanges entre les Musulmans en pleine expansion et les Hindous permirent aux jeux de cartes de se propager à travers l'empire musulman. Ils furent adaptés à la culture perse et musulmane sous l'impulsion des Mamelouks Turcs, qui dirigeaient l'empire.

On retrouve ainsi un jeu composé de 4 séries (La cruche, la pièce, le sabre et la crosse) avec chacune 13 cartes (Roi, Vizir (Naib), vice-vizir et 10 cartes). Les croisés d'une part et les marchands Italiens et Espagnols d'autre part, particulièrement ouverts à international à cette époque, ramenèrent ce jeu de 52 cartes en Europe et notamment à Venise, qui était alors l'une des plaques tournantes du commerce mondial.

Il fut connu sous le nom de «jeu de Naip, Nayp, Naibbe ou Naib», Naib signifiant Vizir ou dirigeant en Sarazin.

Malgré les nombreuses tentatives officielles de l'église et des « autorités » pour l'interdire, il se développa en Italie et ailleurs en Europe à partir de 1355 après Jésus-Christ. Les historiens ont découvert, dans les archives italiennes, espagnoles, françaises, suisses, allemandes et belges, de nombreuses tentatives d'interdiction, sous forme d'ordonnances. L'invention de la gravure sur planche de bois (1423) puis de l'imprimerie (1454) facilita la création et la diffusion des jeux. Le concile de Constance en Allemagne, où se réunirent des cadres religieux de toute l'Europe et qui eut lieu entre 1415 et 1418, renforça la diffusion des jeux de cartes. Fabricant de cartes et de tarot devint finalement un métier, nommé « Maître Cartier » ou « Tarotier ». Ce métier fut validé en France par le Roi en octobre 1594. Il fut contrôlé et imposé par les autorités en place et put s'exprimer en France à travers une corporation.

Qui a créé les premiers jeux de Tarot ? Toutes sortes de réponses ont été données à cette question ! Les Atlantes ! Les Egyptiens ! Cela est inexact même si une partie des enseignements de ces deux grands peuples se sont perpétués dans le Tarot. Les Tarots ont été créés par un groupe de personnes, parmi lesquelles figuraient des « éveillés », éveillés aux réalités spirituelles et à l'existence permanente des « prophètes » sur Terre et dans les mondes invisibles les plus lumineux. Parmi ce groupe de personnes se trouvaient des « éveillés » aux réalités spirituelles, dont un marchand et un Soufi perse, un marchand juif, un marchand chinois, des hommes d'église Chrétiens « Italiens », espagnols, allemands et byzantins et enfin des politiciens et des artistes habitant des terres constituant l'Italie d'aujourd'hui. Les quelques preuves qui existaient à Milan ont presque toutes été détruites, dans un incendie qui ravagea les archives en 1447.

Les créateurs du Tarot souhaitent que leur œuvre soit mise en avant et non leurs noms et que l'on sache juste qu'il s'agit d'une œuvre collective à la disposition de toutes les personnes et que nul n'a le droit de revendiquer la propriété du Tarot ou de son usage. Il fait partie du patrimoine de la planète Terre. Une famille de 22 cartes, nommées « triomphes » et plus tard atouts puis lames, puis « arcanes » (secrets), dits majeurs par rapport aux autres dits mineurs, fut ainsi crée, en Italie du nord. Elle a sans doute été créé soit à Milan, qui était sous la direction du Duc Philippe Visconti (1392-1447), à Venise, qui était sous la direction du « Doge » Francesco Foscari (1423-1457), soit à Florence, qui était sous la direction de Cosme de Médicis (1389-1464) et peut-être à Ferrare, qui était sous la direction du Marquis de Ferrare Nicolas d'Este (1383-1441).

Cette cinquième famille a été créée entre 1424 et 1440, avec des concepts et des images qui existaient dans l'environnement spirituel, religieux, culturel et artistique de l'époque. L'Italie en tant que pays unifié n'existait pas encore. Elle était alors politiquement composée de cités-Etats plus ou moins autonomes. Les deux Cités-Etats les plus importantes, Venise et Milan, ont été en perpétuel affrontement entre 1400 et 1454, date du traité de Lodi qui fut orchestré par la ville de Florence et qui apporta la paix et la prospérité. La société était alors composée du clergé, de familles nobles, de soldats d'agriculteurs, de marchands et d'artisans regroupés en corporations.

Parmi ces artisans, des peintres en image proposaient aux nobles, aux marchants et au peuple différentes images et tableaux tandis que des troupes de théâtre exprimaient l'air du temps et l'humeur du peuple à travers de nombreuses représentations théâtrales. Les registres de Milan ont brulé en 1447 mais il existe un registre, le plus ancien connu à ce jour, de la ville de Ferrare, dans lequel un document relate que le marquis de la ville commanda auprès du peintre florentin **Sagamoro** un jeu de tarot en **1441** et un autre en 1442. L'évêque de Florence les mentionne dans un traité en 1457. Cette période fut marquée par un environnement artistique et culturel bien spécifique et par différents événements ayant un impact sur la création des premiers jeux de Tarots à 22 arcanes.

Environnement historique du Tarot et le concept de triomphe : L'Italie et l'Europe étaient encore fortement dominées par une culture religieuse Chrétienne plus ou moins contrôlée par l'église catholique romaine, tout en étant un peu nostalgique des empires grecs et romains de l'antiquité. Il y avait alors dans les grandes villes italiennes des processions ou défilés annuels. Une suite de personnages mythologiques et bibliques était mise en scène. Ces personnages triomphaient par leur présence, selon une suite où celui qui défile triomphe sur le précédent. La notion de triomphe était très implantée dans la culture italienne. Par ailleurs, des échanges commerciaux existaient avec la Chine, l'Inde et les pays musulmans, via la mythique route de la soie qui reliait la ville de Xi'an en Chine à la vie d'Antioche, aujourd'hui Antakya, sur la côte méditerranéenne Turque.

Nous allons à présent prendre conscience des sources religieuses et culturelles qui ont donné naissance au Tarot.

Carte de l'Italie du Nord vers 1450

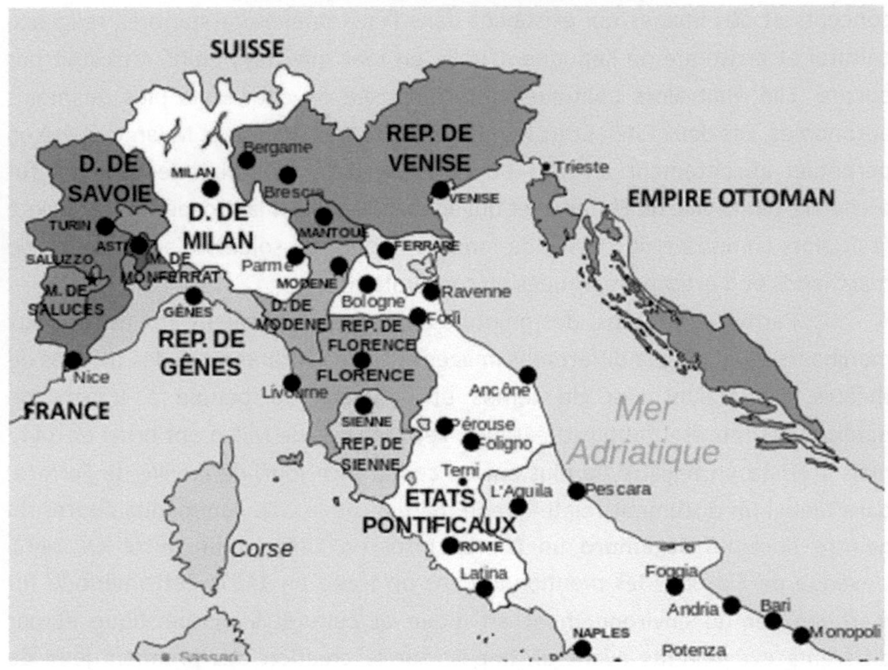

L'influence culturelle de Aurélius Prudentius Clemens, de Ramon Llull et de Saint Thomas d'Aquin: Politicien espagnol, Aurélius (348-410) était célèbre pour son poème « Psychomachia » ou combat spirituel de l'âme. Dans ce poème, il présente une série de vertus de l'âme (la foi, la chasteté, la patience, l'espoir, l'humilité, la tempérance et la charité) qui triomphent sur une série de vices, ce qui permet à la Chrétienneté alors naissante de triompher sur les sociétés païennes. A la fin de l'histoire, les vertus victorieuses élèvent un temple en l'honneur du triomphe de la sagesse. L'idée d'un ensemble de qualités formant un système permettant de se rapprocher de la Conscience (ce que les croyants nomment Dieu), ainsi que la notion de parcours spirituel ou de parcours de l'âme vers la vie éternelle, étaient déjà en 1400 connues en Europe, grâce à Monsieur Clémens mais aussi grâce au célèbre roman initiatique « Livre d'Evast et Blanquerna », écrit par l'écrivain Chrétien Majorquin Ramon Llull (1232-1315) en 1282. Le personnage principal de ce roman initiatique consacra sa vie à sa quête spirituelle en jouant le rôle de différents personnages les uns après les autres, abandonnant l'un pour s'identifier à l'autre afin d'avancer dans sa quête.

Une partie de l'ordonnancement des neufs premiers arcanes du Tarot est influencée par cette histoire. Enfin, Saint Thomas d'Aquin (1225-1274), religieux Bénédictin dont les œuvres étaient très connues à la renaissance, écrivit des discours sur différentes vertus comme la foi, la charité, l'espoir et l'amour et sur les quatre vertus cardinales de la Grèce antique. La vertu principale était pour lui la prudence, incarnée par l'Hermite.

La danse macabre : La grande peste de 1347-1353, où presque un tiers de la population de l'Europe fut décimée, généra un choc existentiel collectif et prépara le début d'un changement. Les gens se sont posé beaucoup de questions sur la mort, la vie et la valeur de l'église. Ils se sont réapproprié leur héritage culturel gréco-romain. Une Renaissance était en marche. Cela influença des créations culturelles en théâtre et en littérature, notamment « La danse macabre » où la mort, personnifiée, discutait, lors de représentations théâtrales, avec une série de personnages typiques comme l'artisan, le soldat, l'empereur, le pape, le couple d'amoureux etc. Ces personnages personnifiaient des valeurs morales et des qualités qui triomphaient des vices et des difficultés. Une grande partie de ces personnages se retrouvent dans les treize premiers arcanes du Tarot.

L'influence culturelle de Pétrarque (1304-1374), de Marsile Ficin et de Platon (-428-347) : L'écrivain, poète et ambassadeur Italien Pétrarque, qui fut récompensé à Rome pour ses écrits en 1341, fit redécouvrir les œuvres et enseignements des auteurs classiques, dont Platon, connu pour ces ouvrages « Phèdre », « La République » et « La Timée ». Marsile Ficin (1433-1499), philosophe Italien (1433-1499), traduisit également les œuvres de Platon. Il fonda une académie platonicienne à Florence et joua un rôle important dans la diffusion du Tarot.

En quête de développement spirituel, Platon proposa une certaine vision de la réalité et de l'âme. L'âme, composée d'un ensemble de forces plus ou moins autonomes, pouvait être décrite sous trois angles différents et devait être rassemblée en trois phases pour faire l'expérience de l'éveil de la Conscience (Dieu). Chacune des trois parties avait une vertu principale permettant de gérer au mieux ce qui se présentait. La première partie de l'âme est consacrée à la vie, à l'action et à la satisfaction des désirs et besoins matériels.

La vertu nommée Tempérance, devenue l'arcane 14 du Tarot, aidait à bien gérer cette dimension de l'âme. La deuxième partie de l'âme permettait de se reconnecter avec son centre, de se transformer et d'exprimer sa puissance.

La vertu nommée Fortitude or Force du Cœur, devenue l'arcane 11 du tarot, aidait à bien gérer cette dimension de l'âme. La troisième partie de l'âme permettait d'effectuer le chemin vers la sagesse, jusqu'au centre du cœur. La vertu nommée prudence ou sagesse éternelle divine, aussi appelée « Sophia l'âme du monde » ou « l'étincelle divine présente en tout être humain », aidait à bien gérer cette dimension de l'âme. Elle est illustrée par l'arcane 9, l'Hermite, mais aussi par l'arcane 21, le Monde. Quand ces trois vertus existaient, une quatrième vertu, le Justice suprême, devenue l'arcane 8 du tarot, était automatiquement présente. Platon présenta ainsi quatre vertus, dites cardinales, qui triomphaient des forces du chaos et de la mort afin de permettre à l'âme d'accéder à la vie éternelle. Ces quatre vertus se retrouvent dans le Tarot. Ce sont la Justice (arcane 8), la Prudence (arcane 9), la Force (arcane 11) et la Tempérance (arcane 14). Les 21 premiers arcanes du tarot peuvent également être divisés en trois séries de sept cartes, où chaque série représente l'une des trois parties de l'âme décrites par Platon.

Pétrarque a produit divers documents et images (De remedis utriusque fortunae et triomphi) où sont soit directement représentés, soit décrits, des personnages ayant la faculté de « triompher ». Ces personnages sont très proches de ceux qui apparaitront plus tard dans les 22 arcanes du Tarot. L'expérience de l'éveil de la Conscience (Dieu) est ainsi alors appelée « Le Triomphe de l'Eternité », dont la symbolique est représentée dans le dernier arcane du Tarot, aujourd'hui nommé « le Monde ».

L'influence culturelle de la Bible : L'église Chrétienne définissait par exemple les quatre « escata » où « choses dernières », c'est-à-dire ce qui se passe à la fin de la vie. Ce sont la mort (arcane 13), le jugement (arcane 20), le ciel éternel (arcane 21) et l'enfer (arcane 15). Certains arcanes peuvent être associés à des passages spécifiques de la bible. Cela sera expliqué, si nécessaire, dans l'historique de chaque arcane.

La demande d'aide de Byzance en 1424 : La ville de Byzance, vestige de l'empire Chrétien d'Orient, est sur le point d'être engloutie par l'avancée de l'empire musulman Ottoman, ce qu'elle sera moins de trente ans plus tard.

En novembre 1423, l'Empereur Byzantin Jean VIII, accompagné d'une délégation, quitte Constantinople et se rend en Italie, à Venise, Vérone, Pavie et Milan, puis en Hongrie. Il appelle au secours et demande de l'aide militaire aux Italiens, notamment au Duc de Milan. Cette demande n'a pas eu de suites mais elle produisit un choc émotionnel et culturel. Dès 1424, le Duc de Milan, Philippe Visconti, aurait demandé à son secrétaire, l'érudit et astrologue Maurizio da Tortona, d'organiser, au château de Milan, la création d'une cinquième série de cartes à vocation pédagogique. Le livre de Monsieur Tortona est déposé à la bibliothèque nationale de Paris. L'artiste Michelino da Besozzo aurait été chargé de peindre cette première cinquième série, aujourd'hui disparue. Cela inspira par la suite la création, par d'autres artistes, rémunérés par les nobles et les riches marchands du nord de l'Italie, de jeux à vocation éducative et spirituelle, comportant soit des dieux et déesses grecques, soit des représentations des différentes qualités de l'âme.

La bataille d'Anghiari en juin 1440 : Des troupes envoyées par la ville de Florence et d'autres par la ville de Milan s'affrontèrent. Cette bataille, qui tourna à l'avantage des Florentins, eut surtout un impact politique, symbolique et artistique important, au niveau de la création de jeux de cartes. Elle fut en effet suivie par un mariage entre les deux familles belligérantes et un jeu de Tarot fut créé pour célébrer ce mariage puis un autre pour le commémorer.

Les différents jeux de tarot : Les nobles et marchands Italiens se mirent à faire faire et à offrir des jeux de tarot pour célébrer un mariage, une naissance ou un événement important. Différents jeux furent ainsi créés entre 1424 et 1550 à travers toute l'Italie, et notamment à Venise, Milan, Bologne, Florence et Ferrara. Ces jeux étaient composés d'images symboliques classées en 4 familles de cartes traditionnelles auxquelles étaient ajoutées la cinquième famille de cartes spéciales appelées triomphes ; nommées ainsi car elles « triomphaient » sur toutes les autres cartes, mais également sur la carte qui la précédait.

Parmi les jeux les plus connus figurent le Tarot peint par Michelino da Besozzo à Milan (1424-1425), le Tarocchino de Bologne (1424-1425),   le Tarot Visconti (1425), le Tarot de Milan (Pierpont-Morgan-Visconti de 1451), le Tarot Minchiate de Mantega de 97 cartes de Florence (1459) utilisé comme support éducatif par l'église, les nobles et les marchands, le tarot Sola Busca (1491), le Tarot Pasquinata (1522) et le Tarot Parlanti (1542). D'après les historiens d'art, les premiers jeux de tarot ont été peints par des artistes dont Bonifacio Bembo,

Michelino da Besozzo, Antonio Cigognaria, Francesco Zavattari et Sandro Botticelli.

Pourquoi 22 arcanes et comment a été créé l'ordre numérique actuel des 22 arcanes : Afin de partager le nom, la valorisation hiérarchique et la connaissance des étapes du cheminement de l'âme, par ailleurs connus des initiés et des cartes, il fut décidé de créer un ordre, une numérotation et des noms. *L'ordre des arcanes fut créé selon plusieurs principes.* Premièrement, une carte en suit une autre à partir du moment où elle triomphe sur celle qui la précède.

Apport du proche et lointain orient : Le chiffre 22 en tant que fin de cycle était connu au proche orient et en Chine. Les premiers alphabets Cananéens ou Phéniciens, qui ont abouti aux alphabets grecs et latins, comportaient 22 « lettres symboles ». Les 22 premiers concepts ou « hexagrammes » du système d'information Chinois nommé le Yi King forment un sous-ensemble complet avec 22 archétypes, qui volent en éclats au chiffre 23, pour redémarrer ensuite un nouveau cycle au chiffre 24. Le système runique lui comporte 24 symboles.

L'apport de la numérologie chinoise à la structure du tarot.

L'ordre des arcanes du tarot est en partie fondé sur les 22 premiers nombres ou archétypes, nommés hexagrammes, de la numérologie chinoise, qui date de plus de 3000 ans avant Jésus-Christ. Une partie de la symbolique du Tarot est également fondée sur la numérologie chinoise. Le système numérologique chinois est basé sur une suite de 64 chiffres organisés en couples. Chaque chiffre est représenté par une suite de six caractères nommée hexagramme. Chaque hexagramme décrit une situation typique où il est nécessaire d'agir d'une certaine façon. Nous examinerons, au chapitre consacré aux arcanes majeurs, ceux qui nous intéressent, les 22 premiers, dans la rubrique de chaque arcane consacrée à l'origine historique de l'arcane.

Cette comparaison vous permettra d'avoir une perspective plus large sur les différents arcanes du Tarot, une perspective qui place l'être humain dans une évolution personnelle et devant la nécessité de s'adapter à un environnement sans cesse changeant. On constatera que dans la plupart des cas, le lien entre la symbolique chinoise et celui du tarot est évident et surprenant. Quelquefois, il l'est beaucoup moins ou disons que la forme est différente. Cela est dû à l'impact qu'ont eu les croyances chrétiennes sur le Tarot, qui a été conçu pour un public chrétien. Vous pourrez, si vous le souhaitez, approfondir vos connaissances du système numérologique chinois en lisant « Le Yi King Pratique », édité chez Quintessence, ou en participant à un stage d'une journée à mes côtés.

L'influence des runes germaniques.

Les runes germaniques forment un système d'information constitué de 24 caractères. Chaque caractère est à la fois une lettre et un symbole magique. Elles ont été créées au premier siècle après Jésus Christ. Elles ont été utilisées jusqu'au seizième siècle à la fois pour effectuer des rituels et pour écrire. Il existait des liens commerciaux importants entre l'Italie et les pays voisins du nord. Même s'il n'existe pas à ce jour de preuves connues attestant que les créateurs du tarot connaissaient les runes et leur signification, les liens entre les deux systèmes sont surprenants lorsqu'on les considère dans leur essence symbolique. Voici un tableau comparatif. Si le sujet vous intéresse, vous pouvez lire « Les runes germaniques sacrées et magiques » paru fin 2015. Le second principe consiste à se baser sur deux systèmes numérologiques déjà existants et connus des initiés qui ont créé le tarot, le Yi King chinois et les runes germaniques. Le chiffre 22 et les structures numérologiques germaniques et chinoises servirent de base pour constituer une nouvelle unité, une cinquième famille de 22 arcanes et pour ordonnancer cette nouvelle famille afin d'illustrer l'évolution de la conscience, jusqu'au triomphe final du retour à l'union avec « la Source de toute Vie » (ce que les croyants nomment Dieu), dans le « corps du Christ » c'est-à-dire dans le corps spirituel. Cette réalité semble nouvelle pour beaucoup de personnes et pourtant en 1425, époque où le tarot à été créé, il existait d'une part la route de la soie, qui aboutissait à Antioche où se rendaient fréquemment les navires de Venise et où les marchandises mais aussi les idées et les connaissances spirituelles circulaient et d'autres part l'existence des runes étaient connue dans les monastères allemands, voisins du nord de l'italie.

Enfin, l'œuvre du religieux chrétien, Augustin Hippone, « les 22 livres de la cité de Dieu », écrit entre 413 et 426 après Jésus-Christ, contribua également à valider le projet. L'on retrouve des liens évidents entre les 22 arcanes et certains thèmes dominants dans les 22 livres.

EXEMPLE : L'arcane 19 était initialement représenté par un homme sur un cheval. Pourquoi ? La rune 19 se nomme « le cheval » parce que le lien sacré qui existait entre l'homme et le cheval, animal divin, symbolisait le lien entre la conscience humaine et la conscience divine, c'est-à-dire l'état d'être nommé Dieu où l'être humain est reconnecté à « La Source de toute vie » qui elle est symbolisée par le Soleil.

Voici un comparatif des trois systèmes d'informations.

N°	ARCANE DU TAROT	RUNE GERMANIQUE	NOM DU SYMBOLE DU YI KING CHINOIS
1	Le Bateleur	FEOH - LA CREATION DE RICHESSES	Le pouvoir créateur
2	La Grande Prêtresse	UR- LA FORCE DU FEMININ	L'éternel féminin
3	L'Impératrice	THORN - L'EPINE – L'ADAPTATION	La difficulté initiale d'adaptation
4	L'Empereur	AS - LE POUVOIR DE DIEU PAR LE VERBE	Le maître et l'élève
5	Le Grand Prêtre	REID – CHEVAUCHER – VOYAGES DU CORPS ET DE L'ESPRIT	L'attente stratégique ou la jeunesse qui apprend
6	L'amoureux	KEN - LE FEU S'ATTACHANT AU BOIS- LA TORCHE	Le conflit
7	Le Chariot	GEFU - LE DON DE SOI – L'UNION DANS L'ACTION	L'armée
8	La Justice	WYN – LA BANNIERE- LA JOIE DU PARTAGE ENTRE LES HONMMES	La civilisation ou l'union
9	L'Hermite	HAGL - LA GRELE – L'ESSENCE	Gérer l'hiver
10	La Roue de Fortune	NYD – LA Nécessité – LE DESTIN	La bonne marche ou la conduite juste
11	La Force	ISA- LA GLACE - LA VOLONTE - LA FORCE DE L'AMOUR	La force du cœur ou la paix
12	Le Pendu	JERA - LA RENAISSANCE – LE NOUVEAU CYCLE – L'ANNEE DE 12 MOIS	Le déclin ou la stagnation
13	L'Arcane sans Nom	IW- L'IF - LA MORT	La communauté avec les Hommes
14	La Tempérance	PEORTH- L'INSTRUMENT DU HASARD	Le grand avoir
15	Le Diable	EOL- RUNE L'ELAN - LA PROTECTION CONTRE LE MAL	L'humilité
16	La Maison-Dieu	SIGL - LE RAYON DE SOLEIL	L'enthousiasme
17	L'Etoile	TIEW - LE DIEU DU CIEL	Suivre (son étoile)
18	La Lune	BEORC- LE BOULEAU - LA VIE – LA NAISSANCE	Remédier le corrompu
19	Le Soleil	EH- LE CHEVAL- LA REUSSITE	L'avancée positive (du Soleil)
20	Le Jugement	MAN - LE GRAND HOMME - LE GRAND DEPART	Elever sa vision ou la vision sacrée
21	Le Monde	LAGU - L'EAU – LE RETOUR A L'OCEAN	Morde au travers ou La loi et le châtiment
22	Le Mat	ING – L'ACTUALISATION DE TOUS LES POTENTIELS	La forme ou le Grâce

L'ordre de classement des 22 triomphes ou arcanes majeurs varia pourtant quelque peu, comme l'indique les tableaux plus bas, jusqu'à ce que l'ordre du Tarot de Milan s'impose. Les historiens distinguent trois ordres, appelées simplement A, B et C, qui dépendent des Cités-Etats d'Italie qui les ont adoptés. Il y a l'ordre A ou Bolognais. *Exemple :* Planches de Rosenwald et de Rothschild datant de vers 1500. Il y a l'ordre B ou de Ferrare (Nord-est) : Exemple : Tarot Ercole D'Este (1470).

Il y a enfin l'ordre C ou Milanais : Tarot dit de Cary datant de vers 1500. Le plus ancien document présentant un ordre spécifique des arcanes du tarot, le sermon dit de Ludo Cum Aliis ou Sermon Steele, a été écrit par un moine Franciscain ou Dominicain vers 1480. Il présente un ordre proche mais différent de l'ordre du tarot de Marseille actuel. Le Tarot dit de Marseille est dérivé de l'ordre C.

Vous trouverez à la page suivante un historique des différentes positions des arcanes entre 1400 et 1550, avant que l'ordre C du Tarot soit adopté. Source : http://atil.ovh.org/noosphere/Tarot.php

HISTORIQUE-ORDRE DU TAROT 1350-1550

	trionfi del Tarocco Bolognese	trionfi del Tarocco Siciliano	Ferrara Venezia XV-XVI sec.	Jacq.Viéville 1643	Le carte parlanti (1543)	Pasquinata (1521)	Trionphi (metà del 1500)
0	-	*Miseria*			Il matto		il Matto
1	Béghet- Bagatto	*il Bagatto*	*il Bagatto*	*il Bagatto*	Il Bagatella	il bagatella	il Bagatino
2	Murett- (4 carte)	*l'Imperatrice*	*l'Imperatrice*	*la Papessa*	l'Imperatrice	l'imperatrice	l'imperatrice
3	Murett- (4 carte)	*l'Imperatore*	*l'Imperatore*	*l'Imperatrice*	la papessa	l'imperadore	l'imperadore
4	Murett- (4 carte)	*la Costanza*	*la Papessa*	*l'Imperatore*	Imperatore	la papessa	la papessa
5	Murett- (4 carte)	*Temperanza*	*il Papa*	*il Papa*	il papa	il papa	il papa
6	l'Amàur- l'Amore	*la Forza*	*la Temperanza*	*gli Amanti*	l'Amore	temperantia	temperantia
7	al Car- il Carro	*la Giustizia*	*l'Amore (Amanti)*	*la Giustizia*	la Giustizia	l'amore	il Carro
8	la Virtò- la Temperanza	*l'Amore*	*il Carro*	*il Carro*	il carro trionfale	il carro	l'Amore
9	la Giustézzia-	*il Carro*	*la Forza*	*la Forza*	la fortezza	La fortezza	La fortezza
10	la Forza	*Ruota df*	*la Ruota (d.Fort.)*	*la Ruota*	la ruota	la ruota df	la ruota df
11	la Furtòuna-	*l'Appeso*	*il Vecchio (Eremita)*	*il Vecchio*	il vecchio	il vecchio	il Gobbo
12	l'Eremita	*l'Eremita*	*Traditore*	*l'Appeso*	il traditore	il traditore	il Traditore
13	Traditàur-	*la Morte*	*la Morte*	*la Morte*	la morte	la morte	la morte
14	la Mort-	*la Nave*	*il Diavolo*	*Temperanza*	temperanza	il diavol	il diavol
15	al Dièvel	*la Torre*	*il Fuoco (Torre)*	*il Diavolo*	Plutone	la casa	la casa
16	la Torr-	*la Stella*	*la Stella*	*il Fulmine (Torre)*	la casa di Plutone	la stella	la stella
17	el Strel-	*la Luna*	*la Luna*	*la Stella*	le stelle	la luna	la luna
18	Lòuna-	*il Sole*	*il Sole*	*la Luna*	la luna	il sol	il sol
19	Sàul- Sole	*(Mondo)*	*l'Angelo-Giudizio*	*il Sole*	il sole	l'angelo	l'Agnolo
20	Mand- Mondo	*Giove- (Giudizio)*	*la Giustizia*	*Il Giudizio*	l'Angelo	la iusticia	la Justicia
21	Anzel- il giudizio	*il Fuggitivo*	*il Mondo*	*il Mondo*	il mondo	il mondo	il Mondo
22	Mat- Matto		*il Matto*	*il Matto*		il matto	

	CHA.	ROS.	MIT.	SIC.	BOL	MIN.	MET.	B/G.	FER.	OR.	LB.	ALC	PIS	SUS	VIE	H/L	MAR
	A	A	A	A	A	A	B	B	B	B	B/C	C	C	C	C	C	C
Bateleur	1 ?	1	1	1	1	1	1	1	1			1	1	1	1	1	1
Papesse	4 ?	2	2	?	?	?	3	4	4			2	2	3	2	2?	2
Impératrice	2 ?	3	3	2	?	?	2	2	2			3	3	2	3	4	3
Empereur	3	4	4	3	?	?	4	3	3			4	4	4	4	3	4
Pape	5?	5	5	?	?	?	5	5	5		5	5	·5	5	5	5?	5
Amoureux	6	6	6	8	6	5	8	8	7	8		6	6	6	6	6	6
Chariot	7	10	7	9	7	10	7	7	8		7	9	7	8	8	7	7
Justice	9	8	9	7	9	8	20	20	20			7	8	7	7	8	8
Hermite	12	12	12	12	12	11	11	11	11		11	11	9	11	11	9	9
Roue	11 ?	11 ?	11	10	11	9	10	10	10		10	10	10	10	10	10	10
Force	10	9	10	6	10	7	9	9	9			8	11	9	9	11	11
Pendu	13	13 ?	13	11	13	12	12	12	12	12		12	12	12	12	12	12
Mort	14	14	14	13	14	13	13	13	13			13	13	13	13	13	13
Tempér.	8	7	8	5	8	6	6	6	6			14	14	14	14	14	14
Diable	15 ?	15	15	14?	15	14	14	14	14		14	15	15	15	15	15	15
Tour	16	16	16	15	16	15	15	15	15			16	16	16	16	16	16
Étoile	17	17	17	16	17	36	16	16	16	16	16	17	17	17	17	17	17
Lune	18	18	18	17	18	37	17	17	17	17		18	18	18	18	18	18
Soleil	19	19	19	18	19	38	18	18	18	18		19	19	19	19	19	19
Jugement	·21	21	21	20	21	40	19	19	19			20	21	20	20	20	20
Monde	20	20	20?	19	20	39	21	21	21			21	20	21	21	21	21
Mat	0	0	0	0/22	0	0	0	0	0			0	22	22	22	22	22

Voici l'ordre et le nom des arcanes du Tarot dit de Marseille :

1- Le Bateleur	8- La Justice	15- Le Diable
2- La Papesse	9- L'Hermite	16- La Maison-Dieu
3- L'Impératrice	10- La Roue de Fortune	17- L'Etoile
4- L'Empereur	11- La Force	18- La Lune
5- Le Pape	12- Le Pendu	19- Le Soleil
6- L'Amoureux	13- L'Arcane sans nom	20- Le Jugement
7- Le Chariot	14- La Tempérance	21- Le Monde
		0 ou 22 : Le Mat

Cet ordre étant utilisé en France, c'est celui qui est adopté dans ce livre. Les tarologues anglo-saxons, dont le plus connu est Monsieur Waite, ont adapté le Tarot à leur vision du monde, au niveau de la dénomination et de l'ordre de certains arcanes.

Voici l'ordre et le nom des arcanes du Tarot selon la vision Anglo-saxonne. Vous pouvez observer que les arcanes 8 et 11 sont inversés.

1-Le Magicien	8- La Force	15- Le Diable
2-La Grande Prêtresse	9- L'Hermite	16- La Maison de Dieu
3-L'Impératrice	10- La Roue de Fortune	17- Vénus
4-L'Empereur	11- La Justice	18- La Lune
5-Le Grand-Prêtre	12- Le Pendu	19- Le Soleil
6-Les Amoureux	13- L'Arcane sans Nom	20-La Résurrection
7-Le Chariot	14- L'Ange	21- Le Monde
		0 ou 22 : Le Fou

Deux autres ordres, dénués de toute notion de supériorité ou d'infériorité des arcanes les uns par rapport aux autres, en lien avec la symbolique des chiffres et avec l'astrologie, existent et peuvent apporter des perspectives très intéressantes pour la recherche et la pratique.

Ordre et dénominations symboliques 1.

1-Le Bateleur : Il est en lien avec la symbolique du chiffre 1, Mars et le signe du Bélier.	**11-La Force :** Elle est en lien avec la symbolique du chiffre 1, le Soleil, et Mars.
2-L'Etoile de Vénus : Elle est en lien avec la symbolique du chiffre 2, avec Vénus et le signe du Taureau.	**12-Le Pendu (1+2=3) :** Il est en lien avec Neptune et le signe des Poissons.
3-L'Impératrice : Elle est en lien avec la symbolique du chiffre 3, avec Mercure et le signe des Gémeaux.	**13-Le Chariot :** Il est en lien avec Mercure/Mars/Jupiter et les chiffre 13 et 9.
4-La Grande Prêtresse : Elle est en lien avec la symbolique du chiffre 4, la Lune et le signe du Cancer.	**14-La Lune :** Elle est en lien avec la symbolique du chiffre 4, la Lune et le signe du Cancer.
5-L'Empereur : Il est en lien avec le Soleil et le signe du Lion.	**15-Le Soleil :** Il est en lien avec le Soleil, le signe du Lion et le chiffre 5
6-La Roue de Fortune : Elle est en lien avec la symbolique du chiffre 6, Mercure/Vénus et le signe du la Vierge.	**16- La Maison de Dieu (2+0=2)** Elle est en lien avec le signe du Verseau et la Lune, Saturne et Uranus
7-Les Amoureux : Ils sont en lien avec la symbolique du chiffre 7, de Vénus et le signe de la Balance.	**17- La Justice -** Elle est en lien avec Vénus/Saturne, le chiffre 7 et le signe de la Balance.
8-Le Diable : Il est en lien avec la symbolique du chiffre 8, avec Pluton et le signe du scorpion.	**18-L'Arcane sans Nom :** Il est en lien avec la symbolique du chiffre 8, avec Pluton et le signe du Scorpion
9-Le Grand-Prêtre : Il est en lien avec la symbolique du chiffre 9, avec Jupiter et le signe du Sagittaire.	**19-L'Ange - La Tempérance :** Il est en lien avec Uranus et le signe du Verseau.
10- L'Hermite : Il est en lien avec Saturne et le signe du Capricorne et le chiffre 10.	**20- La Résurrection :** Elle est en lien avec Jupiter, Uranus, Neptune et Pluton.
	21- Le Monde : Il est en lien avec Jupiter, le chiffre 9 et le signe du Sagittaire et aussi avec Neptune et le Soleil.
Une deuxième famille d'Arcanes est ensuite la fréquence ou l'octave supérieure de la première.	**22-Le Mat (2+2=4)** Il est en lien avec la Lune, Mercure, Uranus, Neptune et Pluton

Réformes religieuses et évolution des Tarots en France : Entre 1375 et 1600, l'autorité du Pape et de la religion catholique est remise en question par un nombre croissant de personnes. Cela débouche sur de profonds changements politiques et religieux et sur une disparition d'une partie de la culture qui a nourri la création du tarot. Les échanges entre l'Italie et la France sont importants et renforcés par différentes invasions françaises, dont l'invasion de Milan par Charles VIII en 1499. En 1535, le dernier duc de Milan, François Sforza, décède et la ville passe sous tutelle de Charles Quint, prince Habsbourg. Les jeux sont alors beaucoup moins tolérés.

Ordre et dénominations symboliques 2.

1-Le Bateleur : Il est en lien avec la symbolique du chiffre 1, Mars et le signe du Bélier. **2-L'Etoile de Vénus :** Elle est en lien avec la symbolique du chiffre 2, avec Vénus et le signe du Taureau. **3-L'Impératrice :** Elle est en lien avec la symbolique du chiffre 3, avec Mercure et le signe des Gémeaux. **4- La Grande Prêtresse :** Elle est en lien avec la symbolique du chiffre 4, la Lune et le signe du Cancer. **5-La Force :** Elle est en lien avec la symbolique du chiffre 5, le Soleil et le signe du Lion. **6-La Roue de Fortune :** Elle est en lien avec la symbolique du chiffre 6, Mercure/Vénus et le signe du la Vierge. **7-Les Amoureux :** Ils sont en lien avec la symbolique du chiffre 7, Vénus et le signe de la Balance. **8-Le Diable :** Elle est en lien avec la symbolique du chiffre 8, avec Pluton et le signe du Scorpion. **9-Le Grand-Prêtre :** Il est en lien avec la symbolique du chiffre 9, avec Jupiter et le signe du Sagittaire. **10-L'Empereur :** Il est en lien avec la symbolique du chiffre 10, Saturne et le signe du Capricorne. **Une deuxième famille d'Arcanes est la fréquence ou l'octave supérieure de la première.**	**11-L'Ange - La Tempérance (1+1=2) :** Il est en lien avec Uranus et le signe du Verseau. **12-Le Pendu (1+2=3) :** Il est en lien avec Neptune et le signe des Poissons. **13-La Lune (1+3=4) :** Elle est en lien avec la Lune et le chiffre 4. **14-Le Soleil (1+4=5) :** Il est en lien avec le Soleil, le signe du Lion et le chiffre 5. **15-Le Chariot (1+5=6) :** Il est en lien avec Mercure/Mars/Jupiter et le chiffre 6. **16-La Justice (1+6=7) :** Elle est en lien avec Vénus/Saturne et le signe de la Balance et le chiffre 7. **17- L'Arcane sans Nom (1+7=8)** Elle est en lien avec Pluton et le signe du Scorpion et le chiffre 8. **18- Le Monde (1+8=9) :** Il est en lien avec Jupiter et le signe du Sagittaire et le chiffre 9. **19- L'Hermite (1+9=10) :** Il est en lien avec Saturne et le signe du Capricorne et le chiffre 10. **20- La Maison de Dieu (2+0=2) :** Elle est en lien avec Lune/Saturne/Uranus. **21- La Résurrection (2+1=3) :** En lien avec Jupiter/Uranus/Neptune/Pluton. **22-Le Mat (2+2=4) :** Il est en lien avec Mercure/Uranus/Neptune/Pluton.

En 1542, à Trente, en Italie, une réunion des cadres de l'église, le Concile, interdit la lecture symbolique et donc les jeux de Tarot comportant des allusions à des valeurs mythologiques, religieuses ou spirituelles. Les représentations théâtrales à caractère religieux sont petit à petit interdites, en France en 1548 puis plus tard en Italie. La symbolique des jeux de tarots, un temps naturellement comprise par les nobles et par le peuple, sombre alors dans l'oubli pour une grande partie de la population.

Il semble que la propagation du tarot est alors été orchestrée en trois branches, une branche secrète qui perpétue le tarot en tant que support d'enseignement pour l'évolution de la conscience spirituelle, une branche intermédiaire qui propose d'utiliser le tarot comme un support de voyance et une branche grand public qui propage le tarot comme un simple jeu. C'est en tout cas ce qu'il s'est passé. Une partie des différents jeux de tarots existants, avec des cartes sans signification profonde, devient ainsi un simple jeu de cartes pratiqué par des aficionados. Certains Italiens vont alors tenter leur chance en France.

Les « ancêtres » du Tarot actuel, dit « de Marseille », ont ainsi d'abord été créés à Lyon vers 1557. Il reste ainsi, à Francfort en Allemagne, 38 lames d'un jeu créé à Lyon par Geoffroy de Catelin, jeu qui est dérivé des jeux de Tarot Milanais, avec une forte influence allemande. Ils se sont ensuite développés à Paris vers 1650 grâce au Maître Jean Noblet à et au maître Jacques Viéville, à nouveau à Lyon en 1685 grâce au Maître Rolichon et en 1701 grâce au Maître Jacques Mermé/Jean Dodali, puis enfin à Marseille en 1736 (Tarot de François Chosson) et en 1760-1761 (Tarot de Nicolas Conver).

Vous avez la possibilité de vous procurer des jeux de tarot de Noblet, Dodal et Viéville sur le site créé par Monsieur Jean-Claude Fornoy, www.letarot.com et des jeux de tarot de Rolichon et Convers sur le site créé par Monsieur Igor Barzolai, www.tarot-artisanal.fr.

En Angleterre et en Amérique du Nord, le tarot nommé « Waite-Smith Tarot » ou « Rider-Waite Tarot » est très souvent utilisé. Ce jeu de tarot, inspiré du tarot de Marseille mais avec de nouvelles images symboliques, a été créé par Arthur Waite, dessiné par Pamela Smith et édité en 1909 par William Rider.

En France, le Maître cartier Paul Marteau, de la société Grimaud, crée en 1930 un jeu de tarot, inspiré des jeux de tarot de François Chosson et de Nicolas Convers, baptisé « Ancien tarot de Marseille, qui devient célèbre dans le monde entier. Trois autres jeux de tarot très intéressants, de type « Tarot de Marseille » méritent aussi d'être cités ici, le Tarot Camoin-Jodorowski créé en 1995, le Tarot de Kriss Hadar créé en 1996 et celui que j'utilise actuellement, le « Tarot Universel », créé par Bruno de Nys en 2005. Des Maîtres Cartiers comme Jean-Claude Fornoy et Igor Barzilai ont récemment reconstitué les anciens tarots de Noblet, Viéville, Rolichon, Dodal et Convers.

Comparatif de l'arcane du Bateleur.

Tarot de Catelin Lyon 1557 Museum für Kunsthand werk de Francfort	Tarot de Jean Noblet Paris 1650 Courtesy of Roxanne Flornoy Site letarot.com	Tarot de Rolichon Lyon 1685 Courtesy of Igor Barzilai Site tarot-artisanal.fr	Tarot de Convers Marseille vers 1760 Courtesy of Igor Barzilai Site tarot-artisanal.fr	Tarot de Bruno de Nys Saint-Paul-de-Vence 2005 Courtesy of Bruno de Nys Site edition brunodenys.com
	LLBATELEV	LE ·BATELE	LE·BATELE	LE BATELEUR

L'origine étymologique du Mot Tarot : Nous avons vu que la spécificité du Tarot est la création d'une cinquième famille de cartes spéciales, qui dominent les autres en triomphant sur elles. Ce concept d'une carte qui triomphe sur une autre a donné son premier nom au jeu de Tarot. Les 22 arcanes étaient initialement appelés « triomphes » et formaient un jeu qui se nommait jeu de triomphes. Le jeu complet a ensuite été baptisé « Tarocco » en Italien mais on ignore à ce jour par qui et quand exactement.

Ce nom aurait différentes origines. Il viendrait du mot « tara » ou « taroch », attesté dès 1505 dans le registre de la ville d'Este Court en Italie.

Ce mot signifie « retirer », « déduire », « perdre de la valeur », ou encore « manquant », « diminué » et « réduit » (à cause des cartes et des points qui étaient retirés, déduits et mis de côté lors du jeu de tarot).

De là est né le mot « tarato » en italien et « taré » en français, dont la signification a évolué dans le sens d'idiot ou de personne avec une intelligence manquante ou défaillante. On trouve dans les registres italiens des commentaires selon lesquels les personnes perdant leur temps à jouer aux cartes étaient considérées comme des idiots ou « tarato » par l'église. Le mot tarot viendrait aussi peut-être du procédé graphique consistant à « tarauder » les cartes, c'est-à-dire à les recouvrir de motifs graphiques dorés ou argentés. Il est également possible que la rivière Taro, dans le nord de l'Italie, ait joué un rôle dans le choix du nom donné au jeu. Enfin, l'origine étymologique qui a le plus de sens vient de l'Arabe « turuk » au singulier et « tariqa » au pluriel, ce qui signifie voie, chemin, cheminement et procédure. Le chemin évoqué ici est le chemin du retour qui mène au centre de soi et à la reconnexion avec « la Source de toute vie ». Finalement, pour poursuivre dans cette direction, en Inde ancienne, en langue Sanskrite, les mots « Tara » et « Tari » indiquaient une étoile, une lumière, un repère ou un véhicule qui guide les âmes d'une rive à l'autre. Le mot « taru » représente aussi un arbre, l'arbre de vie, qui renait à partir d'une graine entre la Terre et le Ciel. Il symbolise pour les Hommes un pont vers son point d'origine, la « Source de toute Vie ». Cela symbolise la renaissance de la Conscience et son éveil dans le corps spirituel. Le jeu de Tarot peut en tout cas être un moyen, un véhicule, un outil, un système d'information imagé et un système symbolique sacré pour trouver ou retrouver son chemin, le chemin vers son but suprême, vers sa vérité profonde, vers la lumière de la Vie Eternelle, vers l'union avec « Dieu » et avec « La Source ».

Conclusion sur l'historique : La suite des 22 « triomphes » a ainsi été créée à partir d'enseignements numérologiques, symboliques, religieux et spirituels, tout en puisant dans le répertoire artistique et culturel très riche existant en 1424-1427 en Europe et en Italie (exemple : l'homme qui cherchait l'illumination dans le roman de Ramon Llull et les vertus Chrétiennes décrites précédemment).

Chapitre 2 : Evolution du tarot vers un outil de coaching en Amérique du nord et en Europe

Les jeux de Tarot étaient à l'origine des supports initiatiques symboliques et visuels. Ils étaient destinés à mettre en valeur des qualités, des vertus, qui triomphaient des difficultés de la vie et de l'état de mortalité de l'être humain. Les images des arcanes majeurs ont été conçues pour aider à gérer les transformations de la vie et pour montrer le chemin vers l'éveil de la Conscience, vers le retour à l'union avec « la Source de toute vie» dont chaque être humain est issu. L'ordre des images est structuré selon une suite logique, la même que celle de la numérologie chinoise et du système germanique, pour raconter une saga familiale. Les différentes étapes ou expériences sont vécues par un personnage principal qui peut être soit le Mat soit le Bateleur. Le Tarot a ensuite été utilisé comme support de voyance, pour tenter de prédire l'avenir puis comme un outil thérapeutique de dialogue entre le conscient et l'inconscient. Ce chapitre décrit cette évolution du Tarot vers un outil de coaching et de développement personnel.

Utilisation du Tarot par les milieux « occultistes » : Naissance du « Tirage en Croix ».

Créé entre 1424 et 1440, le jeu de Tarot devient petit à petit un outil de divination. Entre 1800 et 1900, en France et en Angleterre mais aussi bien avant cela en Italie, différents « chercheurs de vérité », puisant leur inspiration dans les traditions Judéo-chrétiennes et se faisant appeler « occultistes », utilisent alors le Tarot comme un outil pour « prédire l'avenir ». En France plus précisément, un groupe de personnes intéressés par les mystères, appelés « occultistes », parmi lesquels figurent Stanislas de Gaita, Mr De Lorraine, Papus et Oswald Wirth de Suisse, créent une organisation ; « l'Ordre Kabbalistique de la Rose-Croix ». Ces derniers créent également un jeu de Tarot nommé « le Tarot d'Oswald Wirth » ou ils proposent un tirage en forme de croix avec 5 positions, en lien avec le nom de leur organisation et du symbole Chrétien qu'est la croix. En Angleterre, où l'occultisme et l'organisation Rosicrucienne se propage rapidement, d'autres tirages sont créés, dont le plus connu est le tirage dit de « La croix celtique ».

Le tirage en croix

	CARTE 3	
CARTE 1	CARTE 5	CARTE 2
	CARTE 4	

Numérologie et tarot

La numérologie ou science des nombres, issue des mathématiques, existe en Europe depuis l'époque de la Grèce antique, où Pythagore en fut l'une des figures phares. Elle est l'art d'interpréter les nombres, en donnant des informations sur la personnalité et sur la destinée, d'après la date de naissance, le prénom et le nom de famille. La numérologie est également très présente dans la culture musulmane et juive. Elle connut un essor important entre 1800 et 1950 en Angleterre et aux Etats-Unis. En France, elle fut popularisée à travers quelques ouvrages, dont celui de Robert Markab, en 1938. Le jeu de Tarot, fut, dès sa création, fortement influencé par la numérologie. Il a été conçu à l'origine pour représenter visuellement les idées associées à chaque nombre. La signification des arcanes dépend donc en grande partie du nombre qui leur est associé. L'association des deux disciplines, Tarot et Numérologie, se fit naturellement en Angleterre et en France par les milieux occultistes.

Dès lors, le premier élément d'information de la date de naissance, le jour de naissance, fut associé à la personnalité consciente qui s'affirme dans la vie. En effet, le chiffre 1 correspond au Bateleur ou Magicien, premier arcane du Tarot. Le deuxième élément d'information de la date de naissance, le mois, fut associé à la Papesse ou Grande Prêtresse, c'est à dire à la personnalité inconsciente gardienne des mystères de la vie. Le troisième élément d'information, l'année de naissance, fut associé à l'Impératrice et aux fonctionnements mentaux permettant de s'adapter au monde extérieur. La somme de ces trois éléments d'information fut associée à la quatrième carte du Tarot, l'Empereur, qui bâtit sa maison, sa famille et son empire et réalise ainsi son destin.

La cinquième carte, somme des quatre arcanes précédents, fut associée au Pape ou Grand Prêtre et à l'enseignement clé nécessaire pour retrouver sa nature divine. En numérologie, l'addition du jour et du mois décrit la personnalité intérieure et ses richesses tandis que l'addition du mois et de l'année décrit la manière de penser et de s'adapter à l'environnement extérieur. La somme de la personnalité intérieure et de la personnalité extérieure décrit le tempérament, autrement dit, les tendances naturelles dominantes de la personne. L'habitude de demander la date de naissance s'installa ainsi chez une majorité de tarologues.

Premier tarot psychologique : Hurley et le tirage en pointe diamant

En 1974, à Sausalita en Californie, le couple de Tarologues Jack et Rae Hurley, avec l'illustrateur John Horler, issus de la mouvance « New Age » et initiés au Bouddhisme par un Lama Tibétain, font éditer, auprès de la société Tarocco, le « New Tarot Deck » ou « Psycho-Tarot ». Composé de 78 cartes en noir et blanc, ce jeu est orienté vers la croissance psychologique et la résolution de situations difficiles. Les images véhiculent des symboles qui parlent à l'inconscient, aidant le consultant à comprendre sa situation et à envisager des solutions. Le jeu est accompagné d'un livret proposant un tirage dit «Tirage en pointe de diamant ».

Ce tirage très complet permet de faire un tour d'horizon de l'état intérieur du consultant en rapport avec une situation donnée. Il permet d'amorcer un processus thérapeutique. Fondé sur les concepts de la Gestalt, de l'Analyse Transactionnelle et de la psychothérapie, Il est rapidement adopté par de nombreux thérapeutes aux Etats-Unis et au Canada. Treize positions ont été définies. Elles sont associées aux planètes et à des indicateurs psychologiques représentant treize facettes de la vie intérieure. Les treize positions sont ensuite disposées en forme de diamant. Il est possible que le chiffre 13 ait été choisi en lien avec les 13 étapes de l'âme existant dans le calendrier Maya, en plein essor dans les milieux « New Age » dans les années 70. Plus simplement ce chiffre est aussi en lien avec les familles de 13 cartes qui composaient les premiers jeux de cartes parvenus en Europe depuis l'orient.

Les treize facettes de la pointe de diamant

1- Position du Soleil : le centre de mon monde actuellement.
2- Position de la Lune : la face inconnue de la question
3- Position de la Terre : moi entre le connu et l'inconnu
4 -Position de Jupiter : les facteurs favorables
5- Position de Saturne : les difficultés
6- Position de Vénus : l'idéal d'amour et de beauté, la richesse
7- Position de Mars : l'agressivité ; la détermination, l'action, les défis
8- Position de mercure : la solution intuitive, le message libérateur
9- Position de Neptune : l'avenir, le futur probable
10 -Position d'Uranus : les changements à faire
11- Position de Vesta : les facteurs manquants
12- Position de Pluton : le fond de la question
13- Position du nouvel ascendant : un nouveau départ

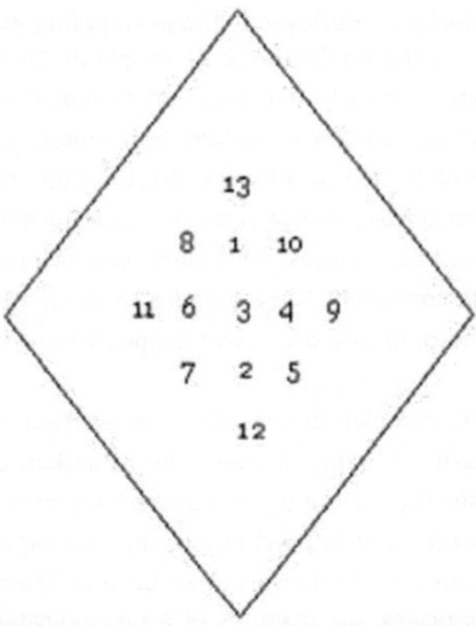

La Pointe de Diamant et le placement des positions

Une évolution majeure : les travaux de Denise Roussel (1934-1998)

Titulaire d'un doctorat en psychologie à l'université de Montréal et enseignante, elle est passionnée par les états modifiés de conscience,   la parapsychologie, le Tarot et le développement personnel. Elle entreprend des recherches dans différentes structures associatives. En 1977, elle ouvre au Canada un bureau de consultations individuelles, «Le Ressourcement Psycho-Tarot», où elle consulte à l'aide du Tarot de Hurley. Elle donne de nombreuses conférences. Elle publie divers ouvrages sur le Tarot psychologique dont le plus connu est « Tarot Psychologique, Miroir de soi, Editions Mortagne, 1988 ».

Elle fonde en 1993 le « Collège international du transpersonnel » au Canada, permettant à de nombreux professionnels du développement personnel de se former aux concepts et aux outils de la psychologie transpersonnelle. Dans son ouvrage, « le Tarot Psychologique, Miroir de soi, elle présente le « New Tarot Deck » de Hurley et développe son utilisation dans un cadre thérapeutique. Ses recherches, ses conférences et ses ouvrages ont aidé de nombreux thérapeutes à progresser dans leurs pratiques. Ils ont permis au public francophone de se familiariser avec le Tarot comme outil de développement personnel.

Une seconde évolution majeure : les travaux de Georges Colleuil

Il effectue en France des études en philosophie, en psychologie et en sciences du langage. Il étudie également la mythologie, la numérologie, l'alchimie, les contes, l'art et les traditions du monde. Il enseigne les lettres, la philosophie puis la psychopathologie à Nice et à Cannes. Il créé en 1988 l'association « Hommes de Paroles », qui s'engage dans l'aide aux enfants en souffrance. Il devient psychothérapeute et formateur en communication. C'est un explorateur de toutes les connaissances humaines et un chercheur passionné par le développement personnel. Il créé différents outils de connaissance de soi et de guérison thérapeutique tels que le Référentiel de Naissance, le Mythogramme et l'Onomasophie.

Il publie de nombreux ouvrages de développement personnel aux éditions Arkana et Dangles, dont « La Fontaine intérieure », « La fonction thérapeutique des symboles », « Le Référentiel de naissance et « Tarot l'ile au trésors ». Il forme des thérapeutes et praticiens à l'utilisation de ces outils. Son érudition, son intuition, son expérience en développement personnel et ses recherches en numérologie lui permettent de trouver et d'associer des formules de calcul. Le référentiel a également 13 maisons. Il associe des pratiques numérologiques et les pratiques thérapeutiques utilisant le Tarot.

Les treize maisons du Référentiel de naissance

1- Maison 1 : Ma personnalité, l'image que je donne, ma carte de visite.

2- Maison 2 : Mes motivations inconscientes, ma quête inconsciente.

3- Maison 3 : Mes filtres mentaux, ma façon de voir le monde.

4 - Maison 4 : Ma mission de vie.

5- Maison 5 : Le passage obligé nécessaire pour avancer.

6- Maison 6 : Ma ressource principale.

7- Maison 7 : Mon défi principal, le combat à mener.

8- Maison 8 : Mon année personnelle, ma météo annuelle.

9- Maison 9 : Mon être profond ou mon identité profonde.

10 - Maison 10 : Mes difficultés répétitives, mes expériences d'échec tant qu'un travail n'est pas fait.

11- Maison 11 : Ma naissance, mon héritage familial, le projet parental.

12- Maison 12 : La destination, la guérison, le legs à la postérité.

13- Maison 13 : Le paradoxe fondamental au cœur de mon Etre, qui associe une problématique de fond et les ressources pour le dépasser.

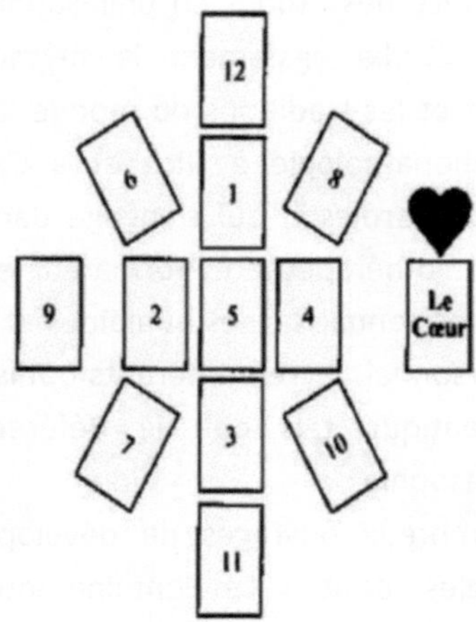

Le référentiel de naissance est ainsi devenu, depuis les années 1990, un outil de connaissance de soi et un outil thérapeutique.

Une nouvelle pratique du Tarot : Les recherches et les pratiques des « tarologues thérapeutes ».

En France, un certain nombre de thérapeutes combinent psychothérapie de groupe et utilisation des arcanes du Tarot. Une discipline que l'on pourrait appeler psychotarologie est en train de naître. Différentes approches ont été créées pour dénouer les blocages psychologiques, permettre à chacun de réintégrer les parties de l'âme dont il ou elle est séparé(e) et pour faire avancer l'âme vers sa libération. Alejandro Jodorowski est l'un des pionniers dans ce domaine. L'on peut aussi citer Joaquim Loup Blanc et sa méthode thérapeutique « Tarot Vision ».

Une nouvelle évolution majeure : la création du Diamant de Naissance.

Inventé en 2011 par Eric Jackson Perrin, l'intention d'origine du Diamant de Naissance® est de présenter un thème astral avec les arcanes du Tarot et par ce fait d'établir le lien avec l'astrologie mais aussi de fournir une carte complète de l'âme, du plan d'âme et du plan d'évolution de l'âme, à l'aide de la numérologie. Le Diamant de Naissance est ainsi une synthèse entre la numérologie, l'astrologie, le Tarot Diamant et quelques éléments du Référentiel de Naissance. Il comporte 2 parties, la base du Diamant et le Diamant.

Le Diamant : Il est constitué des 12 maisons astrologiques et de la Source de Rayonnement, qui est au centre du Diamant. La disposition et la signification des maisons sont celles du thème astrologique.

Maison 1 ou Ascendant : L'état d'esprit que l'on est venu expérimenter dans la vie, la façon de s'exprimer, de s'affirmer et de démarrer des activités dans le monde, l'apparence, l'image que l'on donne, son arme et sa force de frappe, le masque que l'on adopte pour exercer « un ascendant » sur le monde.

Maison 2 : L'incarnation, la richesse et la ressource majeure, les acquis, la façon de gérer la matière, la relation au plaisir, au corps et à l'argent.

Maison 3 : La façon de penser, d'apprendre et de communiquer. La façon de s'adapter à l'environnement. La façon de mettre les choses en forme et en mouvement dans la vie concrète. L'intelligence fraternelle et commerçante.

Maison 4 ou « Fond du Ciel » : Les origines, les racines, l'héritage familial, l'enfance et ses conditionnements, l'inconscient, ce que l'on porte au fond de soi, le foyer, les lieux et expériences de ressourcement et de bien-être.

Maison 5 : L'être éternel, les repères personnels, la conscience de soi, le pouvoir créateur permettant d'exprimer son identité profonde et de réussir, l'expression du cœur, les créations, ce que l'on donne de soi.

Maison 6 : L'intelligence technique, l'adaptation au monde matériel, le service, l'hygiène, la santé, la recherche du bien-être et les difficultés répétitives générées par la tendance à être "dans le mental".

Maison 7 ou Descendant ou antipode : La façon d'entrer en relation avec autrui, l'autre, le couple, les associations ou les rivalités, la face opposée mais complémentaire de soi, la rencontre avec le non moi (source d'adversité que l'on doit transformer en allié, le défi majeur).

Maison 8 : Ce qui est occulté, les crises et les transformations, la recherche d'initiation, notre vérité profonde, la part d'ombre que l'on cherche à ramener à la lumière, la part féminine inconscience, le trésor caché que l'on a en soi, l'expérience des révélations, la sexualité.

Maison 9 : Comment l'on prend sa place dans la société, l'adaptation à l'espace, l'élargissement des horizons, les études supérieures, les grands voyages du corps et de l'esprit, la négociation et les affaires.

Maison 10 ou milieu du Ciel ou chemin de vie : L'ambition, l'organisation de sa destinée, la voie du milieu pour se réaliser, la relation aux structures,   la carrière, les grandes réalisations, la direction générale à suivre, la leçon de vie majeure, le cheminement et la maturation vers sa vérité profonde.

Maison 11 : L'expression de notre spécificité, l'expérience du groupe, l'adaptation à la modernité, les amis, l'évolution psychologique, les appuis, les solutions obligatoires pour se libérer, la libération intérieure, la liberté, l'intelligence technologique et psychologique.

Maison 12 : La souffrance et la transcendance, l'évolution spirituelle, la source de notre foi, les mémoires d'âme et les mémoires généalogiques, les épreuves et les expériences spirituelles, la fin de l'histoire et ce qu'on laisse derrière soi.

La Base du Diamant : La base du Diamant constitue le cœur de votre être autour duquel s'articule le Diamant. Cette base est constituée à gauche de vos facettes initialement cachées, c'est-à-dire inconscientes, jusqu'à ce qu'elles soient révélées. Ces facettes cachées sont l'intention d'incarnation, l'appel de l'âme, la ressource cachée, le défi caché et la contradiction. A droite, il y a votre dominante visible, c'est-à-dire les comportements, schémas et ressources auxquelles vous faites toujours appel consciemment, que vous avez toujours à votre disposition dans votre vie et qui sont porteuses de sens pour faire ce que vous êtes venu faire sur Terre. Votre dominante visible est constituée par votre tempérament, votre motivation, votre ressource clé et votre nombre d'expression. Au centre de la base, il y a la situation ici et maintenant, votre carte annuelle, qui décrit l'énergie dominante durant votre année. Tout ceci est expliqué en détail dans un chapitre ultérieur. L'arcane de réalisation de soi, souvent appelé nombre axial en numérologie, synthétise le Diamant de Naissance®.

Représentation classique et astrologique du Diamant de Naissance

Le Diamant de Naissance® est un outil de connaissance de soi et un outil de développement personnel accessible à tous et à toutes. Afin d'être utilisé par les personnes qui connaissent l'astrologie comme par celles qui ne la connaissent pas, il peut être représenté de deux façons, indiquées ci-dessous.

Conclusion du chapitre : Le Tarot est ainsi devenu le Tarot psychologique et il est en train de redevenir spirituel, allant bien au-delà de son utilisation pour consulter l'avenir. En s'associant avec la numérologie, il a donné naissance au Référentiel de Naissance. En combinant la numérologie et l'astrologie, il a permis la création du Diamant de Naissance®. Cependant, il reste toujours un outil simple, clair et pratique de dialogue entre le conscient et l'inconscient afin de générer des images et des mots pour gérer ce qui doit l'être.

Diamant de Naissance : Représentation astrologiques

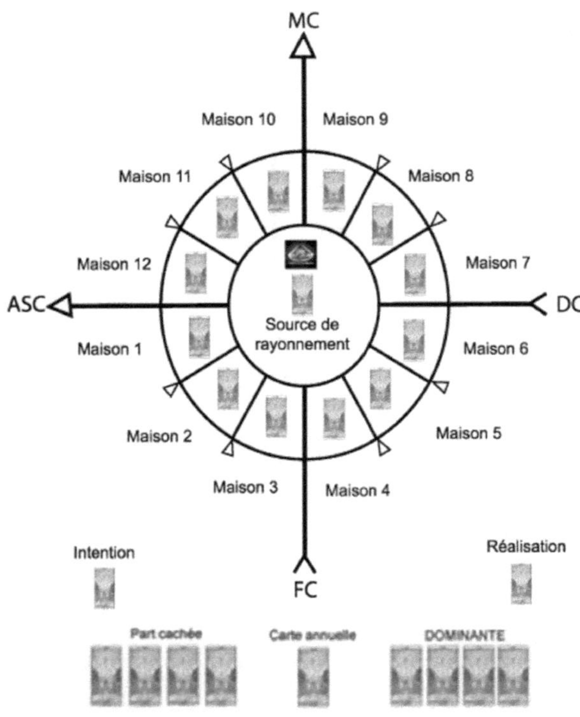

Création : Eric Jackson Perrin

Diamant de Naissance - Représentation Astrologique

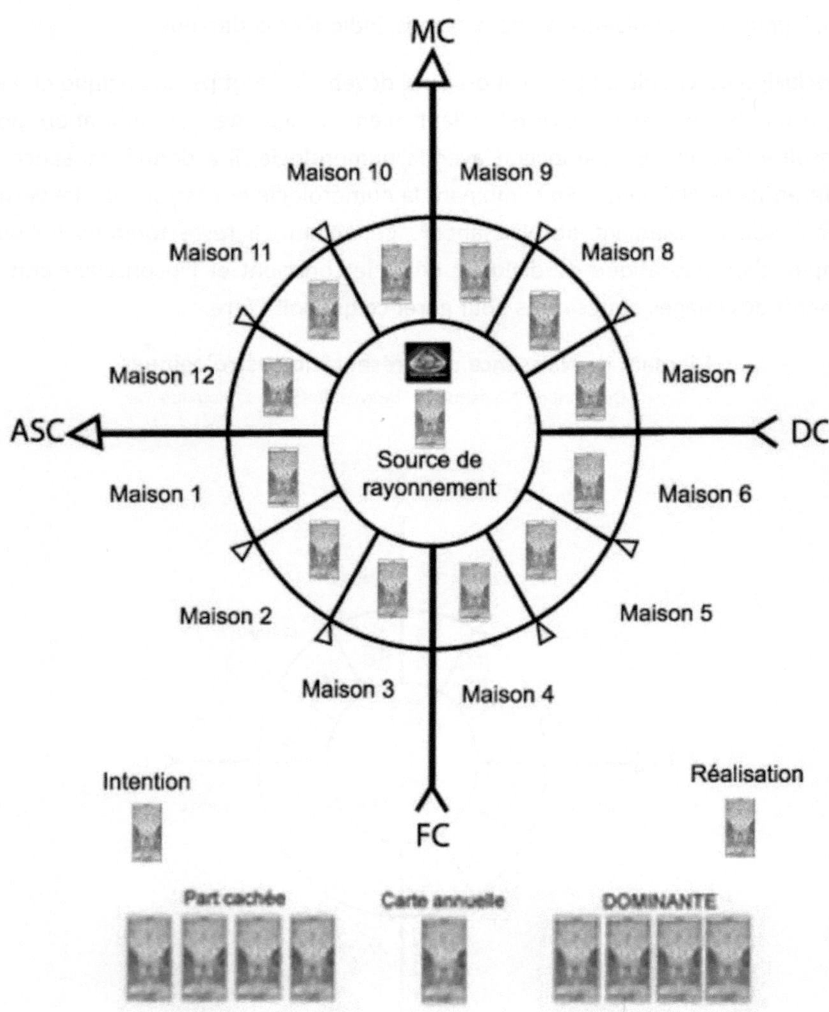

Création : Eric Jackson Perrin

Chapitre 3 : Les arcanes mineurs

Les arcanes mineurs sont un héritage des anciens jeux de carte Chinois, Indiens puis Musulmans. Ils sont répartis en 4 familles symboliques. On retrouve la symbolique des 4 éléments qui structurent la vie quotidienne. Ils sont surtout utilisés dans l'événementiel. Chaque famille est associée à la symbolique d'un chiffre, allant de l'As au 10, puis à 4 personnages, le valet, le cavalier, la reine et le roi. Il y a donc 4 familles de 14 arcanes mineurs, soit 56 cartes (8x7) c'est-à-dire symboliquement la civilisation en mouvement. Toujours d'un point de vue numérologique, on peut aussi voir ces 14 arcanes mineurs comme 7 couples de 2 (2x7=14) ou 7 façons de décrire le masculin et le féminin en mouvement, en action. Les dix premiers arcanes mineurs sont enfin en lien avec les 10 premiers arcanes majeurs. Un peu comme en astrologie avec les signes et les maisons, les arcanes mineurs précisent, orientent et qualifient l'intensité de l'événement en lien avec l'arcane majeur correspondant. Nous verrons cela plus en détail dans le tirage cinéma.

Vous pouvez combiner les mots clés pour obtenir une signification résumée : Exemples : 5 de bâton = évolution dans le domaine professionnel. 7 de coupes = victoire sentimentale.

Les épées : Elles représentent l'énergie, la combativité, la conscience, les décisions, l'utilisation de l'intelligence, l'expression de soi à travers la parole, la lucidité, la clarté d'esprit, le discernement et comment il faut trancher. Comme on ne peut forger une épée que par l'énergie de feu, les épées représentent avant tout le feu de la conscience. Elles sont parfois associées au mental ou à l'intellect qui génère de la disharmonie, du mal-être, des difficultés, voire des malheurs quand il prend la place du cœur et de la conscience. L'épée est symboliquement en lien avec l'arcane 8, « La Justice », seul arcane qui présente une épée. Elle symbolise ainsi la capacité à faire ce qui est juste et à apporter ordre et vérité. Parce que les épées avaient souvent des noms, elles représentent aussi la capacité de nommer ce qui est. Elles étaient en lien avec la caste des guerriers dans les anciens jeux Mamelouk.

Mots clés : Difficulté à résoudre, combat à mener, intention à poser, décision à prendre, prise de conscience qui se fait, action à mettre en place ou paroles à prononcer en lien avec le chiffre correspondant. Le domaine de l'énergie, de la décision, du défi, de l'intelligence efficace, de l'action et du combat pour surmonter une difficulté.

Les deniers ou talismans : Ils représentent le corps, les structures de la vie, le monde de la matière, les ressources, ce qui nourrit, la vie pratique, les sensations, la richesse, l'argent, les échanges de biens et de services, la sécurité et le plaisir. Ils sont en lien avec l'élément Terre et étaient en lien avec la caste des artisans et des commerçants dans les anciens jeux Mamelouk.

Mots clés : Domaine de l'argent et du corps. Elément matériel, corporel ou financier à générer ou à gérer en lien avec le chiffre correspondant.

Les coupes : Elles représentent la vie qui avance avec fluidité, les ressentis, la réceptivité, les relations, les liens, l'affectif, la famille, les sentiments, l'intelligence relationnelle et émotionnelle, la joie, l'inspiration, le bien-être, l'âme et l'amour. Elles sont en lien avec l'élément eau et avec la caste des agriculteurs et les gardiens de l'eau dans les anciens jeux Mamelouk.

Mots clés : Domaine de la vie de couple, de la vie sociale, des relations, des sentiments, du plaisir et de l'amour. Emotion ou sentiment à exprimer, lien à effectuer ou relation à gérer en lien avec le chiffre correspondant.

Les bâtons : Ils représentent le terrain d'expression de l'âme dans la vie et l'action, c'est-à-dire l'action organisée, le monde du travail, l'environnement professionnel, les projets, l'administration de la vie, l'enthousiasme, la confiance en soi, la créativité, la sexualité, la nécessaire expression de l'autorité, la force d'action dans le monde, l'expansion dans l'espace, les points d'appui sur le chemin, les outils au service de la vie, le goût de l'aventure, l'organisation d'événements et la maîtrise de la vie.
Ils symbolisent surtout l'air et le bois, parfois le feu. Ils étaient en lien avec la caste des magiciens ou des grands prêtres dans les anciens jeux Mamelouk.

Mots clés : Le domaine professionnel, l'action organisée en projet, une réalisation. Communication à effectuer et organisation à générer ou à gérer en lien avec le chiffre correspondant.

Chaque famille est associée à la symbolique d'un chiffre, allant de l'As au 10, puis à 4 personnages, le valet, le cavalier, la reine et le roi.

Les différentes symboliques des chiffres :

As : Il y a une nécessité de définir votre intention, de vous fixer un objectif, d'utiliser votre pouvoir créateur pour créer quelque chose à partir de rien, de passer à l'action, de prendre les choses en main, d'avoir confiance, de vous organiser efficacement pour obtenir des résultats et de démarrer quelque chose. Il y a un événement intense et marquant. **Mots clés :** Nouvel événement et nouveau départ en lien avec le domaine. Il y a un cadeau. Il y a une opportunité et une chance vous sont offertes. Vous devez en faire quelque chose.

2 : Il y a une nécessité de créer un foyer, une structure d'information ou un dispositif capable de matérialiser des formes ou des images (imprimante 3D), de trouver les clefs et les informations, de trouver un nouvel équilibre, d'équilibrer les dualités, de solutionner une difficulté ou un conflit, de compléter ce qui manque et d'utiliser l'énergie de la foi. Il y a une période de gestation où vous réfléchissez, où vous murissez, où vous élaborez un projet, où vous choisissez entre deux possibilités, où vous faîtes un stage ou une formation. Il y a une rencontre avec les autres et des associations. **Mots clés :** Gestation, association ou petite dualité, confrontation mineure. Des ressources, des informations ou un équilibre entre deux énergies complémentaires doit être trouvé. Les choses sont en train d'accoucher.

3 : Il y a une nécessité de communiquer, de faire passer un message, de donner ou recevoir des nouvelles (mails, fax, sms, courrier, appel téléphonique), de vous déplacer, de coordonner différents éléments, d'apprendre, d'utiliser votre créativité et de mettre une situation ou un objet en forme. **Mots clés :** Nouvelles, messages, transaction, échanges de biens ou d'informations, mise en forme.

4 : Il y a une nécessité de structurer selon un certain ordre, de vous organiser, de concrétiser, de stabiliser, de gérer le concret, d'exprimer votre autorité et votre puissance, de rendre solide, de gérer la sécurité, de sécuriser, de maîtriser, de prendre votre place, de maîtriser un territoire et de générer du bien-être. **Mots clés :** Concrétisation, équilibre, gestion et parfois rigidité.

5 : Il y a une nécessité de vous centrer, de vous exprimer, d'exprimer votre potentiel, d'inspirer confiance et d'avoir confiance, de donner et de recevoir, de vous mettre en valeur, de donner le meilleur de vous-même, de vous organiser, de maîtriser un système d'information, de trouver et restituer les bons enseignements, de donner du sens, d'aller au-delà des structures pour expérimenter le nouveau ou le renouveau, de créer un pont vers une nouvelle situation, d'apporter une dimension nouvelle et de réussir. Il y a une période d'apprentissage et de formation. **Mots clef :** Evolution, expression de soi, création, nouveauté ou renouveau.

6 : Il y a une nécessité de freiner, de limiter, d'accepter une limitation ou de surmonter une limitation, d'organiser l'information, de gérer efficacement, de perfectionner, d'utiliser votre intelligence technique, de travailler laborieusement, de sortir des cycles répétitifs, d'écouter vos vrais désirs pour faire les bons choix, d'exprimer votre sens artistique, de faire ce que vous aimez, de créer des liens, d'aller au-delà des conflits pour trouver l'équilibre et l'harmonie et de se mettre au service d'autrui. **Mots clés :** Choix à faire, freins, limitations, intelligence à exprimer, liens affectifs à créer, beauté à valoriser.

7 : Il y a une nécessité d'observer, d'analyser, de réfléchir, de faire un point, de faire des prises de conscience, d'organiser une expédition, de prendre les rennes de la situation en main, de vous déplacer, de tenir compte des lois et des suites logiques, de décider, d'agir de façon organisée et efficace et de maîtriser votre trajectoire afin d'obtenir la victoire, d'exprimer votre intelligence sociale et de participer à la civilisation. Il y a une harmonie organisée et un épanouissement. **Mots clés :** Victoire, réussite, logistique à mettre en place, accompagnement à effectuer, structure dynamique et harmonieuse, harmonie, action, engagement et épanouissement.

8 : Il y a une nécessité de relier le ciel et la terre, de générer de l'ordre social, de vibrer, de pratiquer une activité intense, de vivre passionnément, de surmonter des difficultés, de gérer des conflits et des crises, de sécuriser, d'ordonner, de transformer et vous transformer, d'accepter les pertes et les transformations, de vous investir pour concrétiser des actions, de mener un combat, de tenir compte de l'invisible, d'être lucide, de dominer et maîtriser la matière, d'avoir conscience de l'au-delà et de votre éternité et enfin d'exprimer votre pouvoir et votre puissance en les mettant au service de la vie. **Mots clés :** Remise en ordre nécessaire, crise, conflit, passion, initiation, transformation, combat et fin.

9 : Il y a une nécessité de sortir de votre cadre de vie habituel, d'élargir vos horizons, de vous intégrer dans un contexte plus large, d'aller vers l'étranger et d'accepter ce qui vient de l'étranger ou de l'extérieur, de voyager, d'évoluer spirituellement, de méditer, de lâcher prise, d'expérimenter la communion et l'évasion, de terminer quelque chose ou d'effectuer un bilan. **Mot clés :** Ce qui est étranger à votre cadre de vie habituel, ce que vous subissez, ce qui vient de l'extérieur ou de l'étranger. Accomplissement, épanouissement, voyages.

10 : Il y a une nécessité de passer à une étape supérieure, de démarrer un nouveau chantier, de vivre un nouveau départ avec l'expérience d'avant, d'effectuer des réalisations concrètes, de travailler sur les structures et le long terme, de gérer, d'évoluer, de cheminer et d'accéder à la sérénité.
Mot clés : Nouvelle étape, concrétisation, réalisation, chantier, fin d'un cycle et début d'un nouveau cycle.

Valet : Il représente celui qui est jeune, un peu enfant ou adolescent, spontané, inexpérimenté et sans titre. Il est là pour servir ou pour donner des informations. Il indique souvent la nécessité d'effectuer des démarches et de gérer des papiers. Il symbolise une énergie qui entraine un renouveau ou le stade initial de quelque chose.

Cavalier : Il représente celui qui s'investit dans une mission avec énergie et passion, en étant au service du roi ou de son supérieur. Il apporte des nouvelles et des messages. Il est celui qui passe de l'inexpérience à la maîtrise de la situation.

Reine : Elle représente une femme avec une certaine autorité, qui focalise son attention sur le bien-être, la communication, les relations, une recherche d'harmonie et de sécurité, la joie et l'expression d'une intelligence relationnelle.

Roi : Il représente un Homme qui a une certaine maturité, une autorité, un pouvoir, une puissance, une maîtrise complète, une expertise, un rôle et qui est professionnel dans ce qu'il fait.

Différentes combinaisons sont possibles en associant les familles et les chiffres. Il y aura alors une nécessité d'exprimer ce que représente le chiffre en rapport avec ce que représente la famille. Des interprétations très diverses ont été données pour chaque arcane mineure. L'important est de créer votre interprétation avec vos mots à vous. Voici celle que je vous propose. Les familles sont classées d'après l'ordre des éléments dans le zodiaque, soit Le Feu, la Terre, l'Air et l'Eau.

Les épées : Elles sont en lien avec l'élément feu, avec l'élément air et avec les signes astrologiques du Bélier, de la Balance, du Scorpion et du Capricorne.

L'as d'épées : Il est ici possible, judicieux et nécessaire de dégainer votre épée c'est-à-dire de vous motiver et de mobiliser votre énergie pour obtenir un résultat, d'avoir une intention claire, de focaliser votre attention, de faire face aux difficultés et d'utiliser votre volonté, votre parole, votre clarté et votre combativité, en exprimant ce qui doit l'être en toute franchise, afin de remettre les choses en ordre, afin d'apporter justesse et vérité dans la situation et aussi de vous engager dans un combat dont l'issue ici est la victoire voire un triomphe.

Il y a une capacité à être rapide, rempli d'énergie, particulièrement vif d'esprit, extrêmement pertinent et redoutablement efficace. Tous les moyens sont disponibles mais il est ici nécessaire de vous en servir. Il est indispensable d'être précis, pertinent, juste, responsable, honnête, objectif, réaliste, d'éviter la violence, de veiller à ne pas blesser autrui et de trancher afin de créer une nouvelle situation. De nouvelles idées débouchent sur de nouvelles conquêtes et de nouvelles réalisations. Une force nouvelle entre en action. Il y a un événement fort ou une victoire.

Le 2 d'épées : Il y a une dispute. Un accord doit être trouvé entre deux éléments conflictuels. Il existe ici un conflit intérieur et des tensions entre la raison, l'intellect, le mental et l'âme, entre la tête et le cœur ou entre la réalité et l'idée que l'on se fait de la réalité. Il devient ici possible, judicieux et nécessaire de distinguer entre ce qu'est le monde de l'âme, qui mène au chemin du retour à la lumière et le monde physique invisible, avec son intelligence, qui est certes d'une aide précieuse pour l'adaptation à la vie dans la matière, mais qui peut devenir le plus redoutable ennemi de votre âme et qui vous conduit à une impasse quand votre intelligence outrepasse ses droits.

La victoire passe ici par l'acceptation de la situation, des gens ou de la vérité tels qu'ils sont, par la reconnaissance de ce qui est, des faits, d'émotions ou de douleurs enfouies en vous, par des prises de conscience, par le discernement, par une reconnexion à votre cœur et votre ressenti, par une décision plus ou moins douloureuse et surtout par la nécessité d'écouter votre intuition et votre être profond pour trancher de façon juste et équilibrée. Il est nécessaire de sortir du monde des idées, de cesser de nourrir la dualité et les difficultés, de voir les choses telles qu'elles sont et de passer à l'action.

Le 3 d'épées : Le combat, l'efficacité et la victoire passent ici par la nécessité de communiquer, de vous exprimer, d'apprendre, de trouver les bonnes informations, de vous mettre en mouvement et de gérer votre énergie et votre environnement avec intelligence. Suite aux décisions qui ont été prises, vous vous engagez sur un chemin rude et difficile, rempli d'obstacles et parfois douloureux émotionnellement. Il est alors nécessaire d'aller au-delà de toute dualité et de toute difficulté émotionnelle, de lâcher les pensées négatives, de développer une vision claire, de trouver l'aide d'une tierce personne si nécessaire, de développer une parole impeccable, d'éviter les suppositions, de vous adapter et de continuer à avancer. Vous avez la possibilité d'être passionné par vos études ou par des lectures.

Le 4 d'épées : L'énergie et les idées s'associent aux structures pour favoriser l'incarnation. Une tendance à nourrir les conflits parce que votre parole n'est pas impeccable, à être tyrannique ou à être enfermé dans un monde d'idées, dans un déséquilibre énergétique et dans une rigidité comportementale alimenté par des mémoires non transformées génère une ambiance conflictuelle dans les relations intimes, au foyer et là où vous vous trouvez.

Il est ici possible, judicieux et nécessaire de sortir du champs de bataille et de votre champ d'activité habituelle, de déposer les armes, de sécuriser votre situation, de rendre à vos ancêtres, avec amour et respect, ce qui leur appartient afin de vivre votre propre vie, de rédiger un testament ou de gérer un héritage, d'utiliser votre énergie et votre intelligence pour vous incarner ou vous soigner, de changer de structure et de ralentir afin de recharger vos batteries, en vous reposant, en méditant et en priant dans un endroit retiré du monde. Il est bénéfique de vous nourrir correctement sur tous les plans et de reprendre des forces, dans un lieu calme et apaisant, pour pouvoir à nouveau exprimer votre potentiel quand le moment viendra. Cette carte indique parfois des funérailles.

Le 5 d'épées : La vie est ici un champ de bataille où les forces de l'âme luttent pour se rassembler autour d'un centre, pour reconquérir la lumière, pour acquérir une vision nouvelle, pour incarner un idéal ou pour atteindre un objectif. La confiance en soi, le pouvoir créateur, la capacité à écouter votre cœur, à exprimer votre volonté, à être bien centré, à définir des objectifs réalistes et à mettre en place une organisation efficace pour les atteindre ainsi que le besoin de maîtrise et de réussite s'associent à une puissante clarté d'esprit et à une virulente combativité.

Cela peut déboucher sur un enseignement initiatique, sur une brillante victoire ou sur la création d'une œuvre qui secoue les consciences. Mais la puissante énergie en présence ici risque aussi de s'exprimer à travers un côté opportuniste et égoïste, un esprit de conquête, des menaces, des tentatives d'intimidation, de la colère, de l'agressivité et de la violence, en se coupant d'autrui. Quelque chose ou une personne risque alors d'être détruite ou blessée. La victoire ou les gains de l'un sont la défaite ou les pertes de l'autre. Une vision élevée est nécessaire pour vivre cette puissante combinaison harmonieusement. Les conflits, les angoisses et les tensions doivent être exposés à la lumière de la conscience afin de trouver les bonnes solutions, afin de vous en libérer et ainsi de permettre au potentiel créateur de s'exprimer à nouveau. Il peut y avoir un renouvellement de l'énergie et des idées après une période de tension puis de repos.

Le 6 d'épées : Il est ici possible, judicieux et nécessaire d'utiliser votre intelligence, votre énergie, votre volonté et votre capacité à lutter pour effectuer un réajustement, un choix difficile et douloureux, pour quitter une situation stérile et pour tourner une page, pour sortir d'une situation pénible et limitée ou d'un état de désespoir, pour laisser derrière vous des blessures ou des schémas de pensées périmés, pour aller au-delà de cycles répétitifs négatifs et pour vous mettre en chemin vers de nouveaux horizons plus positifs et plus joyeux. Votre intelligence, votre combativité et vos ressources personnelles sont mises au service de votre adaptation à la réalité pratique. Elles peuvent être utilisées pour retrouver votre équilibre et de l'harmonie. Il y a un nouveau cycle de croissance dans le domaine de l'énergie et des idées, après avoir abandonné l'ancien. Il est ici nécessaire d'éviter une tendance à trop analyser, d'écouter votre intuition, votre cœur et vos vrais désirs. Il est également nécessaire de percevoir la beauté présente dans les mots et dans certaines idées.

Le 7 d'épées : Il est ici possible, judicieux et nécessaire de rassembler vos armes ou vos arguments, de tenir compte d'autrui, d'avoir bien conscience des armes utilisées par autrui et des conséquences probable de vos propres actions, de bien réfléchir et de faire le point avant d'agir, d'agir de façon organisée et efficace, de trouver des solutions logistiques adaptées, de désamorcer l'agressivité d'autrui, de voir que vous avez besoin des autres pour réussir ou encore de vous engager dans une action collective, dans une entreprise ou dans une armée, à travers une intense activité relationnelle.

Il y a ici un risque de vous couper des autres et du flux de la vie, de fuir vos responsabilités, de vous faire voler vos idées, vos biens ou votre énergie, d'être victime de la mauvaise langue d'autrui, d'être confronté à un(e) concurrent(e) violent(e) ou de ne pas recevoir l'aide attendue. Une certaine vigilance s'impose. Une logistique efficace et des actions intelligentes peuvent générer une force de frappe considérable et une grande efficacité.

Le 8 d'épées : Une poussée de stress, une crise, une mauvaise nouvelle, un choc émotionnel, des peurs, des angoisses, des illusions, un état de confusion intérieure, de la colère, une situation conflictuelle, un déséquilibre énergétique, un accident, des croyances limitantes qui enferment, des œillères, une tendance à accorder trop d'importance au mental ou un excès de violence intérieure empêche l'âme de sentir ce qui est juste et de s'exprimer librement.

Cela vous isole des autres, vous maintient comme piégé(e) dans une situation rigide, tendue et conflictuelle ou vous ligote et vous bloque dans une prison énergétique ou intellectuelle. Il est ici possible, judicieux et nécessaire de vous confronter à votre côté obscur, de solliciter de l'aide pour transformer votre vision des choses, vos idées et votre état d'énergie, de développer une grande lucidité, d'évacuer ce qui doit l'être, de sortir d'un piège ou d'une situation très compliquée, de trancher en prenant une décision importante et d'accéder à un état, au centre de vous, où vous êtes creux et vide mais aussi lumineux.

Le 9 d'épées : En positif : L'énergie déployée, une combativité conquérante, une puissante motivation, un discernement pertinent, une intelligence stratégique et une vision lucide et globale des différents paramètres qui impactent la situation facilitent votre réussite professionnelle, votre intégration dans le monde, votre expansion et votre accès à de nouveaux horizons. Cela vous donne la possibilité de consacrer du temps à votre évolution, à votre conscience spirituelle et à la guérison de votre âme, en laissant derrière vous le monde et son agitation.

En négatif : une crise, une mauvaise nouvelle, un cauchemar, des peurs, des angoisses, des illusions, un état de confusion, de la colère, de la violence, une situation conflictuelle, un déséquilibre énergétique, un accident, des mémoires généalogiques conflictuelles ou une tendance à accorder trop d'importance au mental vous empêchent de trouver ou prendre votre place dans le monde, de vous épanouir professionnellement, de bien gérer votre espace et d'avoir votre part de chance.

Il est ici possible, nécessaire et judicieux de lutter, de vous faire aider ou de trouver un guide pour vous intégrer et vous épanouir, pour voyager, pour aller vers ce qui est étranger, pour accepter ce qui vient de l'étranger, pour évoluer spirituellement, pour lâcher prise, pour expérimenter l'évasion et la transcendance ou encore pour terminer quelque chose. Vous pouvez être amené à subir des difficultés qui viennent de l'extérieur, de l'étranger ou qui sont en lien avec l'étranger. Il y a la fin d'une situation.

Le 10 d'épées : En positif : L'énergie déployée, une combativité conquérante, une puissante motivation, un discernement pertinent, une intelligence stratégique et une vision lucide et profonde vous permettent de mûrir et de grandir, de persévérer avec acharnement de façon à réaliser une œuvre, d'optimiser votre organisation, de gérer d'importants chantiers impliquant des plans et toute une logistique, de fournir une impressionnante quantité de travail, d'assumer de grosses responsabilités, de diriger dans des conditions parfois difficiles, d'effectuer d'importantes prises de conscience, de pardonner, de passer à une étape supérieure, de cheminer vers votre vérité profonde, d'accéder à la sérénité, de terminer quelque chose et de redémarrer sur de nouvelles bases.

En négatif : Il y a un risque de dévalorisation de qui vous êtes, d'être enfermé dans votre solitude, de toucher le fond, de dramatisation, d'être excessivement dans le mental au point de fermer les portes de l'énergie et de l'intuition, ce qui peut vous rendre anxieux voire dépressif et plomber alors toute évolution. Vous pouvez être amené à gérer une expérience ou une situation difficile, triste, solitaire, contraignante, pesante, rigide, excessivement structurée, qui évolue très lentement, teintée d'une moralité étouffante et où tout est en chantier voire en ruine. Une nouvelle vision des choses, qui innove ainsi qu'un nouveau cycle peuvent se mettre en place après une période difficile.

Le valet d'épées : Un jeune guerrier, un chasseur, une personne qui supervise ou qui surveille, une personne jeune, intelligente, rusée, fougueuse, un peu sauvage, indépendante, sur la défensive et combative apprend, malgré son manque d'expérience, à faire de son mieux, à se servir de ses armes, à faire face aux difficultés, à développer sa justesse, à s'engager, à servir, à chercher sa vérité, à relever un nouveau défi, à reconnaitre et accepter ce qui est, à voir l'utilité pratique des informations possédées ou à mettre en pratique un enseignement.

Il est ici judicieux d'éviter la précipitation, de trop faire appel à la raison et à l'intelligence pour être efficace, de lutter contre des dangers imaginaires, de vous couper des autres ou de votre sensibilité puis de développer votre attention, votre lucidité, votre discernement, votre vigilance, l'écoute de votre ressenti et votre instinct et une capacité à trancher. Il peut être nécessaire de devoir batailler pour effectuer des démarches difficiles ou pour gérer un problème compliqué. Vous avez la possibilité de relever un défi et d'obtenir une victoire. Des nouvelles plus ou moins difficiles sont données ou apportées de façon franche, militaire et un peu rude.

Le cavalier d'épées : Un guerrier, un policier, un militaire ou un soldat, une personne extrêmement pertinente, tranchante, stratégique, intelligente, courageuse et lucide, sure d'elle-même, ayant les idées claires, une personne aguerrie et héroïque, puissante et déterminée, qui sait ce qu'elle veut, qui a la force de frappe pour l'obtenir et qui maîtrise le maniement des armes part en croisade, en mission. Elle lutte avec toute son énergie pour atteindre son objectif et pour remettre les choses en ordre.

Elle transforme ce qui doit l'être avec une grande force de vérité et parfois avec une certaine violence. Elle peut apporter des révélations ou entrainer dans une expérience douloureuse mais libératrice. Il est ici judicieux d'éviter la précipitation et les excès de passion et d'éviter de trop faire appel à la raison et à l'intelligence afin d'être efficace. Vous devez éviter de vous couper des autres ou de votre sensibilité où d'être trop focalisé sur votre objectif au point de ne plus avoir conscience de votre environnement ou de ne plus voir les opportunités qui se présentent.

La reine d'épées : Il est ici nécessaire d'être ou de rencontrer une femme très active, qui incarne l'exigence, la droiture, l'intelligence, la lucidité, le réalisme, la vivacité d'esprit, la discrimination, le dynamisme, la détermination, un sens de l'humour et de la dérision. La capacité à trancher et la combativité sont mises au service de la vie et du bon fonctionnement de son royaume, de son espace de vie. Il y a une rencontre avec une femme puissante, solitaire, très indépendante et isolée, avec une veuve ou avec une femme blessée, agressive, intolérante, dure, froide, manipulatrice, perverse, vindicative, stupide et méchante, très à l'aise avec les idées mais beaucoup moins avec les émotions. Une femme courageuse et détenant une autorité fait une déclaration officielle.

Elle réalise des actions qui transforment la situation actuelle. Elle lutte pour atteindre son objectif ou pour faire éclater la vérité. Des comportements plus équilibrés sont souvent ici nécessaires.

Le roi d'épées : Il est ici nécessaire d'être ou de rencontrer un maître d'armes, un conquérant, un maître spirituel, un maître du feu, de l'énergie, de l'intelligence et de l'information, de la stratégie et du verbe, une personne qui valorise la vérité et l'éthique, qui manie l'autorité et le pouvoir pour imposer sa loi, pour promouvoir ses idées, pour lutter contre la corruption, pour assurer le bon fonctionnement du royaume et pour mettre ses idées en pratique.

La puissance, la lucidité, la pertinence, le haut degré d'exigence, l'intelligence, la franchise, l'intransigeance et la détermination rendent cet homme redoutable et particulièrement efficace quand il s'agit de trancher dans des situations compliquées. Il peut parfois être tyrannique ou trop dans le mental. Il est ici nécessaire d'équilibrer l'énergie, le cœur, l'intelligence relationnelle et la tête. Il est nécessaire d'être ou de rencontrer un homme capable de maîtriser pleinement la situation.

Les deniers : Ils sont en lien avec l'élément terre et avec les signes astrologiques du Taureau, de la Vierge et du Capricorne.

L'as de deniers : Il est ici possible et nécessaire d'agir pour créer de nouvelles valeurs matérielles, pour gagner de l'argent. Il est judicieux d'agir de façon concrète et réaliste, de ressentir l'énergie, le plaisir et la joie dans votre corps, de définir un objectif financier ou lié à des ressources, de prendre conscience de la valeur des choses et des ressources existantes, de dépenser de l'énergie pour gérer au mieux des approvisionnements, de mettre en place l'organisation nécessaire pour générer l'abondance dans votre vie, de créer un patrimoine ou des richesses nouvelles, de consolider la situation, d'utiliser les ressources et les compétences que l'on porte en vous pour vous affirmer d'une façon nouvelle, de concrétiser votre potentiel, d'optimiser les ressources disponibles et de vous investir totalement et très concrètement dans la maîtrise de votre réalité matérielle afin d'obtenir un résultat chiffrable et palpable. Il y a une force financière ou une réussite qui se concrétise grâce à votre efficacité dans la gestion de la matière. Il y a une opportunité financière à saisir ou un nouvel événement financier.

Le 2 de deniers : Il y a dans la vie des hauts et des bas. Toute situation peut se transformer en son contraire et a des conséquences financières.

Vous avez toutes les ressources pour être heureux, il faut juste vous en servir en faisant preuve de souplesse et de fluidité.

Une capacité, un besoin et une nécessité de voir, accepter et tenir compte de cela, de ressentir du plaisir et de la joie dans votre corps, de ressentir et équilibrer les diverses facettes positives et négatives de toute situation, de distinguer le possible du rêve, d'organiser, gérer et faire fructifier les ressources disponibles et d'équilibrer vos comptes débouchent sur la mise en place d'une sécurité financière et d'une fluidité dans votre corps et dans votre vie. Il peut ici être nécessaire d'emprunter, de consacrer une partie de vos ressources à des investissements ou de fournir des efforts particuliers pour surmonter une dualité financière, une difficulté financière passagère, une situation financière un peu compliquée ou une difficulté liée à un ressenti.

Le 3 de deniers : Une intelligence pratique, créative et communicative, un sens de l'adaptation, un sens du commerce et du service, une maîtrise du mouvement et des déplacements, une capacité à vous mettre en mouvement, une communication claire, une capacité à faire la synthèse de deux énergies complémentaires, à mettre les choses en forme ou à donner des informations pertinentes, ou encore une rencontre et des échanges, favorisent la concrétisation, l'enrichissement où la bonne gestion des ressources. Inversement, les structures et des bases solides favorisent le mouvement, la communication et l'adaptation.

Vous concrétisez vos idées dans la joie et la satisfaction. Il est ici possible ou judicieux de cheminer avec plaisir grâce à l'expression de votre potentiel, de coordonner vos efforts et vos ressources avec celles d'autres personnes, de continuer à avancer vers la réalisation d'une œuvre ou d'une mission ou encore de tenter votre chance dans un investissement financier. Il y a une maîtrise intelligente de la matière et de l'argent.

Le 4 de deniers : Une autorité, une puissance et une grande maîtrise dans la création et dans la gestion de structures ou de valeurs matérielles vous permet d'être bien incarné et d'obtenir des gains conséquents, une consolidation, un ancrage, une sécurisation et une accumulation de richesses et de ressources.

Il est ici possible de bâtir, concrètement ou symboliquement, un empire dans le monde matériel ou de construire votre maison. Le risque de cette carte est une tendance à abuser de votre pouvoir, de vous exprimer à travers des rapports de force et des luttes de pouvoir, de vouloir tout contrôler de façon obsessionnelle, d'accorder trop d'importance aux plaisirs ou aux questions matérielles, de développer une possessivité ou un sens de la propriété qui n'est pas juste, d'imposer, à vous-même où aux autres, des contraintes difficilement supportables et de vous enfermer dans une prison matérielle illusoire, dans des blocages ou dans une situation rigide. Il est donc nécessaire de trouver un équilibre entre sécurité et stabilité d'un côté et entre conscience, fluidité, nouveauté et mouvement de l'autre.

Le 5 de deniers : La capacité à être centré dans votre cœur, à exprimer votre pouvoir créateur ou votre sens pédagogique, à définir des objectifs clairs, à communiquer clairement et à mettre en place une organisation efficace où encore à être conscient et à maîtriser un système d'informations permet une réussite matérielle ou de nouvelles possibilités d'enrichissement grâce à l'expression de vos ressources. Cette carte apporte une conscience de la matière. Elle indique que la véritable richesse est spirituelle, que tout idéal ou tout enseignement doit s'enraciner avec joie dans la vie et dans l'action afin de déboucher sur une création de richesses. Elle montre qu'il faut parfois mettre votre amour propre de côté pour exprimer ce que vous avez vraiment sur le cœur ou pour solliciter l'aide et la générosité d'autrui au niveau matériel. Il peut ici être nécessaire et possible de donner un sens spirituel à un vécu matériel où à une ressource, de trouver des ressources pour concrétiser un objectif ou un idéal ou de pouvoir pleinement exprimer votre potentiel créateur.

Le 6 de deniers : Votre intelligence technique ou stratégique, un sens pratique, des aptitudes manuelles, le sens du commerce et du service, un sens des justes limites, des détails et des chiffres, une gestion intelligente de l'information, de l'hygiène et de la santé mais aussi de l'aide et du soutien constituent vos richesses et favorisent l'expression de vos ressources, la création de richesses et votre prospérité. Le risque lié à cette carte est une tendance à nourrir des schémas répétitifs ou des conflits plus ou moins conscients qui limitent votre réussite matérielle. Il est alors nécessaire d'écouter votre ressenti et votre vrais désirs puis de faire un choix et notamment de choisir comment vous voulez que votre passé affecte votre présent.

Vous avez des possibilités d'enrichissement par une activité en lien avec le service, la santé, les plantes, les animaux, la comptabilité, des déplacements, l'utilisation de chiffres ou l'informatique.

Il y a un nouveau cycle de croissance dans votre activité financière ou un nouveau sens à donner aux richesses que vous exprimez. Il y a une intelligence financière et un plaisir de bien gérer la matière.

Le 7 de deniers : La situation financière actuelle est fortement liée à vos relations, à de nombreux facteurs et à votre engagement au sein de la société. Le besoin d'avoir un idéal et un objectif, de mettre en place l'organisation nécessaire pour l'atteindre, de vous fixer des défis et de lutter pour préserver vos acquis ou pour obtenir la victoire favorise l'expression de vos ressources, la création de richesses et votre prospérité. Il y a des possibilités d'enrichissement par autrui, par une activité en lien avec l'expression de votre intelligence relationnelle, par les relations publiques, les associations, ou encore par une activité artistique, juridique ou psychologique.

Il peut ici être nécessaire de faire un bilan financier, d'effectuer des prises de consciences quant aux causes et conséquences de la situation actuelle, de redresser une situation financière déséquilibrée, de trouver des alternatives financières ou de préparer une expédition ayant un impact financier. L'esprit d'entreprise, la motivation, le travail, le courage, les relations, l'intelligence relationnelle et la capacité à maîtriser votre trajectoire favorisent votre réussite financière. Il y a une harmonie et un épanouissement financier grâce à la maîtrise des différents paramètres de la situation. Vous récoltez le résultat des investissements que vous avez engagés et du travail que vous avez accompli.

Le 8 de deniers : Des excès liés à la matière, au corps et à l'argent, des passions, des difficultés financières, des temps difficiles, un sentiment d'insécurité, un problème de sécurité ou de corruption, un déséquilibre, un revers de fortune, une tentative de manipulation, une compétition féroce ou un conflit créent une situation de tension, attirent des difficultés, provoquent une crise financière ou une crise en rapport avec le corps qui nécessite une vigilance particulière ou une opération spécifique. Vous perdez ou vous abandonnez des ressources qui n'ont plus aucune utilité afin de remettre votre vie en ordre, de retrouver une autonomie financière et d'aller vers plus d'authenticité. Un parcours initiatique en lien avec votre corps ou votre argent peut déboucher sur de profondes transformations et sur une situation financière plus en accord avec votre vérité profonde. Il peut y avoir un héritage. Une situation financière est perturbée, sur le point de prendre fin ou de se transformer ou de renaître de ses cendres.

Un potentiel d'enrichissement ou des informations financières nécessitent d'être révélées. Vous exprimez votre pouvoir et votre puissance avec passion et intensité afin d'exploiter votre ressource au maximum. Votre enrichissement peut-être lié à des questions de sécurité, à des activités de transformation où à la nécessité d'être lucide et de gérer des problèmes ou des conflits. Une grande puissance de travail ou un éveil spirituel peuvent déboucher sur une augmentation importante de vos richesses ou de votre joie.

Le 9 de deniers : Une capacité à exprimer votre autorité et votre confiance en vous, à trouver votre place dans le monde, à vous épanouir professionnellement, à gérer l'espace et à prendre votre place, un besoin d'expansion et d'élargir vos horizons, une conscience des règles et des lois, un côté cosmopolite et universel, une ouverture d'esprit, une certaine envergure, des capacités pour organiser et administrer, une part de chance et d'opportunisme ainsi qu'une capacité à voyager et être en lien avec l'étranger favorisent votre situation financière. Il y a des gains provenant de votre profession, de l'étranger ou de l'utilisation de votre sens pédagogique (cours, conférences, stages, formations). Il y a une situation financière prospère et confortable, une expansion et un épanouissement financier.

Le 10 de deniers : Votre situation financière peut être contraignante, pesante, rigide, teintée d'une moralité étouffante ou simplement être liée à un chantier en cours, à une structure où à une lente évolution. Un besoin et une capacité de vous intégrer dans une structure, de construire, de respecter les règles établies, de fournir une impressionnante quantité de travail, d'assumer de grosses responsabilités ayant d'importantes répercussions financières, de gérer de gros chantiers impliquant des plans et toute une logistique, d'optimiser votre organisation, de persévérer avec acharnement, de vous fixer des objectifs à long terme, de prendre le temps nécessaire ou de faire preuve de sagesse favorisent votre réussite financière. Une profondeur de conscience permet à votre situation financière actuelle de prendre une dimension nouvelle et de passer à un stade supérieur. Il y a une sécurité financière ou des gains par des réalisations.

Le valet de deniers : Il y a ici une nécessité ou une opportunité d'utiliser les outils et ressources disponibles, de mettre vos compétences au service de la vie d'une façon concrète et pratique ou d'investir dans une période d'apprentissage ou dans une formation afin d'en retirer un bénéfice.

Vous êtes ici au stade initial d'une nouvelle situation financière. Vous apprenez à gérer une nouvelle situation. Vous vous investissez dans une situation qui vous permettra plus tard d'en récolter les fruits et d'avoir plus de sécurité. Il est ici judicieux ou nécessaire d'accepter ce que la vie vous propose en termes d'activités rémunératrices. Vous pouvez avoir des démarches financières à effectuer et des dossiers et documents à gérer. Vous pouvez recevoir un message ou de nouvelles informations en lien avec de l'argent.

Le cavalier de deniers : Il y a une rencontre avec un financier. Il est ici possible, judicieux ou nécessaire de définir un objectif réaliste et de mettre en œuvre les moyens financiers pour le réaliser, d'utiliser la force de votre corps pour vous enrichir, de convaincre avec réalisme, d'effectuer de nouveaux investissements, d'organiser la logistique afin de réussir un projet ou de vous préparer avant de partir à la recherche d'une nouvelle source d'approvisionnements, de nouvelles richesses, d'une nouvelle activité, d'une nouvelle mission, d'une nouvelle source de revenus ou de nouveaux clients. Une personne vient à votre rencontre et cela débouche sur un enrichissement. Vous recevez un message en lien avec de l'argent ou la visite d'un nouveau client. Vous vous investissez avec passion, sérieux, réalisme, foi, minutie et persévérance dans une activité très rémunératrice. Vous protégez votre patrimoine. Il est judicieux d'éviter d'être exclusivement focalisé sur la matière, l'argent et le travail et aussi d'éviter les obsessions, une certaine rigidité ou les déséquilibres.

La reine de deniers : La capacité à mettre vos compétences au service de la vie, à trouver les bonnes ressources, à vivre dans la joie avec naturel, à être en harmonie avec tout ce qui touche au corps, à la nature, aux plantes et aux animaux, à agir avec fluidité et pragmatisme, à profiter de la vie en étant bien incarné, à maîtriser votre corps et votre domaine d'activité et à utiliser efficacement votre autorité, votre beauté, votre sens de l'organisation et votre intelligence relationnelle vous permet d'apporter du bien-être aux autres, de gagner de l'argent, de créer des richesses, de faire fructifier un patrimoine, de générer une certaine abondance financière, de la partager, de donner avec générosité, d'aider autrui à s'enrichir où simplement de prendre soin de ce que la vie vous offre avec joie et gratitude.

Il est ici judicieux d'équilibrer le donner et le recevoir. Il y a une personne, une femme, qui est ancrée, fiable, efficace, pragmatique, pratique, réaliste, bonne gestionnaire, digne de confiance, rassurante et bénéficiant de revenus confortables. Elle a peut-être une activité en lien avec le corps, la santé ou l'argent.

Le roi de deniers : Un propriétaire, un investisseur, un homme d'affaires, un financier, un homme d'âge mur, fiable et responsable, bienveillant et bien ancré dans la matière, gère son corps, son argent et son royaume avec intelligence, autorité et plaisir. C'est un maître de l'enrichissement, de la richesse, de la joie, de la sensualité et du plaisir. Il utilise son expérience, un savoir-faire technique et sa puissance pour veiller au bon fonctionnement des approvisionnements et du domaine, pour donner de judicieux conseils quant aux investissements nécessaires et pour veiller à la juste rétribution des personnes qui le servent. L'expérience, un sens inné des affaires et de la négociation, une capacité à diriger et une maîtrise de votre art vous permettent ici un enrichissement et une réussite financière. Il peut être possible, nécessaire ou judicieux de rencontrer un financier ou un banquier. Il y a une réussite financière dans les affaires en cours. Il est nécessaire de rester maître de votre situation financière et d'éviter les excès et les abus d'autorité, en conciliant autorité et écoute. Il est également nécessaire d'équilibrer votre réussite matérielle avec une démarche plus spirituelle.

Les bâtons : Ils sont en lien avec l'élément air, l'élément feu et avec les signes astrologiques des Gémeaux, du Lion, du Sagittaire, du Capricorne et du Verseau.

L'as de bâtons : Il y a ici une étincelle de vie et de créativité qui est à l'origine du déclenchement de quelque chose de nouveau. Il y a une nouvelle idée, un nouveau projet, une nouvelle entreprise ou une nouvelle organisation. Il y a un événement nouveau en lien avec votre activité dans le monde.

Vos qualités de créativité, d'enthousiasme, d'autorité, de confiance en vous, de décision et d'organisation sont mises au service d'une entreprise, d'un nouveau projet, d'une nouvelle mission, d'une nouvelle direction ou d'un nouveau départ professionnel. Il y a un renouvellement de votre activité dans le monde et une force nouvelle sur laquelle vous pouvez compter.

Votre force de vie s'affirme à travers un objectif et une organisation efficace porteuse de résultats tout en étant consciente de sa valeur. Une activité intense nécessite énergie, motivation, passion et de fournir une quantité importante de travail. Il est ici judicieux de vous affirmer en faisant de votre mieux et d'aller de l'avant avec confiance. Il y a une réussite professionnelle certaine.

Le 2 de bâtons : L'activité professionnelle, une affaire ou une situation professionnelle bien maîtrisée porte ici ses fruits et apporte du plaisir.   Elle permet un enrichissement et la création de l'abondance. Il s'agit à présent d'être bien organisé, de bien gérer vos affaires en cours, de faire ce que vous avez vraiment envie de faire, d'oser et de favoriser la coopération afin de créer votre meilleur avenir possible. Votre activité professionnelle prend forme, s'incarne et de structure grâce à votre intelligence émotionnelle et relationnelle et à votre sens de la gestion. Il peut être nécessaire de préparer un projet, en rassemblant les biens et des informations, de monter une opération financière, d'investir ou de trouver un partenariat. Deux personnes se rencontrent dans le cadre de leurs activités professionnelles. Cela peut déboucher sur un partenariat ou sur un échange musclé.

Le 3 de bâtons : Votre activité professionnelle nécessite des déplacements, l'exploration de nouveaux chemins, la découverte de nouvelles pistes, la prise de contact avec de nouvelles personnes, une expédition, des actions de communication ou de marketing, un apprentissage, des négociations ou des actions commerciales qui vous permettent de développer une affaire. Un plan d'action professionnel ou une activité commerciale se met en place dans l'environnement. Il y a des rencontres commerciales, des discussions, des échanges d'information en lien avec l'activité et une négociation. Il y a une réussite professionnelle par la communication, l'écriture, le commerce, la représentation ou le mouvement. Votre confiance en vous facilite votre communication, vos échanges et vos mouvements. Vous pouvez assister à un discours, à une conférence ou à un stage.

Le 4 de bâtons : Il y a une structuration, une répétition et une consolidation de votre activité professionnelle que vous parvenez à maîtriser. Vous prenez votre place et trouvez vos marques dans votre profession. Votre vie professionnelle peut nécessiter un déménagement ou de travailler chez vous ou en famille. Vous vous investissez professionnellement au sein d'une structure. Vous êtes dans une belle maison et faîtes l'expérience du bonheur au foyer.

Grâce à votre force de travail, vous bâtissez votre empire et vous construisez votre réussite. Vous en récoltez les fruits. Vous pouvez à présent pleinement en profiter et la célébrer à travers une réunion ou une cérémonie. Vous vous sentez en sécurité professionnellement. Des bases solides sont construites à partir desquelles une belle évolution peut avoir lieu.

Il peut y avoir un risque d'ennui suite à des activités trop répétitives ou un risque de mal-être suite à une autorité étouffante. Il peut alors être nécessaire d'utiliser votre autorité pour vous libérer de contraintes professionnelles excessives, de limites étouffantes, de structures, de lourdeurs ou de liens qui entravent votre bien-être.

Le 5 de bâtons : Votre vie professionnelle est le champ d'exercice de vos forces d'âmes qui s'expriment en donnant le meilleur d'elles-mêmes afin de s'améliorer. Votre confiance en vous, votre capacité à écouter votre cœur, à exprimer votre volonté, à être bien centré, à définir des objectifs réalistes et à mettre en place une organisation efficace pour les atteindre débouchent sur une brillante réussite professionnelle visible et reconnue. Votre activité professionnelle peut être liée au luxe, à une grande entreprise où à une entreprise connue.

Une relation privilégiée, l'expression de votre pouvoir créateur, d'une vision ou de votre idéal ou encore de capacités à diriger facilitent votre réussite professionnelle ou débouchent sur un renouveau professionnel. Il peut ici être pour vous judicieux d'oser prendre des voies nouvelles, de faire ce que personne n'a encore jamais fait, d'exprimer votre spécificité et de créer quelque chose de très personnel. Votre vie professionnelle élargie votre vision vers de nouvelles perspectives et peut passer à une phase supérieure. Il y a une promotion ou une reconnaissance de votre valeur mais il est nécessaire de faire attention à l'arrogance. Vous avez la possibilité de créer une œuvre.

Le 6 de bâtons : Votre intelligence technique, commerciale ou financière, un sens de la gestion des systèmes d'information, une bonne santé, un sens du service et du dévouement, un besoin de mouvement, d'excellentes capacités d'adaptation ou d'organisation, mais aussi une intelligence relationnelle et des capacités artistiques permettent une belle réussite professionnelle. Votre activité professionnelle peut avoir un lien avec le service, la santé, les plantes ou les animaux, la comptabilité, des déplacements, l'utilisation de chiffres ou de l'informatique. Il peut être nécessaire de sortir de cycles répétitifs, d'aller au-delà de limitations ou d'effectuer un choix professionnel en fonction de vos vrais désirs, afin de mettre en place une vie professionnelle qui vous procure de la joie et du plaisir. Un perfectionnement débouche sur une plus grande harmonie. Il y a un nouveau cycle de croissance dans votre activité professionnelle.

Il est nécessaire d'éviter un excès de perfectionnisme, de donner une importance excessive à l'intelligence technique ou à la science ou encore d'éviter d'exprimer un côté « je sais tout ».

Le 7 de bâtons : Votre besoin d'avoir un idéal et un objectif, de mettre en place toute une organisation pour l'atteindre, de prendre position et de vous mettre en mouvement, de vous fixer des défis, de lutter pour préserver vos acquis et d'obtenir la victoire crée une tension intérieure et une phase d'intense activité professionnelle. Il peut être nécessaire de faire un bilan, un point technique ou une révision de vos compétences ou de préparer une expédition.

Votre esprit d'entreprise, votre sens de la conquête, votre courage, vos relations, votre intelligence relationnelle, votre détermination, votre fermeté et votre capacité à maîtriser votre trajectoire favorisent votre réussite professionnelle. Votre réussite professionnelle peut être en lien avec des relations publiques, des structures administratives ou encore des activités artistiques ou associatives. Il y a une harmonie et un épanouissement professionnel. Vous poursuivez votre route quelles que soient les réactions d'autrui. Vous recevez une aide efficace.

Le 8 de bâtons : Une compétition féroce, des excès, une agressivité excessive, un conflit où une activité excessive ou trop intense créent un climat de tension au sein de votre activité professionnelle. Cela attire des difficultés et provoque une crise. Un potentiel professionnel nécessite d'être révélé. Il est nécessaire d'exprimer votre pouvoir et votre puissance, avec passion et intensité, au sein de votre travail. Votre activité professionnelle peut être liée à des questions de sécurité, à des activités de transformation ou à la nécessité d'être lucide et de gérer des problèmes ou des conflits. Vous avez une grande puissance de travail.

Vous vivez une vie professionnelle authentique correspondant à votre vérité profonde. Il y a une période d'initiation professionnelle où des choses importantes sont révélées. Votre vie professionnelle est sur le point de prendre fin, de se transformer ou de renaitre de ses cendres.

Le 9 de bâtons : Votre autorité et votre puissance se déploient dans votre environnement ou dans un contexte international, en intégrant les règles et les usages. Votre âme grandit et s'épanouit par la vie et l'action dans le monde. Votre côté cosmopolite et universel, votre ouverture d'esprit, une certaine envergure, votre capacité à gérer l'espace et à prendre votre place, un besoin d'expansion et d'élargir vos horizons ainsi qu'une conscience des règles et des lois favorisent votre vie professionnelle.

Votre vie professionnelle est liée à l'étranger, à l'utilisation de langues étrangères, à un voyage, à un enseignement, à une formation ou à un colloque. Lorsque vos devoirs ont été accomplis dans le monde, il est favorable de consacrer un temps à votre évolution, à votre conscience spirituelle et à la guérison de votre âme, en laissant derrière vous le monde et son agitation.

Le 10 de bâtons : Le besoin, la nécessité et la capacité de persévérer avec acharnement, de surmonter un important obstacle, de travailler dans un environnement difficile, d'optimiser votre organisation, de gérer d'importants chantiers impliquant des plans et toute une logistique, d'assumer de grandes responsabilités, de diriger, de fournir une impressionnante quantité de travail, de vous fixer des objectifs à long terme et de prendre le temps nécessaire vous permettent de réussir professionnellement. Vous portez le monde sur vos épaules et vous accomplissez votre devoir en assumant vos obligations, dans une administration ou au sein d'une structure très organisée. Votre activité professionnelle peut être contraignante, pesante, rigide, teintée d'une moralité étouffante ou nécessiter de nombreuses heures supplémentaires. Votre vie professionnelle prend une dimension nouvelle et vous passez à un stade supérieur. Vous terminez une importante mission ou vous démarrez un nouveau chantier.

Le valet de bâtons : Une personne jeune, dynamique, positive, enthousiaste, confiante et courageuse, même si elle a peu d'expérience, acquiert les savoirs et les savoirs-faire nécessaires à sa réussite professionnelle puis elle met ses compétences au service de la vie. Elle ose, exprime sa créativité et son inventivité, fait de son mieux, cherche des solutions et s'engage activement et intensément pour servir dans le monde ou dans une entreprise. Une nouvelle opportunité très enthousiasmante peut se présenter. Vous êtes au stade initial d'un nouveau projet ou d'une nouvelle expérience professionnelle particulièrement prenante en temps et en énergie. Il peut y avoir des démarches professionnelles à effectuer et des dossiers ou des papiers à gérer. Vous pouvez recevoir un message lié à une formation, à un projet ou à votre activité professionnelle en cours. Il est ici judicieux d'exprimer spontanément votre potentiel et le meilleur de vous-même.

Le cavalier de bâtons : Une personne pleine d'énergie et de vitalité, très confiante, passionnée, enthousiaste, généreuse, expérimentée, puissante et performante est engagée dans l'action avec autorité, assurance et détermination, dans le cadre d'une mission professionnelle. Il y a une période d'intense activité professionnelle où vous partez à l'aventure, en mission, en voyage, exposer sur un salon ou explorer de nouveaux horizons et où vous mettez vos compétences au service d'une cause, d'un idéal ou d'une personne. Il y a une montée en puissance de votre activité professionnelle. Vous partez à la conquête de nouveaux territoires et vous accomplissez d'importantes réalisations. Il est nécessaire d'éviter l'impatience, l'impulsivité, les prises de risques inutiles, les excès, les abus d'autorité, la précipitation et d'avoir trop confiance en vous au point de risquer de manquer de lucidité, de prudence et de profondeur.

La reine de bâtons : Il est ici nécessaire d'être ou de rencontrer une femme d'expérience, venant de la campagne ou aimant la nature, une femme joyeuse, extravertie et bien ancrée, séduisante et féconde, une femme vigoureuse et indépendante, lumineuse et généreuse, chaleureuse et bienveillante, optimiste et enthousiaste, déterminée et passionnée, intelligente et pertinente, experte dans sa discipline, engagée dans la vie et dans l'action, qui travaille beaucoup et qui apporte son soutien, ses conseils et ses bons soins. Il y a une femme qui donne la direction à suivre, qui gère son environnement efficacement et qui met en place une organisation permettant d'optimiser les résultats. Elle exprime son ressenti, son intuition, son intelligence relationnelle, son savoir et son savoir-faire, son autorité et sa fécondité, afin d'apporter bien-être et harmonie, de veiller au bon fonctionnement du domaine et ainsi de porter un projet vers sa réussite. Elle a la capacité de réussir matériellement et apprend à intégrer dans sa vie une dimension spirituelle.

Le roi de bâtons : Il est ici nécessaire d'être ou de rencontrer un homme mur, puissant et conquérant, intelligent et créatif, généreux et bienveillant, enthousiaste, déterminé et passionné, maître dans sa discipline, engagé dans la vie et dans l'action, qui exprime ses convictions avec courage et qui apporte son soutien et ses conseils. Il inspire confiance, donne la direction à suivre et met en place l'organisation permettant d'optimiser les résultats. Un dirigeant éclairé exprime son autorité, sa puissance et sa spécificité afin de réussir et de veiller au bon fonctionnement du domaine.

Votre expérience et votre maîtrise vous permettent de réussir professionnellement. Un poste à responsabilités nécessite d'importants investissements en créativité, en temps et en énergie, une grande maîtrise, de vos aptitudes à la négociation et votre sens des affaires. Il est nécessaire de savoir écouter votre environnement, d'accepter les points de vue d'autrui, de savoir déléguer mais aussi d'éviter les excès et les abus d'autorité. Il y a une rencontre avec un médecin, un homme politique, un expert, un professeur ou un patron. Il y a une réussite des affaires en cours.

Les coupes : Elles sont en lien avec l'élément eau et avec les signes astrologiques du Taureau, Cancer, Scorpion et des Poissons.

L'as de coupes : Vous plantez une graine d'amour qui vous permet de faire grandir dans votre cœur vos sentiments et vos émotions. Vous expérimentez dans votre cœur vos rêves, vos vrais désirs, votre idéal et l'amour de vous-même. Vous entrez en lien avec votre ressenti et vous vous laissez guider par votre cœur. Vous recherchez activement le Saint Graal (corps spirituel) en vous ou vous recherchez la personne idéale.

Il y a une nouvelle rencontre, un nouvel amour et la création d'une nouvelle relation amoureuse si vous êtes une personne seule. Il y a un engagement intense dans la relation existante et dans de nouveaux projets si vous êtes en couple. Le feu naissant de l'amour associé à votre pouvoir créateur vous apporte une expérience intense, de la joie et du bonheur. L'art et la beauté entrent ici en action. L'amour s'exprime dans l'instant présent. Un événement nouveau génère beaucoup d'émotions.

Le 2 de coupes : La graine s'incarne, s'unit à la Terre et prend sa place dans la matière. L'énergie sexuelle monte dans la colonne vertébrale et suscite du désir. Une force d'attraction permet de concrétiser une rencontre, un partage, une acceptation de l'autre qui devient un miroir de soi. Il y a un rendez-vous, une relation, entre le masculin et le féminin, entre deux énergies complémentaires qui travaillent en binôme. La joie, l'amour, l'harmonie, la paix, le partage, les goûts, les préférences, les capacités artistiques et le plaisir s'incarnent, prennent corps, et s'accumulent, en vous ou dans votre relation de couple. Il est important de vous nourrir correctement sur tous les plans, d'établir un lien entre deux éléments, de voir comment les choses sont liées et de préserver votre identité dans la relation.

Une association, une union, un partenariat, un partage, un accord, un pardon ou un mariage peuvent et doivent se concrétiser.

Le 3 de coupes : La graine parvient enfin à sortir de la Terre, à prendre forme et à se mettre en mouvement. Cela apporte joie, la récompense de découvrir le soleil, de la satisfaction et de la gratitude. L'issue est heureuse. Votre cœur et votre communication peuvent ici s'exprimer avec élégance et romantisme. Votre joie est alors partagée avec votre voisinage ou vos relations amicales. Votre intelligence émotionnelle et relationnelle vous permet de communiquer et d'être bien entouré. Elle génère des découvertes, des échanges, un délicieux partage, une relation amicale chaleureuse, une entraide, une belle soirée, une activité en groupe et une adaptation à votre environnement. Votre cœur se met en mouvement. Une femme peut être enceinte. Vous donnez ou vous recevez des nouvelles d'ordre sentimental. Il peut y avoir une association entre amour et jeunesse. Un déplacement débouche sur une belle rencontre. Il est judicieux de demander ou d'accepter de l'aide ou des conseils. Cela vous permet de suivre le chemin du cœur et de danser votre joie. Une relation suit sa route et évolue. La situation est heureuse et joyeuse.

Le 4 de coupes : La graine devenue plante prend pleinement sa place dans l'espace avec confiance. Vos liens et vos émotions sont ici extrêmement puissants, structurés, construits, organisés, protégés et consolidés, au sein d'un territoire émotionnel et affectif. Votre relation est nourrie par l'eau et par la Terre, par des échanges émotionnels puissants. Vous construisez votre foyer, vous vous installez et vous structurez votre richesse. Votre relation se stabilise au sein d'un amour solide et fidèle. Vous retrouvez une personne du passé. Vous expérimentez le bonheur de la vie de famille. Vous ressentez un puissant besoin de sécurité affective. Il y a cependant ici un risque d'excès de stabilité, de lourdeur, de rigidité, d'étouffement émotionnel et affectif, d'abus de pouvoir, d'égocentrisme, d'enfermement dans votre vie de couple, d'influence excessive de votre famille, d'ennui, de forte résistance au changement, d'un impact trop important de questions matérielles et donc de tristesse.

Le 5 de coupes : Le Soleil permet à la plante d'accéder à une nouvelle étape d'épanouissement et à de nouveaux élans du cœur. Une harmonie du cœur, des désirs et de l'intelligence vous permettent d'être bien centré dans votre cœur, d'exprimer ce qu'il y a dans votre cœur et une force d'amour, de voir le côté positif d'une relation, de la valoriser, d'être en accord avec vos vrais désirs, de vivre ce qui est idéal, de générer un renouveau relationnel et sentimental plus en accord avec vos aspirations profondes et de développer une intelligence du cœur. Vous avez la possibilité d'exprimer librement ce que vous avez sur le cœur. Votre amour peut s'orienter vers une personne qui incarne un idéal. Une réussite amoureuse est annoncée.

Le 6 de coupes : Il est ici nécessaire de sortir de schémas répétitifs qui vous tiennent en esclavage, de schémas issus de l'enfance ou de l'adolescence, dans le domaine des émotions et des relations, afin de démarrer un nouveau cycle relationnel, de dépasser vos limites et de vivre pleinement vos joies dans le partage et la confiance, en associant amour et sexualité, innocence et pureté, gentillesse et générosité. Cela implique d'écouter votre ressenti et vos vrais désirs, de faire un choix et notamment de choisir comment vous voulez que votre passé affecte votre présent. Vous gérez alors les affaires pratiques de votre vie quotidienne, en lien avec une relation, avec pragmatisme et intelligence, mais aussi avec douceur et sens du service. Vous pouvez alors rencontrer la personne qui vous correspond vraiment. Cela peut alors générer une grande harmonie, beaucoup de plaisir et une grande joie dans le domaine de l'amour.

Le 7 de coupes : Il est nécessaire d'être à l'écoute de votre voix intérieure, de faire le point parmi un ensemble de possibles ou de rêves qui émergent afin de choisir une direction et de vous mettre en route pour exprimer votre être véritable au-delà des formes parfois trompeuses, des désirs illusoires et des comportements égoïstes ou violents. Dans quelle direction vous dirigez-vous ? La bonne direction est celle qui amène à plus d'harmonie, d'ordre, de fluidité, de lucidité, de calme et de sérénité dans votre vie et pas forcément celle qui semble la plus facile ou la plus satisfaisante dans le court terme. Il est important que votre bonheur ne dépende pas de celui des autres. Une vision claire d'où vous venez, de qui vous êtes, de ce que vous voulez et de là où vous pouvez aller permet alors un mouvement organisé, un vrai partage, la réussite et le bonheur au sein d'une relation ou dans une création artistique. Les contrats, les activités associatives et les activités en groupe sont ici favorisées.

Le 8 de coupes : Une perte, un revers, un deuil, des peurs, des blessures anciennes, une rupture, un départ, une erreur, une douleur émotionnelle ou sentimentale et une tendance aux excès de toute sortes génère une perte d'énergie, une perte de joie de vivre, un sentiment de solitude, de tristesse et de désespoir ou une tempête émotionnelle.

Il y a une tendance à voir le mauvais côté des choses, des gens et de la relation. Il est alors nécessaire de transformer votre vision, de retrouver votre joie et de solliciter l'aide d'une personne qualifiée pour remettre les choses en ordre. Une situation amoureuse se désagrège ou prend fin.

Il est nécessaire que vous abandonniez une mémoire, un lien, une relation ou un schéma relationnel qui n'a plus lieu d'être afin de remettre votre vie en ordre, de retrouver une autonomie énergétique, d'aller vers votre vérité profonde ou de devenir plus authentique. Un parcours initiatique en lien avec l'amour et la sexualité peut ici déboucher sur de profondes transformations et sur un profond amour spirituel.

Le 9 de coupes : Il peut ici être nécessaire d'abandonner ou sacrifier quelque chose ou de vous sortir de schémas généalogiques qui vous maintiennent dans un état second et qui vous empêchent de vivre votre vraie vie. Un événement extérieur à vous, un enseignement spirituel ou un voyage à l'étranger, dans une ville où dans un lieu très fréquenté, vous apporte une grande joie et une ouverture du cœur, un élargissement de vos horizons relationnels ou une sensation d'évasion voire de transcendance. Votre intelligence relationnelle et votre joie vous permettent de vous intégrer dans votre environnement, d'être en harmonie avec le monde, de faire l'expérience de l'abondance, de partager votre abondance et d'exprimer votre amour inconditionnel et votre compassion. Votre intelligence relationnelle s'exprime dans le monde à travers une réunion, une conférence, un stage ou une formation, au cours desquels des échanges et des rencontres riches sont possibles.

Il y a parfois un risque d'excès de relations, de plaisir, de richesses matérielles, de joie ou de boissons ou de consacrer trop de temps à vos relations et pas assez à vous-même. Votre philosophie de vie positive vous permet d'exprimer pleinement votre joie et votre intelligence relationnelle. Une relation atteint ici le stade de l'épanouissement et débouche sur de grandes satisfactions.

Le 10 de coupes : Un long cheminement, votre créativité, votre sens de l'organisation, une certaine sagesse, votre fidélité, votre capacité à gérer un chantier et à effectuer des travaux ainsi qu'une capacité à équilibrer votre vie professionnelle et votre vie sentimentale vous permettent d'expérimenter un partage de l'amour vrai, la réalisation d'une œuvre sortant de votre cœur et la création du bonheur en famille. Cela débouche sur une profondeur relationnelle, sur une sensation de bonheur, d'harmonie et de sécurité affective, sur un sentiment de sérénité et sur un état de joie intérieure. Il peut ici y avoir un nouveau chantier, un nouveau départ, une nouvelle étape de votre vie amoureuse ou une belle évolution de votre situation vers plus de joie.

Le valet de coupes : Un rêve, une inspiration artistique, l'enfant intérieur, une coïncidence ou une personne jeune, confiante, joyeuse, très agréable, charmante, séduisante, romantique, rêveuse, inexpérimentée, qui est au service de la vie avec son cœur, apportent ici un message, une nouvelle agréable.

Il est ici judicieux d'exprimer votre imagination, vos émotions, votre gentillesse, votre compassion, votre romantisme, votre sensibilité à la beauté et votre créativité artistique, de saisir des opportunités relationnelles, de servir en écoutant votre cœur et d'écouter les conseils ou les directives de votre âme, de votre intuition ou de personnes plus expérimentées.

Le cavalier de coupes : Il y a un homme dont le cœur est déjà engagé dans une relation amoureuse. Il est ici nécessaire de définir un objectif réaliste et de mettre en œuvre les moyens pour le réaliser. Il peut s'agir d'une quête de l'amour, de la beauté, de l'harmonie, de la joie et du plaisir, d'un combat en lien avec un idéal ou d'un don de ce que vous avez de meilleur pour que le cœur des autres soit rempli d'amour.

Une personne vient à votre rencontre et cela débouche sur un partage. Vous vous investissez dans une relation en toute conscience et avec une certaine prudence. Vous recevez un message en lien avec l'amour ou la visite d'un ami. Vous apportez des messages aux autres grâce à votre intuition et votre maîtrise. Vous aidez autrui. Vous accomplissez une mission chère à votre cœur. Vous exprimez des talents artistiques. Il est judicieux de faire attention aux déséquilibres et aux excès d'émotions, d'introversion ou de sentiments.

La reine de coupes : Il est ici judicieux d'être ou de rencontrer une femme au cœur pur et pleine de bonté, une artiste de la vie capable de donner avec amour, compassion, gentillesse et générosité, capable de partager, de communier, de prendre soin d'elle-même et d'autrui, de mettre ses capacités au service des autres et de recevoir l'amour d'autrui.

Elle porte en elle les mystères de la vie, la force de la foi, une douceur toute maternelle, une intuition très fine, une conscience de l'invisible, un sens du sacré, des talents artistiques, des valeurs spirituelles et quelque chose qu'elle peut faire naître puis porter jusqu'à son accomplissement. Elle prend soin de la vie, se laisse guider par son cœur, en exprimant ses sentiments et ses émotions.

Elle utilise son imagination, son intuition, son sens de la beauté et de la forme et son intelligence relationnelle pour vivre ses rêves. Elle entretien une vie relationnelle riche. Il y a ici une rencontre avec une très belle personne.

Le roi de coupes : Il est ici nécessaire d'être ou de rencontrer un homme sensible, compréhensif, bienveillant et rassurant, un guide au cœur pur, capable de donner de sages conseils avec amour et générosité, de partager, de mettre ses capacités au service d'autrui et de recevoir l'amour d'autrui.

Il exprime avec maîtrise un pouvoir créateur, la puissance de l'amour, un amour paternel, une communication claire et pertinente, une intelligence relationnelle, des capacités artistiques, une vision éclairée de l'âme humaine, une conscience des émotions et de l'invisible ainsi que des valeurs spirituelles afin de gérer un territoire. Il est roi au royaume de l'âme tel un maître spirituel, un guérisseur ou un thérapeute. Il prend soin de la vie par sa vision, son intuition, son ouverture spirituelle et ses actions, en conciliant douceur, diplomatie, autorité, harmonie et actions justes.

Chapitre 4 : Les fondations structurelles symboliques du tarot.

Le Tarot agit à l'intérieur d'une structure numérique et symbolique. La base de cette structure est une division de la lumière, qui est énergie, en 2, en 3 et en 4. Cela signifie que chaque arcane a un lien avec tous les autres à travers une relation numérique et symbolique. Les arcanes sont également structurés individuellement à l'aide d'un nom, d'un chiffre, de couleurs, d'images, de directions du regard et de symboles. Elles sont positionnées dans un certain ordre. Nous allons voir ici que cet ordre est structuré d'après une polarité, en lien avec le chiffre 2, d'après un mode vibratoire en lien avec le chiffre 3 et d'après les 4 éléments. Ce chapitre vous aidera ainsi à comprendre la structure symbolique et les fondations de la suite des 22 arcanes.

Les arcanes « hommes » et les arcanes « femmes » : Les premiers sont dans l'action et les seconds sont plus dans la réaction ou dans la transformation de l'action.

Ce que les différentes couleurs évoquent : Un exercice pratique que vous pouvez faire est de vous habiller totalement avec l'une des couleurs du Tarot pendant toute une journée, de préférence une journée dont le chiffre est en lien avec l'un des arcanes où la couleur est très présente, puis d'observer ce que vous ressentez, ainsi que les émotions ou besoins qui surgissent.

Couleur rouge : Dans la nature, elle se trouve dans le sang et dans certains fruits rouges. Elle symbolise l'énergie masculine, l'ancrage, la confiance en soi, la motivation, l'action, la combativité, le courage, l'audace, l'efficacité, la force, le masculin, la réalisation, la rapidité et l'obtention de résultats.

Couleur orange : Elle est un mélange de rouge et de jaune. Dans la nature, elle se trouve dans le feu, dans certaines feuilles des arbres à l'automne, dans l'ambre, le miel et le coucher du soleil. Elle symbolise le feu, la passion, la transformation, la joie de vivre, la vie, le plaisir, l'optimisme, la beauté, l'abondance, l'ardeur et la passion maîtrisée.

Couleur jaune : Dans la nature, elle se trouve dans le Soleil du jour, dans les épis de blés, les citrons et dans les auréoles des personnes « saintes ». Elle symbolise la vision, les objectifs, les repères, l'expression de la lumière de l'Esprit qui permet d'atteindre un objectif, la conscience de son identité, l'utilisation de l'intelligence, les prises de conscience, l'harmonie, le discernement, l'organisation efficace, la sagesse pratique et la réussite.

Couleur verte : Dans la nature, elle se trouve dans la végétation qui recouvre la Terre. Mélange de bleu et de jaune, elle symbolise l'énergie magique de la vie qui guérit et régénère, le calme intérieur, l'harmonie, l'espoir, la santé, la guérison, l'ouverture du cœur et la bonté du cœur. Elle représente la fraicheur, le renouveau du printemps et le renouveau de la vie.

Couleur bleue et indigo : Dans la nature, elle se trouve dans l'eau de la mer, dans l'air du ciel et dans les yeux d'une partie de la population. Elle symbolise l'amour au féminin, l'énergie céleste et aquatique, l'énergie collective et supra-personnelle, le calme, la relaxation, la droiture, l'infini, la réflexion, l'intuition, l'inspiration, l'introspection, la lenteur, la profondeur, la clairvoyance, l'intériorité, une lente évolution vers le spirituel, la spiritualité, la sagesse et la sérénité.

Couleur violette : Dans la nature, elle existe dans les pétales de certaines fleurs et dans l'encre de certaines pieuvres. Elle symbolise la relaxation, l'intuition, la foi, la connexion et l'harmonie avec l'énergie divine, la profondeur de conscience, la transformation, le lâcher-prise, la générosité, la spiritualité, l'aboutissement de la quête spirituelle, le mysticisme, l'éveil spirituel, la guérison de l'âme et la capacité à guider autrui.

Couleur chair : Cette couleur est le symbole de la matière, de la terre, de l'incarnation, du corps, de l'être humain et de tout ce qui a été créé et fait par l'être humain.

Couleur blanche : Dans la nature, elle se trouve dans le blanc des yeux, dans les pétales de certaines fleurs, sur le plumage de certains oiseaux et dans la neige. Elle symbolise la lumière du jour, la vie, l'énergie divine spirituelle, la pureté et le cheminement intérieur vers le divin.

Couleur noire : Dans la nature, elle se trouve partout où il n'y a pas de lumière, dans le ciel mais aussi dans les profondeurs de la Terre. Elle symbolise l'énergie de transformation et de renaissance mais aussi ce qui est invisible, caché et enfoui dans les profondeurs de l'inconnu et de la Terre, là d'ou peuvent naître et renaître la vie et la lumière. Elle peut représenter les ténèbres, la lourdeur, le néant et le désespoir.

Couleur marron : Dans la nature, elle se trouve dans la Terre, la pierre et les arbres. Elle symbolise la simplicité, la structure, le silence intérieur, la solitude, la tristesse parfois, le fait d'être en chantier, le besoin d'avancer, le cheminement, l'évolution vers la sérénité et la sagesse.

Ce que les positions évoquent : La position debout est dans l'action, dans la verticalité et elle est inscrite dans le temps. Elle relie le ciel et la terre. La position allongée est dans la non-action, dans l'horizontalité et s'inscrit dans l'espace. Elle relie les quatre directions. La position assise est entre les deux où un mélange des deux.

Ce que le positionnement et le regard évoquent : Quelle est votre intention ? Ou va votre attention ? Quelle est votre vision des choses ? Vous pouvez observer chaque lame, lui poser cette question et observer la réponse qui vous vient. Là où va le regard va l'attention et donc l'énergie.

Position ou regard orientés vers la gauche : Le regard et la vision sont tournées vers l'intérieur. Le Bateleur, le Chariot, l'Ange et l'Etoile sont positionnés de face mais regardent vers la gauche. L'Empereur, la Grande Prêtresse, l'Hermite et la Lune sont clairement positionnés vers la gauche. Tout en étant dans l'instant présent, ils prennent en compte le passé et l'histoire personnelle.

Position ou regard en face : Le regard et la vision sont tournés à la fois vers l'intérieur et vers l'extérieur. Ils prennent en compte à la fois l'instant présent, le passé et le futur d'une façon plus ou moins équilibrée. L'impératrice, la Justice, le Diable, le Pendu et l'Archange du Jugement sont clairement positionnés de face. L'impératrice regarde vers le centre haut. Le Diable louche et déforme ainsi la vision des choses, créant des fictions et des intrigues à la place de la réalité. La Justice regarde droit devant elle. Le Pendu voit les choses avec une perspective inversée. L'Archange a une vision focalisé sur le milieu de son front, sur son troisième œil.

Position ou regard orientés vers la droite : Le regard et la vision sont tournés vers l'extérieur. Tout en étant dans l'instant présent, ils prennent en compte le futur. Le Pape, la Force, l'Arcane sans nom et le Mat regardent vers la droite.

Regard orienté vers le haut : Seul le Mat, l'une des créatures de la Roue et l'un des personnages du Jugement regardent vers le haut.

Cela symbolise une attention portée vers le ciel, l'idéal et une élévation, vers l'accès à une autre dimension mais parfois aussi vers le mental dans le cas de la Roue et du Mat.

Regard orienté vers le bas : L'angelot de l'Amoureux, l'une des créatures de la Roue et les deux personnages de la Maison Dieu sont clairement orientés vers le bas. Le visage du Bateleur, de la Force, de l'Ange, de l'Etoile et du Monde regardent également vers le bas. Cela symbolise un mouvement depuis une conscience céleste, c'est-à-dire centré et conscient, vers la matière et une attention qui prend en compte la réalité matérielle concrète.

Regards dans de multiples directions : Sur certains arcanes, il y a plusieurs personnages qui regardent dans des directions différentes. Cela indique alors une vision multidimensionnelle de la situation, une situation avec de multiples facettes et une capacité à prendre en compte tant le passé que le présent et le futur. C'est le cas pour les arcanes du Grand-Prêtre,   de l'Amoureux, du Chariot, de la Roue, du Diable, de la Maison Dieu, de la Lune, du Soleil, du jugement et du Monde.

Le fonctionnement du tarot :

L'intellect fonctionne avec des mots et des concepts mais l'âme et l'inconscient fonctionnent avec des symboles remplis de sens, d'émotions et d'énergie. Un symbole est un élément, chargé d'informations, qui relie deux mondes entre eux par un pont ou par un fil plus ou moins visible.   Ces symboles peuvent être des évidences, c'est-à-dire des intuitions fulgurantes, des chiffres, des images mais aussi des événements et des croyances. Ce sont ces symboles qui structurent notre réalité.

L'ensemble mots + symboles constitue un système d'informations stocké quelque part, dans un lieu auquel n'a pas accès la conscience habituelle mais auquel a accès l'inconscient. Dès lors, le Tarot, qui est une représentation symbolique universelle des grands archétypes ou situations symboliques de l'âme, devient un moyen de communication entre le conscient et l'inconscient. Lors d'une consultation, l'inconscient, qui sait intuitivement ce qu'il en est ici et maintenant, va, par l'intermédiaire du corps, inciter le consultant à choisir telle ou telle carte pour faire passer son message symbolique.

LA STRUCTURE DU SYSTEME TAROLOGIQUE

1-LA POLARITE. Elle est basée sur le chiffre 2.

La Source, le Zéro, se duplique, en créant le 1. A partir du 1, elle créé deux énergies de polarité complémentaires, positives et négatives mais aussi une force nouvelle, la gravité. Le monde de la matière ne peut ainsi exister et fonctionner que grâce à la tension entre ces deux énergies complémentaires qui s'attirent l'une et l'autre. Lorsque l'énergie pure s'incarne dans la matière, elle se divise en un pôle masculin et un pôle féminin. On peut dans un premier temps classer les lames en « lames masculines » et en « lames féminines ». Les lames masculines sont extraverties, actives à l'extérieur, créatrices, réalisatrices, rapides, visibles, conscientes, extériorisées, volontaristes. Elles sont émettrices de lumière et d'énergie. Elles cherchent à dominer, à maîtriser, à diriger, à prendre en main les rennes de leur destinée, à forcer les événements à tourner en leur faveur et à influencer les autres de manière directe. Elles cherchent à s'affirmer dans le monde extérieur de manière visible, tangible et rationnelle. Les lames féminines sont intériorisées, transformatrices, réceptives, fécondes, productives, indépendantes de la volonté conscientes, subtiles et invisibles. Elles reçoivent, reflètent et transforment la lumière. Elles tendent à se laisser influencer, guider et diriger, à accepter et à subir les événements, à se laisser prendre par la main, à se laisser porter par l'entourage et les événements. Elles attendent que le but vienne à elle, l'attire, le séduise, le conserve, le structure, le développe et le transforme. Elles s'affirment intérieurement, de manière subtile et invisible, par leur façon d'être. Elles ont besoin de bien-être, d'harmonie, d'ordre et de sécurité. Elles tendent à résister aux pressions extérieures.

LES POLARITES DES LAMES

Masculine	Féminine
Le Bateleur	L'Etoile
L'Impératrice	La Papesse
La Force	La Roue de Fortune
L'Amoureux	Le Diable
Le Pape	L'Hermite
L'Ange	Le Pendu
Le Soleil	La Lune
Le Chariot	La Justice
Le Monde	L'Arcane sans Nom
L'Empereur	La Maison Dieu
La Résurrection	Le Mat

2-LE MODE VIBRATOIRE OU LA TRINITE

Le 1 s'associe au 2 pour former le 3. Une troisième force est créée, le mouvement. Cette classification est basée sur la manière dont l'esprit anime, c'est-à-dire met en mouvement, de façon cyclique, la vie dans l'espace et le temps. Trois vibrations se manifestent successivement dans le temps et conditionnent les cycles et la vie. Chaque type de vibration est appelé mode ou style de mouvement. On parle ainsi du mode cardinal, du mode fixe et du mode mutable. Pour résumer, le mode cardinal correspond au début d'un cycle. Il est le commencement et l'élan de toute entreprise.

Il avance en ligne droite d'un point A vers un point B d'une façon très prévisible. Le mode fixe correspond à la stabilisation, à l'enracinement, à la construction, à l'épanouissement et à l'apogée de ce qui a été déclenché en cardinal. Il a une dimension d'éternité. Il semble tourner sur lui-même en spirale dans son éternité. Le mode mutable fait évoluer, perfectionne, ouvre de nouvelles perspectives, réoriente et remet en question afin d'accomplir la transformation nécessaire pour passer au cycle suivant. Il semble aller dans toutes les directions à la fois d'une façon totalement imprévisible.

LIENS ENTRE LES ARCANES ET LES MODES DE MOUVEMENT

Cardinal	Fixe	Mutable
Le Bateleur	L'Etoile	L'Impératrice
La Papesse	La Force	La Roue de Fortune
L'Amoureux	Le Diable	Le Pape
L'Hermite	L'Ange	Le Pendu
La Lune	Le Soleil	Le Monde
Le Chariot	La Maison-Dieu	La Résurrection
La Justice	L'Arcane sans Nom	L'Arcane sans Nom
L'Empereur	L'Empereur	Le Mat
	Le Monde	

3-LES 4 ELEMENTS.

A force d'être en mouvement, l'énergie va vers le plus dense de tous les mondes, le monde de la matière, qui est l'extrême opposé du monde de l'Esprit. L'énergie qui s'incarne dans la matière, après s'être divisée en deux forces, masculine et féminine, se divise à nouveau en deux pour produire quatre forces élémentaires que l'on nomme les éléments. Ces éléments sont l'Eau, le Feu, la Terre et l'Air. On peut ainsi, dans un deuxième temps décrire les lames en fonction de la force ou de l'énergie élémentaire qui les composent.

Certaines lames peuvent être associées à un seul élément tandis que d'autres sont des combinaisons de 2, 3 ou 4 éléments. De nos jours, on associe les éléments à des types psychologiques. Il existe une correspondance entre les quatre éléments et les quatre types psychologiques établis par le psychologue Carl Gustav Jung en 1921, date de publication de son livre   « Les types psychologiques ».

Lien entre les éléments et les types psychologiques : L'élément Feu se rapproche du type intuitif-actif-symbolique, l'élément Terre du type sensitif-kinesthésique, l'élément Air du type mental-pensées et l'élément Eau du type émotionnel.

Exemple : Prenons une relation de couple entre deux personnes.

Pour deux personnes de type Feu, ce qui compte, c'est le côté symbolique de la relation, l'engagement, le lien avec l'idéal ou le modèle de référence et ce que symbolisent les actes et les événements. Le type Terre a besoin de présence physique de l'autre, de toucher, de sentir, de voir et d'entendre la vibration de la voix, peu importe ce qui est dit ou ce que ça symbolise. Le type Air a besoin d'échanges d'information et la relation existe à partir du moment où il y a de la communication, peu importe si l'une des personnes habite à Paris et l'autre à New York. L'élément Eau a besoin d'émotions, d'intimité et de romance. Offrir une fleur devient ainsi un symbole d'amour pour l'élément feu. Pour l'élément Terre, ce sera une fleur qui sent bon et qui a de belles couleurs. Pour l'élément, air, ce seront les informations en lien avec la fleur qui seront importantes tandis que l'eau sera touchée émotionnellement ou sera très émue à l'idée que la fleur va mourir.

L'élément feu. Association des attributs chauds et secs. Type intuitif de Jung.

Le feu représente l'Esprit, l'énergie et l'impulsion volitive qui peut créer la matière et la vie, l'animer mais aussi la consumer. Il purifie, permet à l'Esprit de s'exprimer dans la matière, augmente la tension intérieure, enflamme, exalte, illumine ou permet d'être conscient. Il engendre une volonté de puissance. Il est en lien avec l'intuition. Le mot intuitif, dans la typologie de Jung, sous-entend ici la notion d'énergie circulant entre l'inconscient et le conscient. Cette énergie, qui est extériorisée, engendre une tendance à l'engagement et à l'affirmation de soi dans le monde extérieur, à l'activité, à la création, à la conquête matérielle et spirituelle, à la domination, à la victoire sur les événements et à la prise de conscience. Le mot intuition sous entend également certitude émotionnelle et instinct. Etant relié à sa source d'énergie et de lumière intérieure, le type intuitif, au fond de lui même, a conscience de l'état originel lumineux, rayonnant et puissant qui constitue la nature et l'essence de l'Esprit humain non incarné. Il a également l'intuition d'un retour inévitable vers la lumière, ce qui le rend optimiste.

L'élément feu a ainsi une confiance innée en la vie et en lui même. Il vit dans le présent et la vie pour lui continue toujours. Ce lien chez lui entre sa source de lumière originelle et son conscient peut lui permettre de vivre et de clarifier l'essence des choses, de donner un sens aux événements et de lier des contenus inconscients et son vécu conscient par des idéaux et des symboles qui sont chargés d'énergie et d'émotions. Cela leur permet de transformer l'ordinaire en extraordinaire voire en conte de fée ; mais aussi de s'enflammer, de s'enthousiasmer, de s'emballer pour ce que les autres éléments trouveront banal. Ses repères sont surtout constitués par des symboles et par des idéaux chargés d'émotions. La vie et l'action sont essentielles pour lui. Coté cœur, une relation existe pour lui dans la mesure où il y a un lien symbolique et émotionnel chargé de valeurs et d'idéaux.

Si l'on compare le feu avec la terre, l'élément terre considérera par exemple un objet en fonction de sa valeur marchande et de son utilité pratique alors que l'élément feu verra avant tout sa valeur symbolique en fonction de ce que représente pour lui l'objet en question. Si vous voulez communiquer avec « les gens de feu », il faut les enthousiasmer et les passionner.

Par rapport aux arcanes du tarot, la capacité d'être conscient, qui est engendrée par la lumière intérieure et qui se traduit par des certitudes émotionnelles, permet au Bateleur ou au Chariot de savoir ce qu'il a à faire, à la Force ou au Soleil d'avoir le coup d'œil, une vision claire et synthétique, et d'être conscient de ce qu'il est, et au Pape ou au Monde d'avoir son sens de globalisation et un bon jugement. Le Bateleur représente le feu originel à l'état sauvage, impulsif, tonique, indompté. La Force représente le feu maîtrisé au sommet de sa puissance tandis que le Pape représente les braises du feu, qui s'éteint progressivement extérieurement, pour s'orienter vers l'intérieur.

Si l'élément feu s'identifie facilement à l'enfant en lui et parfois au parent, il a en revanche du mal à s'identifier à l'adulte logique et rationnel.
Son dynamisme, son énergie et son autorité l'orientent naturellement vers des activités où il peut animer, diriger, commander, entraîner et exercer un pouvoir avec le cœur sur lui même ou sur les autres. Les individus marqués par l'élément feu ont une puissante vitalité, souvent un système musculaire développé, une prédominance du système nerveux sympathique, qui est excitant, ainsi qu'une rapidité des combustions, la matière consommée se transformant rapidement en énergie.

Ces personnes cherchent d'emblée à dominer, à commander et à diriger de manière visible. Leur dynamisme est engagé vers la conquête du monde, vers la réalisation de leurs rêves et idéaux et vers la maîtrise de leur destinée. Le courage, l'enthousiasme, l'optimisme, l'opportunisme, l'autorité, l'autonomie, l'adaptation à l'inconnu et l'inventivité font partie de leurs qualités. En raison de ce lien entre sa source de lumière originelle et son conscient, le type intuitif est essentiellement centré sur lui-même au point d'en paraître parfois égoïste. Malgré cela, il est généreux, démonstratif et a le cœur sur la main.

Ses défauts viennent de son manque d'intérêt pour les détails concrets. L'organisation et l'adaptation pratique au niveau des détails matériels sont souvent ses points faibles. Il peut avoir du mal à réfléchir, à se structurer, à gérer, à se sentir bien dans son corps et à accepter les notions de limites, ce qui l'incite à la démesure et aux excès. S'il est directement relié ou identifié à sa vitalité et à son intuition reliée à la Source de toute vie, il ne l'est en revanche pas vis à vis de son corps matériel. Il préfère l'énergie et le symbole à la matière.

Le type intuitif est naturellement attiré par le type sensitif (terre) qui l'aidera à se structurer et à s'organiser. Il sera également attiré par les l'élément air qui le stimule et l'aide à verbaliser ses intuitions et ses symboles, mais aussi à développer sa logique et sa capacité à s'adapter aux autres. Il trouvera dans l'élément eau son opposé, qui peut tantôt le perturber, tantôt l'exalter. Un manque d'élément feu peut signifier un manque d'énergie, de vitalité, de confiance en soi et en la vie, de clarté, de combattivité et de créativité.

Comment pouvez-vous développer un lien plus fort avec l'élément Feu ? Je vous invite à imaginer votre réponse à cette question puis à traduire votre réponse en actions.

L'élément Terre. Association des attributs froid et sec. Type sensitif de Jung.

L'élément Terre permet la concrétisation des formes engendrées par l'action de l'eau et du feu mais aussi l'incarnation de l'esprit et de l'âme humaine dans un corps matériel. La terre enracine, matérialise, crée des formes concrètes, condense, concentre, structure, limite, résiste, conserve, solidifie, fige, immobilise, pétrifie, construit, stabilise et permet d'intégrer le facteur temps. Elle constitue le support et les bases de la vie sur Terre. Le type Sensitif perçoit ainsi le monde à travers son corps et ses sens.

Il tend à croire et à accepter que ce qu'il peut voir avec ses yeux et à laisser les rêves, les spéculations, les emballements et les idéaux aux autres. Quelque chose (un objet, un phénomène, une relation) existe pour lui dans la mesure où il peut le palper, l'entendre ou en sentir l'odeur. Il peut néanmoins être très doué pour la théorie, l'abstraction et la logique.

L'élément Terre est bien structuré, organisé, discipliné, pragmatique, logique, réaliste et a un sens profond de l'utilitaire. Il réfléchit beaucoup. Le sens de l'observation, de l'analyse, du détail et de la critique sont chez lui développés. Il est plutôt sensible à ce qui ne va pas et à ce qui reste à faire qu'au contraire. Il est capable de différencier ce qu'il perçoit, d'accumuler, de classer et de structurer des données. Il vit au rythme de son corps, de la nature, des habitudes et du temps qui passe. Il a besoin pour s'épanouir de concret, d'une structure organisée, de stabilité, de sécurité matérielle et de valeurs durables.

Il tend donc à être satisfait lorsque sont concrètement présents son travail, sa maison, sa famille et ses objets. Il a un lien étroit et profond avec la terre et la nature. C'est un travailleur acharné, patient et prudent, adapté à la réalité et ayant des facilités pour matérialiser, concrétiser, structurer et rentabiliser ses idées, ses besoins et ses désirs. Il est naturellement attiré par les réalisations matérielles, mais tend à être intérieurement détaché du monde extérieur et à lui résister à travers des systèmes de défense.

Un manque d'élément Terre peut indiquer un manque d'ordre, de structuration, d'organisation, de pragmatisme et une difficulté à construire des choses concrètes. On peut reprocher aux terriens une certaine rigidité, une tendance à l'obstination, à l'inflexibilité, à l'égoïsme, au fanatisme, au pessimisme, au refoulement, à la résistance systématique, à la dépression et au manque de dynamisme.

Lorsque la fonction sensitive est fortement développée chez une personne, la fonction inverse, c'est à dire ce que Jung appelle l'intuition est souvent insuffisamment développée voire refoulée. Les conséquences de ce refoulement peuvent se traduire par une difficulté à donner un sens aux événements, à voir au delà du concret, à intégrer des valeurs spirituelles et à prendre en compte tout ce qui touche aux rêves, aux idéaux, aux mythes, aux symboles et au surnaturel.

Ce refoulement peut se traduire par un reniement et par une peur de tout ce qui touche au spirituel, mais aussi à la religion, à l'occulte et au surnaturel. Il peut aussi engendrer une attirance crédule envers ce qui est au delà du concret, une tendance à sacraliser et à structurer en dogmes rigides tout ce qui touche à l'occulte, au religieux et au spirituel ainsi qu'une tendance au fanatisme et aux emballements naïfs.

Son manque de lumière intérieure et son manque d'intuition peut déboucher sur une difficulté à se projeter dans l'avenir d'une façon claire, sur une tendance à voir les risques, les problèmes et ce qui ne va pas plutôt que l'aspect positif des choses, à être inadapté à l'imprévu et au changement et à vivre limité et enchaîné dans le monde étroit de ses habitudes ou de ces réflexions.

Cette façon de percevoir la réalité peut produire une méfiance instinctive, une tendance à se sentir facilement menacé par autrui ou par le monde et un besoin de se protéger à travers des systèmes de défenses, de tout prévoir et de tout contrôler. Identifié à l'adulte logique et rationnel, il tend à réprimer l'enfant en lui. Il vous faudra parfois utiliser des chiffres, des exemples concrets et être présent physiquement pour communiquer avec les Terriens.

Au niveau des arcanes du tarot, l'Etoile représente la terre printanière, parfumée, sensuelle, chaude et féconde. L'élément terre permet à l'Etoile d'organiser et de gérer la forme, des capitaux et la matière. La Roue représente la terre travaillée en une forme qui a une utilité technique.

L'élément terre permet à la Roue de gérer et d'organiser l'information en utilisant l'intellect et en fabriquant des outils. L'Hermite représente la terre intérieure, hivernale, qui mature pour préparer l'arrivée de printemps. L'élément terre permet à l'Hermite de gérer et d'organiser les structures de la vie.

Les personnes dominées par l'élément terre sont attirées par les personnes ayant une dominante feu. Ces personnes pourront leur permettre de développer leur confiance en la vie, leur créativité, leur lumière intérieure. Elles pourront les inspirer, les conseiller, les guider, les initier à la vie et l'action, les stimuler et leur apprendre à exprimer leurs émotions et à voir l'avenir de façon optimiste. Elles sont également attirées par l'élément eau qui les aidera à intégrer leurs émotions et sentiments.

Comment pouvez-vous développer un lien plus fort avec l'élément Terre ? Je vous invite à imaginer votre réponse à cette question puis à traduire votre réponse en actions.

L'élément Air. Association des attributs chaud et humide. Type pensée de Jung.

L'air permet aux éléments de communiquer entre eux puis avec ce qui a été créé et matérialisé. Il permet la diffusion, le partage, l'expansion, l'intellectualisation et la transmission d'informations. Pour un individu marqué par l'élément air, il y a sa personne, et le reste, qui compte souvent beaucoup plus que lui même. L'air se situe donc en fonction de personnes ou de circonstances extérieures à lui.

Au niveau des arcanes du tarot, l'impératrice se situe en fonction de l'environnement, l'Amoureux ou la Justice se situent en fonction des autres, des relations privilégiées et des valeurs de la civilisation tandis que l'Ange, qui représente l'amour universel, se situe en fonction de sa relation avec l'univers et de sa place dans un réseau ou par rapport à l'ensemble de l'humanité. D'un point de vue physiologique, l'air correspond au système nerveux, au système respiratoire et au système circulatoire, autrement dit, aux organes d'échanges et de communication.

Les personnes marquées par l'élément air se déploient dans leur milieu environnant et s'adaptent. Elles cherchent d'emblée à s'informer et à communiquer, à établir des contacts, des liens, des connexions, à faire circuler l'information et à retransmettre un message. Elles sont extraverties, sociables, ingénieuses, astucieuses, intelligentes, très mobiles, humaines, civilisées, diplomates, très psychologues et toujours disponibles pour les échanges.

Elles obéissent surtout à la logique de leur intellect et prennent une certaine distance intérieure par rapport à la vie et aux émotions afin de les intellectualiser de la façon la plus objective possible. Si vous voulez communiquer avec elles, il faudra utiliser des mots et des explications.

Elles aiment étudier et sont souvent douées pour les métiers de l'information et de la communication où il s'agit de jouer un rôle d'intermédiaire.

La fonction psychologique prédominante du type air est la pensée. Ce type se repère en fonction de mots, d'idées, de concepts et de représentations qu'il relie entre elles de façon logique et auxquelles il compare les stimuli extérieurs et intérieurs. Le mot cependant divise et fait opposition au vécu extérieur, aux sentiments et aux émotions intérieures. L'utilisation de l'élément air implique donc un certain détachement, une différenciation et une division entre soi et ce qui est vécu ou éprouvé.

Cela donne parfois à l'Impératrice une tendance à rester à la surface des choses ou au niveau des mots, à l'Amoureux une difficulté à s'engager et à l'Ange un détachement qui peut apparaître comme de l'indifférence. Lorsque la fonction mentale/pensée est fortement développée chez une personne, la fonction opposée, c'est à dire ici la fonction sentimentale (élément eau) l'est souvent insuffisamment.

Ce manque peut se traduire par une difficulté à gérer les émotions, les sentiments et les instincts, et par une difficulté à ressentir et à éprouver les choses et les gens. Les personnes marquées par l'air ont tendance à analyser les choses et les événements plutôt que de les éprouver et de s'y identifier. Cela peut engendrer toutes sortes de difficultés affectives dont peuvent être victimes les signes d'air.

Les personnes dominées par l'élément air sont naturellement attirées par des personnes ayant une dominante eau, donc par des personnes qui leur permettront d'exprimer leurs émotions, leurs sentiments et leurs contenus inconscients.

Elles seront également attirées par les personnes dominées par les signes de feu, personnes qui les aideront à stimuler leur vitalité, leur feront découvrir la vie et l'action et qui leur apprendront à s'occuper d'elles mêmes.

Comment pouvez-vous développer un lien plus fort avec l'élément Air ? Je vous invite à imaginer votre réponse à cette question puis à traduire votre réponse en actions.

L'élément eau. Association des attributs froids et humide. Type sentimental de Jung.

L'eau capte, reçoit, s'imprègne de l'ambiance, mémorise, reflète, amplifie, dissout, liquéfie, mélange, calme, détend, ressource, repose, assimile, féconde et reproduit en transformant. Elle permet l'adhésion, l'identification, la fusion, l'habitude, la contemplation, la mémorisation, le repos et l'intuition. L'eau est l'énergie première permettant au feu de créer la vie. Elle est la mémoire où sont stockées toutes les informations nécessaires à la vie.

Sa capacité de fusion crée parfois la confusion. D'un point de vue physiologique, les personnes marquées par l'élément eau ont un système lymphatique, digestif et glandulaire développé. Elles ont un tempérament calme ou angoissé, détendu ou bouillonnant, réceptif, influençable, secret, mystérieux, hypersensible et parfois médium, inspiré, méfiant, superstitieux, croyant, et accueillant tout en cherchant à se protéger. Tout comme les personnes dominées par l'élément feu, les personnes dominées par l'élément eau sont reliées à leur être intérieur, et non pas à leur sens comme la terre ou à leur intellect comme l'air. Tandis que les personnes dominées par l'élément feu sont identifiées à l'Esprit, à une source d'énergie et de lumière intérieure qui est extériorisée, les personnes dominées par l'élément eau sont identifiées à l'Ame et à une source d'énergie intérieure (constituée par les émotions, le ressenti et les sentiments) qui n'est pas orientée vers l'extérieur. Cela leur permet de ramener à la surface les richesses de l'inconscient. Prédominent en elles la sensibilité, l'image, l'émotion et le sentiment. Si vous voulez communiquer avec des personnes marquées par l'eau, il vous faudra utiliser le langage des émotions, des sentiments et de l'image.

La Lune ou la Grande –Prêtresse sont ainsi très sensibles aux ambiances et aux énergies. Le Diable sait flairer ce qui est sous-jacent aux réalités visibles, c'est à dire les causes, les sous entendus, les tentatives de manipulation, les dangers, les indices tandis que le Pendu, qui est relié à l'inconscient collectif, capte les modes, les courants, les mythes et les rumeurs, les émotions collectives et les mémoires généalogiques.

L'eau ouvre les portes de la vie intérieure, de l'invisible et des secrets de la vie et de la mort. Tout en ayant plutôt tendance à subir les événements et à agir en fonction des stimuli et des impressions ressenties, les lames d'eau savent aussi influencer en provoquant chez autrui des émotions et des sentiments, domaines où elles sont parfaitement à l'aise.

La Lune sait susciter la sympathie et émouvoir. Le Diable ou l'Arcane sans nom sont doués pour entretenir le suspens mais aussi pour faire régner la peur. Le Pendu est doué pour émouvoir, pour enchanter, pour captiver et pour susciter le sens du sacré ou des émotions quasi religieuses.

Grâce à leur sensibilité, les lames d'eau savent se mettre à la place des autres, ce qui leur permet de faire preuve de compassion et d'empathie. Leur tendance à se repérer en fonction de ce qu'il y a dans l'environnement, en fonction de ce qu'elles ressentent et des émotions qu'elles éprouvent les rend parfois influençables, suggestibles, vulnérables, craintives et angoissées. Elles attachent beaucoup d'importance aux relations intimes ou plus précisément aux échanges émotionnels dont elles se nourrissent.

Une prédominance de l'élément eau indique souvent un sous développement de la fonction logique liée à l'élément air. L'eau peut ainsi avoir du mal à analyser, à avoir des idées, à différencier, à formuler avec des mots, à faire preuve de sens critique et surtout à faire preuve de logique et de réalisme. Disons qu'elle a sa logique à elle et que cette logique ne s'explique pas toujours.

Les explications qu'elle reçoit ou celles qu'elle donne n'ont que peu de sens pour les autres signes dans la mesure où son cadre de référence est celui du ressenti, de la mémoire qui est activée et de l'émotion qui émerge. L'on reproche parfois à l'eau ses caprices, sa subjectivité délirante, son manque d'ordre et sa difficulté à s'adapter au monde extérieur.

L'élément eau rend les personnes maternelles et introverties. Ces personnes sont souvent attirées par tout ce qui touche à l'occulte. Elles ont un grand pouvoir de régénération, le pouvoir de la foi et peuvent servir de canal ou de catalyseur à toutes sortes de réalisations exceptionnelles.

On peut leur reprocher une tendance à être molles, déprimées, passives, attentistes, rêveuses, inconscientes, capricieuses, désordonnées, incohérentes, troubles, peu claires et parfois dangereuses et angoissantes ou au contraire exaltantes.

Comment pouvez-vous développer un lien plus fort avec l'élément Eau ? Je vous invite à imaginer votre réponse à cette question puis à traduire votre réponse en actions.

Liens entre les arcanes et les éléments :

Certains arcanes sont constitués à une très grande majorité d'un seul élément. Les autres sont constitués d'un ou deux éléments dominants et d'un ou deux éléments présents mais moins importants. Voici un tableau qui effectue des liens entre les arcanes et les quatre éléments. Les éléments sont placés dans leur ordre d'importance.

TERRE	**AIR**	**EAU**	**FEU**
L'ETOILE	L'IMPERATRICE	LA LUNE	LE BATELEUR-LE CHARIOT
LA ROUE	LA JUSTICE	LE DIABLE	LA FORCE-LE SOLEIL
L'HERMITE	L'ANGE	LE PENDU	LE PAPE-LE MONDE

Quand il y a trois arcanes de Terre dans un tirage, ils apportent du concret et des sensations. Quand il y a trois arcanes d'air dans un tirage, ils engendrent des échanges et des idées. Quand il y a trois arcanes d'eau dans un tirage, ils génèrent des émotions. Quand trois arcanes de feu sont présents dans un tirage, ils génèrent des événements dynamiques et des symboles.

Terre-Air	**ATFE** L'IMPERATRICE	**TA** LA JUSTICE	**AT** LA ROUE DE FORTUNE		
Terre-Eau	**ET** LA PAPESSE	**TEF** L'HERMITE	**TE** L'ETOILE	**ET** LA LUNE	
Terre-Feu	**TFEA** L'EMPEREUR	**FT** LE CHARIOT	**TFA** L'ARCANE SANS NOM	**FTE** LA MAISON DIEU	**FATE** LE SOLEIL
Air-Eau	**AE** L'AMOUREUX	**AEFT** L'ANGE	**AETF** LE JUGEMENT	**EAFT** LE MAT	
Air-Feu	**AF** LE BATELEUR	**FA** LE PAPE	**FEAT** LA FORCE	**EFA** LE PENDU	**AFTE** LE MONDE
Eau-Feu	FETA LE DIABLE				

Les arcanes ayant les 4 éléments ont une dynamique et une intensité particulière. Une combinaison d'arcanes ayant un même élément renforce l'expression de l'élément dans le tirage concerné.

Comment associer la signification de deux arcanes existants dans un tirage à partir de leur dominante élémentaire :

La nature du lien entre deux arcanes se trouvant dans un même espace dépend au fond de leurs éléments dominants. Le feu et l'eau ont des difficultés à se rencontrer à cause de leurs différences. Ils tendent à s'ignorer ou à générer des conflits, mais une très grande force nait lorsque le conflit est dépassé. Le feu et l'air, mais aussi la terre et l'eau, ont une relation qui peut être de deux natures ; soit ils s'associent naturellement et se renforcent mutuellement, quand un effort de volonté intervient ; soit ils se mettent en opposition et alternent de l'un à l'autre jusqu'à ce que suffisamment de conscience les réunisse dans une maîtrise totale. Les associations d'arcanes sont décrites dans un chapitre ultérieur.

4-LES DIFFERENTES FAMILLES.

Les arcanes peuvent être classés par groupes de 4, le chiffre 4 étant associé à la famille, selon différentes thématiques. Certaines thématiques regroupent parfois 5 ou 6 arcanes.

Voici quelques exemples : Les liens entre les arcanes et les différentes thématiques sont traités dans le chapitre sur les significateurs.

Les arcanes de démarrage : Le Bateleur, la Roue, le Mat.
Les arcanes de fin : L'Hermite, le Pendu, l'Arcane sans nom, le Monde, le Mat.
Les arcanes en couple : La grande Prêtresse et le Grand-Prêtre, L'Impératrice et l'Empereur. Les amoureux et le Jugement.
Les célibataires : L'Hermite, l'Arcane sans Nom, la Tempérance.
Les bâtisseurs : L'Empereur, l'Hermite, la Maison Dieu et la Lune.
Les arcanes de mouvement : Le Chariot, la Roue, la Tempérance, le Jugement.
Les arcanes de non mouvement : La Grande Prêtresse et le Grand-Prêtre, l'Hermite et le Pendu.
Les arcanes de voyages : Le Chariot, la Tempérance, Le Monde, le Mat.
Les arcanes impliquant de fortes prises de conscience : Le Pendu, L'Arcane sans Nom, le Diable, la Maison Dieu et aussi la Lune, la Justice et parfois l'Hermite.
Les arcanes les plus positifs : Le Soleil, la Tempérance, l'Etoile, le Monde, la Force, le Pape, le Chariot, le Jugement et la Roue.

Les arcanes les plus masculins : Le Bateleur, l'Empereur, le Chariot, le Soleil et le Grand-Prêtre.

Les arcanes les plus féminins : Le Grande Prêtresse, l'Impératrice, l'Etoile, La Lune, les Amoureux et la Justice.

Les arcanes les plus tristes et indiquant un certain mal-être : La Justice, L'Hermite, le Pendu, l'Arcane sans nom, le Diable, la Lune et le Mat.

Les arcanes les plus joyeux : Le Soleil, l'Amoureux, l'Etoile, le Bateleur, le Pendu, la Maison Dieu et le Mat.

Les arcanes les plus violents : La Maison Dieu, le Diable, l'Arcane sans nom et la Force.

Les arcanes les plus doux : La Tempérance, l'Amoureux, l'Etoile, le Pendu, la Lune.

Les arcanes qui génèrent de l'équilibre : Le Grand-Prêtre, les Amoureux, la Justice, l'Etoile, le Soleil et la Tempérance.

Les arcanes qui secouent et poussent à des remises en question : Le Chariot, l'Arcane sans Nom, le Diable, la Maison Dieu, la Lune, le Jugement et le Mat.

Les arcanes qui apportent une fin : L'Hermite, le Pendu, l'Arcane sans Nom, le Diable, la Maison Dieu et le Mat.

Les arcanes qui protègent : Le Soleil, le Pape, la Tempérance, l'Etoile, le Jugement, le Monde, le Grande-Prêtresse.

Les arcanes les plus sensuels : L'Amoureux, la Force, le Diable et l'Etoile.

Les arcanes les moins sensuels : La Grande-Prêtresse, l'Hermite, le Pendu et la Tempérance.

Les arcanes les plus spirituels : La Grande-Prêtresse, le Grand-Prêtre, l'Hermite, le Pendu, la Maison Dieu, Tempérance, l'Etoile, le Jugement et le Monde.

Les arcanes les moins spirituels : L'Impératrice, l'Empereur, la Roue, le Diable.

Les arcanes les plus rapides : La Maison-Dieu, le Jugement, la Tempérance, le Chariot, la Roue, le Bateleur, l'Arcane sans nom et la Lune.

Les arcanes les plus lents : La Grande-Prêtresse, La Justice, l'Hermite, l'Etoile et le Pendu.

Les arcanes qui travaillent beaucoup : L'Impératrice, L'Empereur, le Grand-Prêtre, le Chariot, l'Hermite, la Roue, la Force, la Maison Dieu, le Monde.

Les arcanes qui agissent dans le calme : La Grande Prêtresse, les Amoureux, l'Hermite, le Pendu, l'Etoile, le Soleil, la Lune.

Les arcanes où rien ne change : La Grande-Prêtresse, le Grand-Prêtre, l'Empereur, la Justice, l'Hermite.

Les arcanes de nouveauté : Le Bateleur, l'arcane sans Nom, la Tempérance, le Jugement, la Roue, le Mat.

Chapitre 5 : Les arcanes majeurs – Origines et synthèse.

Le Tarot est un chemin de développement personnel qui mène à la réalisation de soi. Ce chemin est constitué d'un parcours en 22 étapes, où se trouvent 22 maisons dans lesquelles on peut entrer grâce à 22 clefs. Les arcanes du Tarot sont ainsi des clefs pour le développement personnel qui ouvrent une porte entre l'inconscient et le conscient. Mais qu'est ce que le développement personnel ou l'évolution spirituelle ?

Imaginez que vous êtes sur un navire. Suite à une tempête, vous échouez sur une plage. Cela symbolise votre arrivée dans le monde de la matière. Au bout de la plage, il y a des dunes. Vous montez sur les dunes. Vous apercevez non loin une immense jungle et encore plus loin un désert au bout duquel, très loin, se trouve une haute montagne. Un étroit chemin semble conduire à travers le désert vers la haute montagne tandis que de chaque côté du chemin se trouvent des oasis multicolores et des mirages qui brillent fortement et scintillent pour attirer votre attention. Au sommet de la haute montagne, vous apercevez une petite lumière qui pulse comme un battement de cœur et qui brille comme un diamant. Certaines personnes restent toute leur vie sur la plage, d'autres se perdent dans la jungle du monde extérieur.

D'autres encore accordent leur foi aux mirages ou aux sables mouvants dans le désert qui symbolisent le mental qui essaie de singer et usurper la place de « l'Esprit » et les mondes physiques invisibles proches de la dimension matérielle de la réalité. D'autres encore atteignent la base de la grande montagne mais ne savent pas comment la grimper, ou s'arrêtent en chemin, parce qu'ils ignorent entre autre l'art d'être en silence et l'art d'aller dans le vide puis au-delà du vide. Et quelques rares personnes vont, pendant leur vie sur Terre, jusqu'au sommet. Le développement personnel ou l'évolution spirituelle, c'est, pour employer un langage symbolique, le chemin qui mène de la plage, où l'être humain échoue suite à son incarnation dans un corps animal, jusqu'au sommet de la haute montagne. Exprimé différemment, c'est le chemin entre ici et maintenant et l'union consciente avec la « Source Créatrice » de toute vie. (Arcane 21). La lumière qui pulse au sommet de la grande montagne symbolise le « Diamant », le « Cristal d'Amour », le « corps spirituel » qui se trouve au centre du cœur et qui doit devenir le corps d'une étincelle spirituelle (Dieu) qui provient de « la Source ».

L'aboutissement de ce chemin est l'expérience de Dieu, c'est-à-dire l'union de la conscience avec cette étincelle divine, au centre de l'âme, au centre du cœur. Ce chemin est à la fois à un chemin de transformation de soi, un chemin de conscience qui aboutit à être en permanence conscience d'être conscience et à être lumière qui rayonne grâce à son lien avec la Source de toute lumière et de toute vie. Il génère un changement total de vision et la création d'une nouvelle forme de vie. Mais ce chemin est avant tout un chemin d'action dans la vie quotidienne.

Depuis l'aube de l'humanité, des personnes qui sont plus avancées que la majorité sur le chemin spirituel qui mène vers l'état d'être nommé Dieu, aident leurs frères et leurs sœurs à progresser à travers divers enseignements. Des modules de connaissance, comprenant des informations théoriques mais surtout des expériences vécues, ont ainsi été diffusés à différents moments de l'histoire humaine. Ainsi, depuis les temps les plus anciens, on a l'habitude de décrire ce chemin du héros en quête d'immortalité et les expériences nécessaires pour le parcourir comme un chemin en 22 étapes ou comme un chemin nécessitant de franchir vingt deux portes qui s'ouvrent avec 22 clefs différentes. Ces clefs peuvent avoir un sens chronologique ou exister toutes en même temps. Il s'agit à chaque fois de prises de conscience, d'expériences et de qualités à reconnaître puis à incarner dans cette nécessaire évolution. Il s'agit d'exprimer chacune des clefs sous sa meilleure forme possible de façon à la réintégrer à soi en ne faisant qu'un avec elle puis avec toutes. Le Tarot avait été créé à l'origine pour mémoriser et pour encoder, d'une façon symbolique, ces modules d'enseignement.

Chaque Arcane porte ainsi un message spirituel en lien avec une série d'enseignements. Les arcanes majeurs sont présentés sous un angle symbolique, psychologique, événementiel et spirituel. Les lames présentées grâce à l'aimable autorisation des créateurs sont celles du Tarot Noblet de 1650 reconstitué par Jean-Claude et Roxanne Fornoy, du Tarot Convers de 1760 reconstitué par Igor Barzilai et du Tarot Universel créé par Bruno De Nys en 2005 et disponible aux éditions du même nom. Quand on se place dans une perspective de temps linéaire ou cardinal, l'on peut observer que le système tarologique a été structuré en trois séries de sept arcanes et un arcane à part.

La première série symbolise la structuration de l'identité personnelle et familiale. Elle montre des forces qu'il n'est pas forcément évident de maîtriser et envers lesquelles, bien souvent, l'on ne peut que s'adapter et y jouer son rôle.

La seconde série représente le développement et l'intégration des vertus nécessaires à l'évolution de l'âme. Elles révèlent notre humanité. La troisième série représente le chemin du retour à Dieu, à la conscience et à la liberté.

Pour bien connaitre une lame : Vous pouvez apprendre à la ressentir ! Comment faire ? Vous l'observez attentivement pendant au moins 10 minutes et si vous pouvez 30 minutes. Avec un stylo et une feuille de papier, vous notez ce que vous voyez, ce que vous ressentez et les mots qui vous viennent. Vous pouvez aussi choisir une différente lame chaque jour, la poser près de vous quelque part où vous pouvez la voir et lui laisser vous « parler ».

Vous pouvez enfin faire l'exercice suivant : Vous étalez les 22 arcanes sur votre table, faces cachées. Vous prenez une première lame au hasard, face cachée et vous la mettez à part des autres. Vous placez ensuite votre main au dessus d'elle pendant quelques minutes voire pendant 10 à 20 minutes si vous le pouvez. Vous observez attentivement ce que vous ressentez et les mots qui vous viennent et vous notez cela quelque part. Vous pouvez ensuite retourner la carte et faire le lien entre ce que vous avez ressenti et l'arcane. Vous pouvez faire cet exercice pour les 22 arcanes, en une ou plusieurs fois. L'objectif est d'être capable de sentir la carte qui est devant vous-même si sa face est cachée.

Votre corps physique, votre corps astral et votre sensibilité le savent parfaitement donc si vous êtes bien connecté à ces parties en vous, vous pouvez répondre avec justesse. Si vous êtes dans votre tête, vous n'obtiendrez pas de résultats. Certaines personnes peuvent ainsi deviner quelle carte est devant elles parce qu'elles ont parfaitement intégré leur ressenti en lien avec chaque arcane. Pour bien intégrer un arcane, vous pouvez enfin faire du théâtre et vous mettre dans la même situation ou avec le même costume que le ou les personnages représentés dans chaque arcane.

Ce chapitre sur les arcanes majeurs présente les origines de chaque arcane ainsi que son résumé. Vous trouverez dans le chapitre consacré au tirage en croix comment interpréter chaque arcane d'une façon pratique et vous trouverez un approfondissement de chaque arcane dans le Tarot Eternel livre 2.

1-LE BATELEUR OU LE MAGICIEN

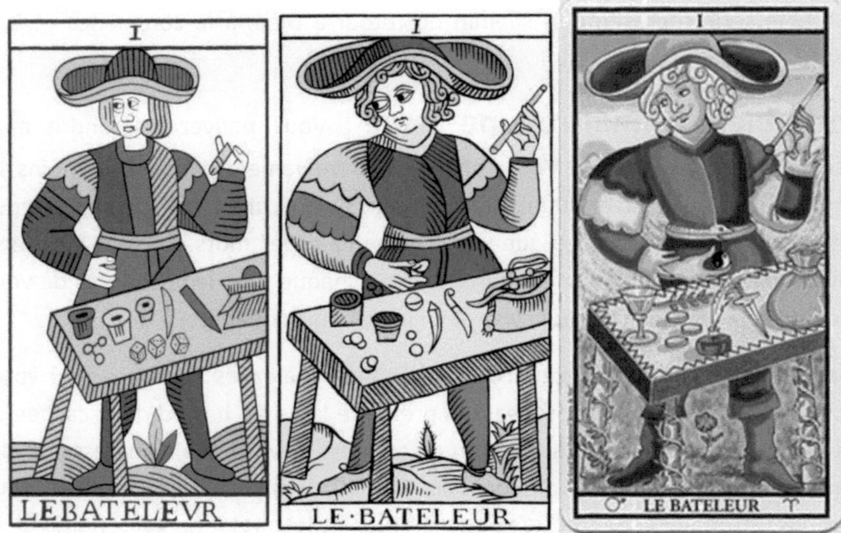

Le résumé et l'essence de l'arcane : Je suis ! Je suis la présence silencieuse, qui, dans l'instant présent, à partir d'une intention, focalise mon attention avec naturel et passe à l'action, expérimente, m'engage, exprime mon pouvoir créateur et dirige ma volonté, avec amour, en étant relié à mon cœur, dans un état de concentration, de spontanéité, de jeu et de joie, afin de vivre tout mon potentiel. Confiant, motivé, actif et dynamique, je suis la volonté et l'énergie qui démarrent des choses nouvelles intentionnellement. Je m'affirme, dans la vie et dans l'action, avec intelligence, enthousiasme et joie, en utilisant les outils et les ressources à ma disposition, afin d'atteindre mes objectifs. Je suis, je décide et j'agis en conscience, en étant responsable de mes actions, en toute indépendance, en fonction de mes objectifs. Je crée des objets ou des situations à partir de rien. Le Tarot, c'est le chemin de la vie et de l'action. Ce chemin me mènera un jour à retrouver l'éveil de ma Conscience et le lien avec « la Source de toute Vie » (Dieu pour les croyants). Le Bateleur, c'est le Tarot en Kit et le démarrage du retour à l'unité. C'est le commencement du chemin. L'assemblage final et l'expérience de l'objectif final se font dans l'arcane du Monde.

Les origines historiques de l'arcane : En Italie du Nord, où le tarot à été créé entre 1424 et 1440, il y avait de nombreuses représentations théâtrales.

L'une des séries de pièces de théâtre qui avait beaucoup de succès à l'époque portaient le nom de « Danse macabre », où la mort personnifiée s'entretenait avec différents personnages. Le Bateleur était l'un des personnages existant dans ces pièces de théâtre. Les plus anciennes cartes du Bateleur présentent toujours un personnage en action devant une table, quelquefois à l'intérieur d'une maison mais le plus souvent dehors, à l'air libre, et toujours avec des objets symboliques présents sur une table. Parmi les objets présents sur la table, l'on y retrouve les symboles des 4 familles des arcanes mineures (un couteau pour les épées, des pièces pour les deniers, un morceau de bois taillé pour les bâtons et un gobelet pour les coupes). On retrouve aussi des dés, du pain et une assiette pour la nourriture, de quoi écrire et de quoi ranger ses affaires. Nous allons voir plus loin tout ce que cela signifie.

Le lien avec le système numérologique chinois : Nombre, archétype ou Hexagramme 1, nommé Le Créateur : Il est nécessaire de définir des objectifs célestes puis de vous organiser, de vous affirmer et d'exprimer votre pouvoir créateur avec confiance afin de réussir de manière visible.

2-LA PAPESSE OU LA GRANDE PRETRESSE

Le résumé et l'essence de l'arcane : Je suis la gardienne des mystères et de la vie qui avance avec fluidité. Porteuse d'imagination, de foi et d'une sensibilité extrême, je sais, grâce à la pratique du silence intérieur et à mon intuition, accéder aux connaissances de la vie et de l'âme pour les restituer sous forme d'informations, de clefs et de conseils.

Je suis la porte de l'invisible qui lève les voiles afin de voir ce qui est là. Je donne l'accès à la légitimité, à la vérité, à la connaissance, aux secrets, aux bonnes clefs, aux réponses, à la conscience et à la réalisation. Je permets de voir la dualité inhérente au monde de la matière et de stocker l'information grâce à différents supports. Cela me permet de nourrir et me nourrir correctement sur tous les plans, d'approfondir, d'expérimenter la vérité des choses, de voiler ou de dévoiler ce qui doit l'être, de suivre mon intuition, de conseiller, de préparer les choses et les événements, de faire naître ce qui est prêt et de générer un développement et une situation féconde.

Les origines historiques de l'arcane : Cet arcane faisait partie des personnages existant dans les pièces de théâtre de type « Danse macabre », où la mort personnifiée s'entretenait avec différents personnages. Ces pièces de théâtre furent créées suite à la grande épidémie de peste des années 1345-1370 où entre 30 et 50% de la population européenne fut décimée. La Papesse fait également parti des personnages évoqués par Pétrarque, un des écrivains qui fut une grande inspiration pour les créateurs du Tarot. Les plus anciennes lames de la Papesse, très tôt appelée « Grande-prêtresse », cherchent à représenter « l'Eternel Féminin sacré ».

Cet « Eternel Féminin » est initialement représenté sous la forme de « l'église » et de « la Foi Chrétienne », qui reflètent le message de   Jésus Christ, qui permettent à ce message de prendre corps et qui triomphent sur le paganisme romain symbolisé par le Bateleur. L'arcane est ensuite représenté soit par une « Grande Prêtresse », en référence aux grandes prêtresses détentrices des secrets de la vie qui existaient dans l'antiquité, comme Isis ou comme les pythies de Delphes, soit par une femme qui aurait été élue Pape, sous le nom de Jean VIII, vers l'an 855, ou sous un autre nom vers l'an 1100. Les preuves historiques révélant l'existence d'une Papesse sont inexistantes, très bien cachées si elles existent où probablement détruites. La « légende » de la Papesse était néanmoins très populaire au moyen âge et à la renaissance.

Le graphisme de l'arcane est enfin inspiré du temple de Jérusalem, où le pèlerin devait passer entre deux colonnes pour pouvoir contempler les trésors qui étaient cachés par un voile.

Le lien avec le système numérologique chinois : Nombre, archétype ou Hexagramme 2 nommé l'Eternel Féminin ou le Réceptif : Dans un état d'écoute, de réceptivité et de foi qui sait attendre, il est nécessaire de vous laisser guider par votre intuition et d'être au service de la vie, avec naturel, fluidité, humilité et dévouement.

3-L'IMPERATRICE

Le résumé et l'essence de l'arcane : Je suis la synthèse de la conscience créatrice et de la fécondité silencieuse, de la volonté divine et de la volonté humaine. Je suis la vie, la mère nature et l'éternel féminin en action dans la joie afin de prendre soin de la vie avec efficacité. Synchronisant mes pensées, mes paroles et mes actions, je combine prise de conscience, ingéniosité, intelligence relationnelle, autorité, organisation, sens de la forme et élégance pour organiser mon environnement afin de m'adapter. Je produis les idées et les formes qui se matérialisent, s'assemblent et se structurent ensuite, devenant des actions dans l'Empereur. Je permets la circulation de l'information, la communication, la compréhension, le mouvement, de nouvelles rencontres, les échanges commerciaux, l'émergence d'une solution et l'adaptation dans la joie. Je gère efficacement la situation.

Les origines historiques de l'arcane : L'Impératrice est représentée dès les premiers jeux de Tarot. Elle faisait partie des personnages principaux existant dans les pièces de théâtre médiévales de type « Danse macabre » où la mort personnifiée s'entretenait avec des personnages représentatifs. Elle faisait aussi partie des personnages évoqués par Pétrarque, écrivain italien dont se sont en partie inspirés les créateurs du tarot, dans son ouvrage sur les personnages célèbres.

Le lien avec le système numérologique chinois : Nombre, archétype ou Hexagramme 3 nommé « Les débuts difficiles » : Afin de gérer une nouvelle situation, intense et désordonnée, qui lutte pour prendre forme et pour cheminer vers un ordre nouveau, il est nécessaire d'organiser avec intelligence le chaos initial.

4-L'EMPEREUR

Le résumé et l'essence de l'arcane : D'un certain point de vue, je lie ma volonté personnelle à la Volonté divine. Je renonce à ma volonté personnelle au profit de la Volonté divine et des besoins de la collectivité. J'exprime alors le pouvoir, l'autorité et la puissance sans m'approprier cette puissance. J'associe présence, engagement, puissance, légitimité, silence, accès à la connaissance, objectifs, expression de la parole et action concrète, tout cela étant organisé efficacement, en accord avec la volonté divine pour gérer la matière.

Ma volonté, ma puissance de travail, mes capacités d'organisation et mon autorité me permettent alors de prendre ma place, de structurer, de diriger, de m'imposer, de construire et d'apporter ordre et stabilité. Régisseur légitime de l'ordre du monde matériel, je définis les règles, je décide, je gouverne, je maîtrise et je règne dans mon monde avec efficacité, bon sens et pragmatisme. Je maîtrise les situations, génère de la prospérité et bâtis mon empire avec rigueur, discipline et détermination, au nom de la « Source » ou du « Dieu » que je sers, ou je participe à l'empire de quelqu'un d'autre.

Les origines historiques de l'arcane : Cet arcane montre l'un des personnages les plus importants qui existait dans les pièces de théâtre médiévales de type « Danse macabre » où la mort personnifiée s'entretenait avec différents personnages dont l'Empereur. Dès l'origine de la création des jeux de tarots, l'Empereur symbolise le pouvoir matériel temporel qu'il est indispensable d'exprimer, dans un premier temps, avant d'accéder au pouvoir religieux ou spirituel du Grand-Prêtre.

L'Empereur du tarot évoque le premier empereur du Saint Empire Romain, Charlemagne, couronné en l'an 800, mais aussi l'Empereur qui régnait au moment où le tarot fut créé, c'est-à-dire l'Empereur Frédéric deux. L'Empereur fait partie des personnages évoqués par Pétrarque dans son ouvrage sur les hommes célèbres, l'une des sources qui a inspirée la création du tarot. Il est aussi associé au culte antique de Mitra, qui célébrait le soleil intérieur symbole du pouvoir suprême. Ce culte, symbolisé par la maîtrise et le sacrifice d'un taureau, symbole de la matière, était pratiqué en Inde, en Perse puis dans l'empire romain, jusqu'à ce qu'il soit interdit par le Pape lors du concile de Nice en l'an 391 après Jésus-Christ.

Le lien avec le système numérologique chinois : Nombre, archétype ou Hexagramme 4 nommé « L'inexpérience de la jeunesse » : Vous êtes dans la situation du maître qui doit éduquer et structurer ou du débutant qui doit effectuer un apprentissage et intégrer un enseignement afin d'acquérir des compétences permettant de servir l'empire.

5-LE GRAND PRETRE OU LE PAPE

Le résumé et l'essence de l'arcane : Alliant autorité et bienveillance, je créé et nourris des relations profondes avec les personnes présentes dans mon environnement. Je trouve, j'intègre et je restitue des enseignements.

Je fais éclore le sens du sens sacré afin d'accéder à l'essence et à la « Source de toute Vie » (au divin pour les croyants), tout comme mon complément, l'Etoile, qui permet l'expression des sens naturels du corps afin d'accéder à la joie.

Je maîtrise un système d'information et développe une expertise. Je relie le ciel et la terre, montre le chemin qui mène au centre du cœur, donne du sens et des conseils, réconcilie les opposés, créé des alliances, apporte du soutien, des solutions et de l'assistance, rassure, réconforte et guide mon âme et les autres vers l'épanouissement, tel un responsable spirituel ou tel un médecin du corps et de l'âme. J'incarne une autorité morale et légitime liée à un système structuré de connaissances, à une forme de sagesse ou à une religion. Je représente l'action légitime conforme aux exigences de l'environnement et en accord avec le système en place.

Les origines historiques de l'arcane : Le premier Pape, Simon Pierre, disciple de Jésus-Christ, exerça ses fonctions pendant plus d'une trentaine d'années, vers l'an 30 après Jésus-Christ.

L'un de ses titre était Pontifex ou Pontife, ce qui signifie « celui qui créé un pont entre la terre et le ciel, entre l'homme et Dieu ». Quand un pont est créé entre le ciel et la terre alors la bénédiction, c'est-à-dire l'aide, peut avoir lieu, en réponse à une prière. Depuis cette époque, le Pape est censé être le représentant de Jésus-Christ sur Terre et il exprime une partie de la volonté cosmique, d'où sa capacité à bénir. Cet arcane et sa symbolique proviennent de la culture chrétienne de la renaissance. Le personnage du Pape est déjà présent dans le roman de Ramon Llull, « Blanquerna » et dans le livre des personnes célèbres de Pétrarque, qui sont deux des sources d'inspirations dans lesquelles ont puisés les créateurs du Tarot. Le Pape est également l'un des personnages les plus importants qui existait dans les pièces de théâtre médiévales de type « danse macabre » où la mort personnifiée s'entretenait avec différents personnages, dont le Pape, qui était alors le représentant le plus élevé du pouvoir temporel.

Le lien avec le système numérologique chinois : Nombre, archétype ou Hexagramme 5 nommé « L'attente stratégique »: Il est nécessaire de voir que le ciel va apporter la pluie à la terre et qu'un processus est en cours, de savoir attendre le bon moment, de vous nourrir correctement, de vous éduquer sur tous les plans et de développer la bonne stratégie afin d'être prêt à agir quand l'heure viendra.

6-L'AMOUREUX, LES AMOUREUX OU LES DEUX ROUTES

Le résumé et l'essence de l'arcane : J'exprime mes désirs, mes sentiments, l'amour incarné ainsi que mon intelligence relationnelle, ma joie et mon sens artistique pour créer des liens, pour partager avec douceur et tendresse, pour m'engager dans une relation de couple, pour travailler en équipe et pour m'adapter socialement. Charmant(e), séduisant(e), conciliant(e), sociable et diplomate, j'écoute mes vrais désirs et ceux des autres afin de faire les bons choix parmi une multitude de possibles. J'entre en conflit et fais de mauvais choix quand je ne m'écoute pas ou quand je me centre trop sur l'autre. Quand je me relie à mon cœur et à mon ange intérieur, quand j'écoute mes vrais désirs et quand je fais mes choix avec Amour de moi-même et de la vie, je génère de l'harmonie, de la beauté et deviens alors un artiste sur terre. Je crée mon bonheur et je vais vers le Chariot, symbole de triomphe.

Les origines historiques de l'arcane : Cet arcane présentait à l'origine un couple surmonté d'un angelot aux yeux bandés.

Cela symbolise premièrement la séparation de l'être humain au moment de l'incarnation, entre un pole féminin incarné dans un corps de femme et un pole masculin incarné dans un corps d'homme. Cela symbolise ensuite le désir de retrouver l'unité jadis perdue et la nécessité de retrouver cette unité à l'intérieur de soi grâce à l'expérience de la vie en couple entre un homme et une femme.

Cela symbolise également l'amour temporel terrestre, l'attraction entre hommes et femmes, le désir, la séduction, les éléments invisibles qui régissent cette attraction et enfin l'amour divin s'exprimant dans la matière sur terre.

L'arcane représente le triomphe de l'amour sur toute considération sociale, religieuse ou culturelle. Après les cinq premiers arcanes qui portent largement l'attention sur un rôle social, le sixième arcane focalise l'attention sur un état d'être, l'état amoureux et le statut d'amoureux. La représentation graphique de l'arcane évolue ensuite vers ce qu'elle est aujourd'hui, en présentant un jeune homme situé entre deux femmes, l'une qui est sa mère et l'autre sa future épouse.

L'arcane évoque alors l'engagement dans le mariage. Une interprétation évoquant le choix entre deux directions, entre deux chemins représentés par deux femmes, l'une symbolisant la matière, la sensualité voire le vice et l'autre l'âme, l'évolution spirituelle et la vertu s'est alors greffée sur la signification d'origine.

Dans le roman de Ramon Llull, Blanquerna devient Pape par sa puissance de travail, puis son rôle de Pape est détrôné par le triomphe de l'amour et par le désir et le choix de quitter sa fonction pour vivre conformément à ce qu'il aime vraiment. Dans les pièces de théâtre médiévales de type « danse macabre », où la mort personnifiée s'entretenait avec différents personnages, l'on retrouve le couple d'amoureux de façon récurrente.

Nommé l'Amoureux ou les Amoureux, cet arcane évoque les relations sentimentales et sociales, le couple, les désirs, le plaisir des sens, l'affectif et l'amour ressenti. Elle évoque également la possibilité de créer son bonheur en effectuant le choix de mettre fin à l'expression de ce qui est inférieur au profit du supérieur. Cela nécessite de faire la différence entre désirs et besoins, d'écouter ses vrais désirs, d'écouter son cœur et de faire des choix équilibrés, ce qui implique d'adopter et de rejeter, de sacrifier une possibilité au détriment d'une autre. L'engagement dans le mariage nécessite également une volonté de conciliation, une volonté de bonheur et de la gentillesse afin d'anticiper et régler tout conflit potentiel.

Le lien avec le système numérologique chinois : Nombre, archétype ou Hexagramme 6 nommé « Le conflit » ou « Le choix » : Deux volontés allant dans deux directions différentes génèrent un conflit qui nécessite de vous investir dans son dénouement, en effectuant le bon choix, en opérant un ajustement, en trouvant un compromis et une solution, afin d'apporter l'harmonie et la joie.

7-LE CHARIOT

Le résumé et l'essence de l'arcane : En avant toute ! Avec le Chariot, je m'autorise à choisir le bon objectif, à prendre les bonnes décisions, à m'engager, à être efficace et performant(e), à trouver la bonne route et à atteindre ma destination. Avec l'aide de mon objectif, de mon ambition, de ma motivation, de ma force, de mon dynamisme, de ma détermination, de ma confiance en moi, de ma foi et de mon intelligence stratégique, je mobilise et organise mes ressources. Je me mets en mouvement. J'entreprends les actions, les démarches et les voyages qui me permettent de réussir. Je fais ce qui est nécessaire pour obtenir le meilleur résultat possible et pour accéder à une victoire légitime, tel un cocher, en entrepreneur ou un général qui mène ses troupes au combat.

Les origines historiques de l'arcane : Cet arcane est le premier qui porte le nom d'un objet mais aussi d'une constellation. Il est le dernier arcane de la première série de 7 lames. Dans les premiers jeux de Tarot, il était appelé la victoire, le triomphe ou le triomphant, d'une part parce qu'il représente la capacité à triompher des tentations représentées par l'arcane précédent mais aussi par le cheval noir, en affirmant son « non » de manière ferme et irrévocable ; d'autre part parce qu'il permet la célébrité, c'est à dire la victoire de l'âme qui triomphait de la mort grâce au cheval blanc, mais aussi enfin parce que dans les pièces de théâtre médiévales, tout comme dans la Rome antique, les différents personnages typiques qui triomphaient le faisait en défilant sur un char que l'on appelait « char du triomphe ». La personne conduisant le char était soit représentée par une femme, symbole de l'âme, qui triomphait du désir et de l'amour terrestre, mais aussi symbole de l'amour, qui donne des ailes et la force d'avancer et de triompher, soit par Mars, le dieu de la guerre, le héros qui remportait la victoire par la prise de conscience de son pouvoir de décision et par ses actions efficaces sur le terrain. L'aigle impérial romain, symbole de maîtrise des événements, de lucidité et de puissance, tenait dans ses serres un orbe surmonté d'une croix et un sceptre. Certains conducteurs de chariots tenaient ainsi un sceptre et un orbe surmonté d'une croix, symboles de la volonté divine et de l'âme qui maîtrisent la matière. L'aigle est apparu un peu plus tard sur cet arcane. Cet arcane est donc inspiré à la fois par la mythologie gréco-romaine, par les écrits de Platon, qui compare l'âme à un char tiré par un cheval blanc qui élève l'âme mais aussi par un cheval noir qui peu plomber l'âme si le conducteur n'est pas vigilent et par les écrits de Pétrarque.

On le retrouve aussi dans les pièces de théâtre médiévales de type « danse macabre », où un personnage représentant la mort interpelle différents personnages, dont un roi ou un soldat sur son chariot.

Le lien avec le système numérologique chinois : Nombre, archétype ou Hexagramme 7 nommé « L'armée » : Il est nécessaire d'être comme un général, qui mobilise ses armes et ses armées avec discipline et un objectif juste, pour diriger une lutte collective et obtenir une victoire.

8-LA JUSTICE

Le résumé et l'essence de l'arcane : L'ordre de la vie, ce qui signifie « la Nécessité », s'incarne dans la civilisation, dans la société, par la Justice, concrètement par la loi, où chaque pensée, désir, attitude et action a des conséquences. Je récolte et j'assume les conséquences de mes actions. A la fois juge, jury et exécutant, j'agis pour rééquilibrer ce qui doit l'être en fonction de la loi. Et selon l'adage « Nul n'est censé ignorer la loi ». En tant que personne gardienne de la civilisation, j'observe, je pèse le pour et le contre puis je tranche selon ma conscience. Je m'investi dans des activités associatives. Je rends visite à une administration. Je gère une structure ou des informations administratives, des systèmes d'informations et souvent des lois. J'équilibre ce qui ne l'est pas afin de générer harmonie, ordre, vérité et justesse. Je tranche pour rendre ma sentence. Je crée et perpétue la civilisation par mon intelligence relationnelle et par mes activités sociales. Une rencontre a lieu.

Des informations et une situation sont examinées. Une vérité est exprimée. Une décision est prise. Une cause génère une conséquence. Cela est juste ! Parfait ! Impeccable ! L'état d'harmonie et d'union avec l'ordre cosmique et l'accord avec sa conscience apporte alors une joie profonde et sereine.

Les origines historiques de l'arcane : Platon, dans son œuvre, qui est fortement influencée par la mythologie et le système de croyances perse, nous explique que l'âme ne peut évoluer que grâce au développement, à l'entretien et à l'incarnation de quatre grandes qualités ou vertus. Ces qualités ont ensuite largement été reprises par les théologiens et par Pétrarque, l'un des auteurs qui a fortement influencé la création du Tarot. Elles faisaient partie de la culture générale au moment de la renaissance au point qu'elles étaient largement représentées dans les bâtiments administratifs et dans les églises. En dehors des personnes qui connaissent bien le tarot ou la religion chrétienne, ces vertus, dites cardinales, c'est-à-dire essentielles ou centrales, sont de nos jours un peu tombées dans les oubliettes.

Ces vertus sont la Justice, représentée symboliquement par une balance et une épée, la Prudence, représentée par un serpent et un miroir, la force, représentée par un lion ou une colonne et la Tempérance, représentée par deux récipients avec de l'eau qui passe de l'un à l'autre. Nous retrouvons là les arcanes du tarot numéro 8,9, 11 et 14. Trois autres vertus, la foi, la charité et l'espérance, étaient aussi particulièrement valorisées durant la renaissance. Ces vertus étaient personnifiées et exprimées lors des pièces de théâtre.

Dans la mythologie Grecque, la Justice est représentée par la déesse Thémis pour ce qui concerne la justice divine et par Dicé ou Diké (Astrae chez les Romains) pour la justice des hommes. Dans la mythologie égyptienne, elle est représentée par la déesse Maât. D'après Platon, la justice faisait appel à trois formes d'intelligence ou de connaissance, l'intelligence analytique capable d'analyser des faits et de formuler des hypothèses, l'intelligence argumentative capable de débattre afin de valider ou non la véracité d'une hypothèse et l'intelligence intuitive capable de percevoir ce qui est juste et en harmonie avec l'ordre universel. L'arcane de la Justice incarne cette intelligence. Dans la suite des arcanes du Tarot, elle ouvre la deuxième série de sept arcanes.

Le lien avec le système numérologique chinois : Nombre, archétype ou Hexagramme 8 nommé « La civilisation » ou « L'alliance »: Il est nécessaire de perpétuer la civilisation en vous investissant dans une association, comme créateur ou participant, avec justesse et intelligence relationnelle.

9-L'HERMITE

Le résumé et l'essence de l'arcane : Chaque chose arrive en son temps et je suis le temps. Quand j'apprends à écouter le silence, je peux observer que la sagesse chemine vers moi au rythme de l'éternité. Il est alors temps de questionner, de me mettre en chemin pour chercher ma vérité profonde, de fournir le travail et les efforts nécessaires, de chercher la paix intérieure et de voir que celles-ci sont entre mes mains, au plus profond de moi, en tant que lumière divine au centre de mon corps spirituel. Je suis simple, minimaliste, intègre, sérieux, expérimenté, mûr, profond, réfléchi, persévérant, parfois dur mais sage. J'aime une part de solitude hivernale. Je vais à l'essentiel et je sais prendre le temps nécessaire. J'éclaire autrui par la lumière de ma sagesse. Soit je me retire du monde pour me consacrer à ma vie intérieure, soit je suis en chantier pour construire (une œuvre, un édifice, une cathédrale ou mon temple intérieur), grâce à ma vision des plans, des structures et de l'architecture ainsi qu'à mes capacités de gestionnaire et d'organisateur. J'avance lentement mais surement, par étapes, vers plus de sérénité.

Les origines historiques de l'arcane : Depuis l'époque des Grecs et des Romains, le temps a été personnifié sous la forme d'un vieil homme tenant soit un sablier, soit une lanterne et parfois une faux. Le temps linéaire était incarné par le Dieux Chronos chez les Grecs et par Saturne mais aussi par Janus chez les Romains.

L'Hermite faisait partie des personnages qui existaient dans les pièces de théâtres médiévales de type « Danse macabre » où la mort personnifiée s'entretenait avec différents personnages.

Il était sans doute le mieux préparé à affronter la mort car ayant trouvé en lui la lumière, acquis la paix intérieure et fait tout ce qu'il avait à faire sur Terre, il était rentré dans l'éternité, avait vaincu le temps et pouvait partir en paix. Le vieil homme était aussi associé à la vertu nommée prudence, qui se déplaçait avec un miroir et un serpent. Le miroir symbolisait le calme de l'âme capable de voir les mémoires du passé et de l'histoire, la profondeur du moment présent tel qu'il est, la structure de l'ordre du monde, les lois éternelles et les chemins de l'avenir. Le serpent symbolisait la maîtrise de l'énergie grâce à laquelle la conscience peut se placer au centre du cœur et se reconnecter à la source, devenant ainsi comme une lanterne ou un phare qui brille au loin.

Cet arcane existe dans le roman de l'écrivain Pétrarque « I triomphi » et il est le protagoniste du roman « Blanquerna » l'un des ouvrages écrit par Ramon Llull, qui a inspiré les créateurs du Tarot et qui était très populaire jusqu'à la renaissance. Le héros du roman a suivi le parcours des 9 premiers arcanes du Tarot. Il a démarré dans la vie comme novice (Bateleur). Il a acquis les connaissances nécessaires (la Grande-Prêtresse), s'est adapté (L'impératrice), à maîtrisé son territoire par sa force de travail (l'Empereur) puis est devenu Pape (le Grand-Prêtre).

L'empereur vient le chercher, par l'intermédiaire d'un personnage loufoque qui ressemble étrangement au fou, afin qu'il remette de l'ordre dans les affaires matérielles et spirituelles de l'empire. Il a ensuite fait un choix entre la matière et l'Esprit (l'Amoureux). Il est parti (le Chariot). Il a fait ce qui était juste pour lui, a trouvé son équilibre (la Justice) et a consacré le reste de sa vie à chercher l'illumination en devenant ce qu'il a toujours voulu être, un ermite qui consacre sa vie à Dieu (l'Hermite). Il compose alors 365 poèmes d'amour qui sont inspirés par les valeurs chrétiennes et les discours des soufis et les rassemble ensuite dans le livre « Llibre d'Amic e d'Amat », qui a pour but d'aider chaque pèlerin à vaincre la tentation et à trouver Dieu.

Le lien avec le système numérologique chinois : Nombre, archétype ou Hexagramme 9 nommé « Gérer l'hivers » ou « La prédominance de ce qui est petit ou intérieur » : Il est nécessaire de gérer, avec sérieux et discipline, les contraintes et les restrictions de ressources de l'hiver pour préserver votre sécurité et pour cheminer vers le printemps, vers une renaissance de la lumière.

10-LA ROUE DE FORTUNE

Le résumé et l'essence de l'arcane : J'apprends à ouvrir ma conscience au fait que l'univers est régi par les cycles et les chiffres, où tout ce qui est nait, vit puis se transforme selon un certain ordre des choses. En comprenant comment l'univers fonctionne mais aussi en apprenant à sortir du mental puis en retournant au centre de mon être, je peux acquérir une certaine maîtrise de ma destinée. Comprendre puis appliquer les lois de la vie me permet de m'adapter et de créer et ainsi de nourrir mon évolution.

Ce qui est passé entre dans l'Histoire et parfois dans la légende. Si je ne me suis pas libéré de mon passé, je suis condamné à le revivre. Dans le cas contraire il y a un changement. La roue tourne et la vie avance. La situation actuelle évolue de façon logique vers un nouveau cycle, vers une nouvelle étape. J'ai conscience que je peux tout gagner ou tout perdre, que le temps est fait de cycles, que ce que je n'ai pas transformé se répète mais aussi que pour que la roue tourne il faut que je tente ma chance, la fasse tourner et que je sorte de mes schémas répétitifs.

J'utilise mon intelligence technique capable de décortiquer les choses et de les assembler d'une autre manière mais aussi un sens du commerce, une compréhension de la vie, un besoin d'être toujours en mouvement, un sens des chiffres et une précision d'horloger pour servir, travailler, saisir des opportunités, gérer des projets, innover ou copier, pour m'adapter au monde de la matière et pour évoluer, en fonction de ma structure psychologique avec ses forces et ses faiblesses, dans l'instant présent.

Les origines historiques de l'arcane : La Roue de la fortune était un symbole majeur au moyen-âge et à la renaissance. Dans la mythologie Grecque puis romaine, la Terre et l'univers tout entier étaient portés par une déesse nommée Ananké en Grèce et Nécessitas, devenue plus tard chez les romains la déesse Fortuna.

Ananké est La Nécessité, c'est-à-dire la loi de l'évolution ou les lois de la vie. Elle indique ce qu'il est le plus judicieux d'être et de faire à chaque instant pour que les choses évoluent favorablement et pour terminer les cycles. Se conformer à la « Nécessité » implique d'accomplir ses devoirs et permet de se libérer des cycles répétitifs et ainsi d'accéder à la liberté intérieure. A partir d'une intention, d'une impulsion de volonté, d'une cause, d'une origine, Ananké crée les conséquences correspondantes et les cycles correspondants. La toute première impulsion a été le choix de se déconnecter de « la Source de toute vie » et d'expérimenter le monde de la matière, avec les misères et souffrances que cela implique. L'expérience de la matière s'effectue avec un corps et une âme ayant une certaine structure, elle-même générée et nourrie par le rythme et les nombres.

C'est Ananké qui engendre la destinée des êtres humains sur terre. Elle était représentée sous la forme d'une roue. Elle est assistée dans cette activité par ses trois filles, les Moires, qui passent leur vie à travailler. Clotho la fileuse tisse les destinées des êtres humains et représente aussi le passé. Lachésis organise les destinées des êtres humains et maintient la direction de l'évolution. Elle représente le présent. Atropos coupe le fil et permet aux êtres humains de retourner dans l'au-delà et représente le futur. La destinée est en partie générée par la structure du corps et par la structure de l'âme (thème numérologique et thème astral ayant comme acteurs clefs le Soleil, la Lune et les planètes).

L'être humain dispose cependant du libre arbitre et de la liberté de conformer ou non sa vie avec la Nécessité. Le concept de la Roue de la Fortune est également inspiré par les écrits de Platon, qui évoque dans   « La république », l'âme qui, d'une façon générale s'incarne dans la matière, subit les souffrances du monde de la matière, retourne dans l'au-delà et peut se réincarner dans certains cas.

Enfin, le philosophe romain Boèce, qui était célèbre en Italie au moyen-âge et à la renaissance, a traduit les écrits de plusieurs auteurs Grecs dont Platon.

Il a écrit en 424 après Jésus-Christ « Consolation de la philosophie », ouvrage de référence qui propose un dialogue entre un prisonnier et la déesse Fortuna.

Dans le tarot de Visconti, l'un des premiers à avoir été créé, un vieil homme porte une roue autour de laquelle sont placés les trois Moires, révélant ainsi un cycle à quatre temps.

Le vieillard représente la fin de la vie dans la matière et la continuation du cycle pour les personnes qui n'ont pas fait le travail nécessaire et il fait aussi référence à l'Hermite, qui symbolise le cheminement vers sa vérité profonde, la sagesse, le travail sur soi, la prudence et les structures du monde. La structure de la Roue de la fortune est enfin associée au tripalium, du latin trois bâtons, dont l'un est vertical et les deux autres disposés en forme de X. C'était un instrument de torture auquel on attachait les voleurs et les bandits pour leur faire payer les souffrances qu'ils avaient infligées aux autres.

L'être humain qui a choisi de s'incarner dans la matière doit ainsi payer les conséquences de ses choix et fournir le travail nécessaire pour se libérer.

La Roue de Fortune évoque donc la main du destin, les événements indépendants de notre volonté et la chance. Fortune signifie chance en latin. La roue de la fortune est aussi un jeu de hasard très ancien où chaque personne peut tenter sa chance et interpeller le destin.

Pour que la roue tourne, il faut la faire tourner ! Elle peut tourner dans les deux sens et provoquer soit un événement chanceux, la bonne fortune, soit une difficulté, un revers de fortune. On peut tout gagner ou tout perdre.

Le lien avec le système numérologique chinois : Nombre, archétype ou Hexagramme 10 nommé « La conduite juste» : Il est nécessaire de réagir avec discernement à une sollicitation délicate, de choisir le bon chemin et de vous mettre en marche avec la conduite juste afin de faire avancer la situation dans un sens ou dans un autre.

11-LA FORCE OU LE LION DOMPTE

Le résumé et l'essence de l'arcane : Quand je me relie, à travers mon cœur et toutes les cellules, aux courants d'amour qui inondent l'univers, je trouve mon centre, je deviens Maitre dans mon cœur et je peux ainsi exprimer la force de l'amour, la force intérieure et la confiance en soi. Quand je veux vraiment, avec amour et détermination, je sais mobiliser mes ressources et peux alors tout réussir. Energique, franche, courageuse, fiable, solide comme un pilier, pleine de confiance, centrée dans son corps et dans son cœur, à la fois très autonome et très reliée aux autres, je suis une personne qui se connecte à son cœur et à l'univers, qui s'affirme, se discipline, se maîtrise et exprime la force de l'amour. J'exprime la puissance de l'harmonie émanant du cœur et mon pouvoir créateur afin de donner le meilleur de moi-même, de dominer la situation et de contribuer à l'évolution de la vie. Cette force intérieure me permet de vaincre l'adversité en faisant preuve de courage, de surmonter les difficultés, d'atteindre mes objectifs, de maîtriser les événements et ma vie grâce à mon engagement et de créer ma réussite et ma prospérité.

Les origines historiques de l'arcane : Les origines de cet arcane nous viennent de l'époque biblique et du concept de héro dont le courage permettait de vaincre un lion. Le Lion symbolise le roi des animaux mais aussi la nature animale sauvage avec ses pulsions et ses passions.

Le lion symbolise aussi l'ego, qui perpétue à l'intérieur de chaque être humain un sentiment de séparation, un sentiment d'importance personnelle, c'est-à-dire une absence de naturel et un sentiment d'orgueil. L'imagerie de cet arcane est inspirée des légendes d'héroïnes et de héros de Grèce et d'Israël.

Il y a la nymphe chasseresse Cyrène, dans la mythologie Grecque, qui dompta et séduisit un lion par ses seules forces personnelles et ainsi séduisit Apollon. Il y a le héros Israélite Samson qui tua un lion puis détruisit un temple dans le pays des Philistins en brisant les colonnes du temple.

Dans certains des premiers jeux de tarot, cet arcane était parfois représenté par un héros ou une femme (qui symbolisait aussi l'âme) brisant une colonne en deux en référence à l'histoire de Samson. L'arcane est également inspiré par le premier des 12 travaux du héro Grecque Héraclès (Hercule), qui après avoir assommé « le lion de Némée » avec un gourdin, l'étouffa, par sa volonté, sa détermination, sa force physique et sa force d'âme ou force morale. Il revêtit ensuite la peau du fauve qui devint un symbole de sa force. Il devint lui-même un modèle et une référence de courage et de valeur morale.

La Fortitude ou la Force était enfin l'une des quatre vertus cardinales, c'est dire l'une des quatre qualités essentielles de l'âme (la justice, la prudence, la force, la Tempérance dans l'ordre du tarot) que l'église recommandait de cultiver afin d'accéder à la vie éternelle. Ces quatre vertus ont été nommées ainsi par des philosophes Grecs comme Pythagore, Aristote et Platon avant d'être reprises par les Chrétiens. L'ancien testament fait référence à la force dans le « livre de la sagesse ».

La force, en tant que vertu nécessaire à l'évolution de l'âme, et l'image du Lion, faisaient intégralement partie de l'imagerie populaire à l'époque où les arcanes du tarot furent créés.

Le lien avec le système numérologique chinois : Nombre, archétype ou Hexagramme 11 nommé « La force du cœur » : Il est nécessaire d'exprimer votre vitalité et votre force du cœur pour vous intégrer, avec confiance, optimisme et créativité, dans un contexte positif porteur et générateur de prospérité printanière florissante.

12-LE PENDU

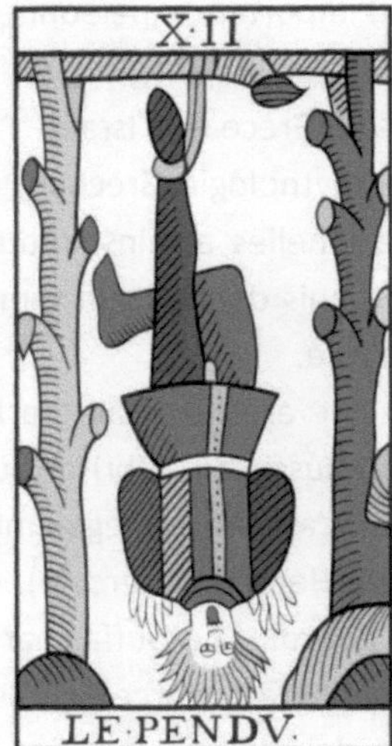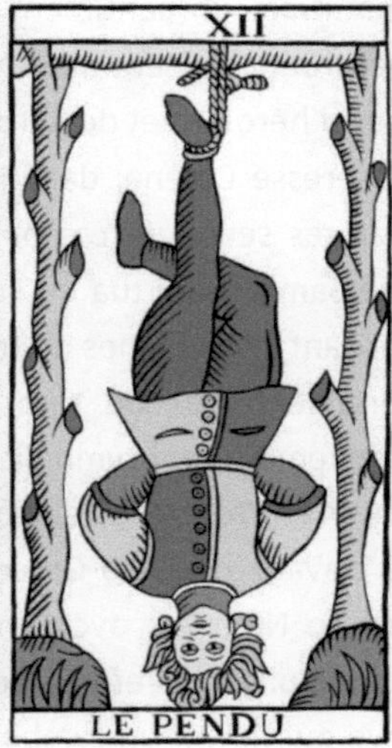

Le résumé et l'essence de l'arcane :

En positif : Je me détache intérieurement des choses extérieures pour trouver un sens profond et des réponses. J'inverse mes croyances et ma vision des choses. Je sacrifie ce qui est inférieur au profit de ce qui est supérieur. J'apprends à vivre ma vie selon des valeurs spirituelles. J'exprime la force de la foi et mon don de voyance. Je pratique la prière, la méditation et le lâcher-prise. Je dénoue les situations grâce à un travail sur moi. Je soulage les souffrances et les misères du corps et de l'âme. Je donne ma vie à la vie afin d'accéder à la vie spirituelle, à la transcendance et à la conscience christique. Quand j'intègre le spirituel et le sacré au quotidien, je transcende mes souffrances, j'accède à la joie, à la béatitude et j'incarne mon étincelle divine d'amour inconditionnel. Une situation en attente est en train de se dénouer.

En négatif : Je m'enferme, fuis mes responsabilités et reste bloqué, en situation d'attente, dans des liens de fidélité, dans mes mémoires généalogiques, dans mes mémoires de vies passées génératrices de souffrances et dans des schémas répétitifs générateurs de chaos, d'illusions et de trahison.

Le nom et les origines historiques et de l'arcane : Platon, l'une des sources d'inspiration du Tarot, évoque dans son ouvrage Timaeus la nécessité d'effectuer une réduction de la conscience matérielle au profit d'une augmentation de la conscience spirituelle. Dans les premiers jeux de tarot, cet arcane avait une double signification.

Il représentait premièrement le Christ, prophète qui révéla aux hommes, par sa vie et par ses enseignements, le chemin permettant de retrouver Dieu.

Il renonça à sa volonté personnelle pour être et vivre selon « la volonté du Père », le « Père » étant le « responsable » des archanges et des anges et le représentant le plus élevé de « La Source de toute vie ».

Lors de sa crucifixion sur le mont du Golgotha, par la puissance de son amour, il transforma l'aura électromagnétique de la planète Terre de façon à ce que les êtres invisibles hostiles aux êtres humains ne puissent plus leur nuire comme ils le faisaient précédemment. L'arcane du Pendu représentait ensuite la crucifixion du Christ et son sacrifice sur la croix, mais aussi la trahison commise par des rabbins juifs et par Judas Iscariote, qui a finit par se pendre. L'arcane représentait ainsi la trahison dans son sens le plus large. Parmi les éléments les plus synonymes de trahison sur le chemin qui permet d'exprimer le meilleur de soi-même et de retrouver Dieu, il y a les mémoires généalogiques, les mémoires de vie passées et le monde d'illusions qui entoure la Terre et que tout être humain doit, à un moment donné, traverser lorsqu'il « décède », pour avoir accès aux mondes spirituels supérieurs.

Le pendu symbolise ainsi également ces éléments qui sont difficiles à gérer. Tout comme Jésus Christ a été considéré comme un ennemi caché ou comme un traitre par les rabbins juifs, puis fut exécuté, il existe dans l'histoire et la mythologie Grecque plusieurs personnages brillants, comme Socrate par exemple, qui ont, à un moment donné, été accusés d'être des traitres et ont été punis ou exécutés. Ils ont alors quitté l'histoire pour entrer dans la légende. Dans l'histoire italienne qui précéda la création de jeu de tarot, il y eut également des personnages qui furent considérés comme des traitres et qui furent pendus par un ou deux pieds.

Le personnage du traitre faisait ainsi partie du répertoire des personnages utilisés dans les pièces de théâtre italiennes du quinzième siècle, qui furent l'une des sources d'inspiration pour la création du tarot.

Le lien avec le système numérologique chinois : Nombre, archétype ou Hexagramme 12 nommé « Le déclin » : Il est nécessaire de vous adapter à une force obscure et contre-productive qui génère de la disharmonie, de la décadence, une crise, une souffrance, un déclin automnal ou une situation chaotique. L'issue se trouve dans une capacité à orienter votre chemin vers une direction spirituelle et vers la foi pour les personnes croyantes.

13-L'ARCANE SANS NOM OU LE SQUELETTE FAUCHEUR

Le résumé et l'essence de l'arcane : En positif : Tout change tout le temps. Un changement majeur arrive. Une situation prend fin brutalement. Il y a une transformation radicale. J'apprends à être une personne lucide et positive, à me relier à ma profondeur, à aller au fond des choses pour prendre conscience des causes, à être authentique, à percer les secrets de la vie et de la mort ou à gérer des questions de sécurité. J'exprime mon pouvoir de transformation. Je me libère de mon passé en coupant les liens qui n'ont plus lieu d'être et en éliminant ce qui est toxique. Je me dirige vers un renouveau. Je prends conscience de ma problématique afin que celle-ci soit totalement maîtrisée. Je mets mon authenticité, ma vérité et mes compétences au service du collectif et de la société. Quand j'accepte d'être lucide, de voir que le monde de la matière est du point de vue de l'Esprit « une illusion », de mourir à ce qui n'est plus et d'apprendre « l'art de mourir », je me transforme, j'accompagne le changement, j'accède à mon identité profonde et à mon éternité. La situation est intense et chargée en émotions. **En négatif :** je vis dans le noir, dans l'ennui, comme une personne morte, dans l'ignorance de mon être éternel et dans un état misérable de douleur et de tristesse.

Les origines historiques de l'arcane : D'un point de vue historique, cet arcane fait essentiellement référence à la bible chrétienne, au chapitre six du livre de l'apocalypse ou des révélations. Quatre cavaliers y symbolisent la conquête, la guerre, la famine et la peste, c'est-à-dire la mort. La mort est donc le quatrième cavalier de l'apocalypse. Ce passage symbolisait à l'origine les quatre étapes essentielles dans le processus de transformation permettant d'accéder à Dieu, soit la mise en place d'une volonté de conquérir à nouveau la lumière, le combat intérieur pour être victorieux, la capacité à se nourrir d'énergie immatérielle et la mort symbolique du corps animal qui s'est soumis à l'Esprit, c'est-à-dire au corps spirituel, par l'accès à la conscience de l'au-delà.

Peu avant la création du Tarot vers 1425, il y eut une épidémie de peste qui partit de Chine et qui ravageât l'Asie et l'Europe, entre 1345 et 1365. Environ un tiers de la population fut décimée. Cela donna lieu à un courant artistique créateur de pièces de théâtre spécifiques où la mort, personnifiée par un squelette faucheur, dialoguait avec les personnages typiques que l'on retrouve dans le Tarot, comme l'Empereur, le Pape, les amoureux, le soldat, le juge ou l'Hermite. L'Arcane sans nom était ainsi une représentation visuelle du personnage principal, « la mort », des pièces de théâtre de type « danse macabre ». Elle symbolisait la disparition du corps physique mais également l'éveil de la conscience à l'au-delà et ainsi l'accès à la conscience de l'éternité.

Le lien avec le système numérologique chinois : Nombre, archétype ou Hexagramme 13 nommé « La communauté avec les Hommes, ce qui dépasse l'individu et ce qui est commun à tous les Hommes» : Il est nécessaire de développer votre réseau et de participer à votre communauté, en permettant aux hommes de se rassembler librement, en acceptant leurs différences afin de générer un progrès collectif.

Commentaire : L'imagerie de cet arcane est très influencée par la culture chrétienne et par la grande peste qui a eu lieu entre environ 1346 et 1366. La signification des deux archétypes a bifurqué à partir d'une racine commune, c'est-à-dire ce qui est commun à tous les êtres humains quels qu'ils soient, où qu'ils soient et quelle que soit leur époque de vie. Il est nécessaire de développer votre réseau et de participer à votre communauté, en permettant aux hommes de se rassembler librement, en acceptant leurs différences, afin de générer un progrès collectif.

14- TEMPERANCE OU L'ANGE

Le résumé et l'essence de l'arcane : Je suis à ma façon un(e) intermédiaire entre les hommes et les Dieux. J'agis en équipe, en réseau, pour servir la volonté divine, en synchronicité avec la nécessité et donc de façon équilibrée et avec une parfaite efficacité. J'utilise ma clarté intérieure, ma logique, mon intuition, ma dimension internationale, ma capacité à être connecté au cosmos et à connecter et mélanger des énergies et des informations pour attirer de l'aide et créer des synchronicités, des coïncidences. J'exprime ma pureté de cœur, mes valeurs humaines, mon intelligence psychologique, relationnelle et/ou technologique pour tempérer les excès, pour créer et utiliser des réseaux, pour promouvoir le travail de groupe, pour soulager, apporter des messages et de l'espoir et pour trouver des solutions génératrices de nouveauté, d'évolution, de progrès, de réussite et de libération. Je permets à chaque personne d'effectuer le passage d'un état à un autre, d'évoluer vers plus de sérénité et d'accéder à la paix de l'âme. Quand je suis comme un Ange vibrant d'amour, grâce à mes connections multidimensionnelles et à mon union avec Dieu, je libère l'humanité pour la faire évoluer vers son essence divine et vers sa lumière éternelle. La situation évolue de façon fluide et continue.

Les origines historiques de l'arcane : La Tempérance est l'une des vertus célestes, une des compétences ou des qualités majeures que la culture chrétienne a reprise de la culture grecque antique et des œuvres du philosophe

110

grec Platon. Elle était connue par les romains et faisait partie de la culture populaire à l'époque où le tarot fut créé, vers 1425.

L'origine du mot est en lien avec la médecine gréco-romaine qui reconnaissait qu'une personne était en bonne santé lorsqu'elle était dotée d'un bon tempérament, dument équilibré. Une personne était dite « en tempérance » quand il y avait en elle un équilibre entre ses quatre liquides organiques que sont le sang, la lymphe, la bile jaune sécrétée par le foie pour digérer les graisses et la bile noire sécrétée par la rate pour aider gérer les choses dans le temps. La Tempérance avait la réputation d'être capable de triompher de l'Arcane sans Nom et de la mort. C'est pour cela qu'elle fut placée après l'arcane sans nom. Elle évoque, dans le chemin vers Dieu, vers le retour à l'unité avec « La Source de toute vie », la capacité à identifier les personnes angéliques et à accepter l'aide de ces personnes, sur Terre, mais aussi dès leur arrivée dans l'au-delà.

Elle évoque la capacité à prendre du recul, à engendrer de l'harmonie, une claire compréhension, un mieux-être psychologique, un réconfort, un soulagement, un apaisement, de l'espoir, de la joie ainsi qu'un état de tranquillité et de sérénité. Elle symbolise enfin l'action des « Anges » qui vont et viennent entre « La Source de toute vie » et les êtres humains incarnés sur les différentes planètes, dont la Terre, afin d'aider les âmes humaines à retrouver « l'état d'Etre » nommé Dieu, dans lequel « la conscience » se place au centre du corps spirituel et renait en lui. La Tempérance est en lien avec les deux proverbes inscrits sur les colonnes du temple de Delphes, ville Grecque où l'on venait pour obtenir des réponses des prêtresses et des sages qui y résidaient. Ces deux proverbes sont « Connais toi toi-même » et « Rien de trop ». En permettant d'incarner ces deux proverbes, la Tempérance génère une puissante évolution spirituelle et une reconnexion graduelle à la « Source de toute vie ».

Dans son côté ombre, la Tempérance évoque une difficulté à avoir les pieds sur terre, à trouver sa place dans le monde, à s'incarner ainsi qu'une tendance à être déconnecté et à vivre dans l'errance (temps + errance).

Le lien avec le système numérologique chinois : Nombre, archétype ou Hexagramme 14 nommé « Le grand avoir » : Il est nécessaire d'être un centre dirigeant éclairé qui optimise les ressources des membres de la communauté pour trouver des solutions et générer une grande réussite.

15-LE DIABLE

Le résumé et l'essence de l'arcane :

En positif : Quand je mets ma lucidité, ma vigilance, ma combativité et mon pouvoir au service de la vie avec passion et humilité, mais aussi avec une conscience spirituelle, je génère l'abondance. Je maîtrise alors à la fois l'ombre et la lumière. Je m'exprime comme une personne passionnée, intense, énergique, intrépide, audacieuse, tenace, instinctive, séductrice, magnétique, coquine et un peu manipulatrice. Je sais manier le suspens et susciter des émotions, aimant parfois saboter ou révéler à chacun sa problématique. Je suis parfois une personne possessive, jalouse, compliquée et comme envoutée voire enchaînée à des excès où à quelqu'un d'autre. Je surmonte les obstacles et gère les crises afin d'obtenir ce que je veux.

En négatif : Quand je me laisse enchainer par mon ignorance, mes pulsions, mon pouvoir et par une situation ou quand je donne mon pouvoir aux autres, je crée un excès, une situation illégitime, un déséquilibre, un conflit, une trahison et de la violence. Je provoque la tentation et la peur, nourris des fictions et des mensonges, profère de fausses promesses et attire le danger, la jalousie, la négativité et le mal. Je ne maîtrise plus rien et subis la situation.

Je perds ma joie et j'engendre misère et désespoir. Il est alors nécessaire de rééquilibrer ce qui doit l'être et de trouver une solution pour transformer la situation.

Les origines historiques de l'arcane : Le graphisme de l'arcane du Diable est dérivé du dieu Grec Pan, mot signifiant « issu de la nature ou du grand tout ». Pan était représenté comme une créature mi-homme mi-chèvre, avec une longue barbe, des cornes de bouc et des pieds de bouc. Dans la mythologie grecque, le Dieu Pan symbolisait la nature sauvage, l'énergie sexuelle créatrice de vie, les pulsions érotiques, mais aussi la forêt qui apporte du bois pour faire du feu, des maisons et des instruments de musique. Il était dans la Grèce antique le protecteur des bergers mais il consacrait la plus grande partie de son temps libre à séduire les nymphes. Il eu de nombreuses conquêtes et de nombreux enfants, dont Crotos, qui devint la constellation du sagittaire, représentant symboliquement les fêtes, le monde extérieur et le monde de la matière. Pan conçut différents instruments de musique dont il se servait pour exercer une influence, soit pour séduire les nymphes, soit pour effrayer ses ennemis. Dans la mythologie grecque, il réussit ainsi à faire peur et à faire fuir les titans puis les perses. Il semait la « pan-ique » par ses sons particuliers, par ses cris horribles et par sa capacité à apparaitre soudainement quand des ennemis approchaient. Une des nymphes préféra se transformer en roseau plutôt que de copuler avec lui et il fit des roseaux une flute, nommée syrinx ou flute de Pan. Il était aussi capable de faire de la divination et avait également des dons de guérisseur. Il était le symbole du paganisme et fut écarté par la religion chrétienne qui en fit un démon, symbole de tous les vices.

L'arcane 15 a été influencé par les écrit de Platon et le mythe de la caverne, où des personnages sont prisonniers dans une grotte, qui symbolise le monde des sens, en s'imaginant que c'est la seule réalité existante et en prenant leurs projections confuses pour la réalité. Le graphisme de l'arcane a sans doute également été influencé par les écrits du philosophe Marsile Ficin. Le Diable décrit alors une prison psychique où une personne vit dans des illusions dont elle est prisonnière.

Dans la bible, il est fait allusion à une entité nommée tantôt Satan, Belzébuth ou encore Lucifer, le porteur de la lumière du matin. Cette entité agit, tel un chef qui dirige ses troupes, pour régner sur le monde de la matière. Elle se nourrit de l'énergie produite par les êtres humains quand ils ressentent des émotions comme la peur, la colère, la haine ou le désir sexuel.

Il est expliqué que Jésus-Christ, par la puissance de son amour, put fortement limiter l'action de cette entité de façon à ce que l'humanité puisse graduellement évoluer vers plus de conscience et vers plus d'amour. Il est également expliqué que pour parcourir le chemin du développement personnel, il est nécessaire d'apprendre à se connaitre mais aussi à gérer les tentatives de manipulation de cette entité ou de ses représentants, qui s'expriment à travers le saboteur, le mental et les pulsions et les émotions. Cette démarche, qui est l'un des plus grands défi de tout être humain, se nomme « le grand combat » chez les Chrétiens » et le « Djihad » chez les musulmans.

C'est un combat pour retrouver la lumière et Dieu en soi, pour exprimer le meilleur de soi-même, la meilleure version de soi-même et pour créer un monde meilleur en respectant la planète Terre. Les deux aspects positifs de cette entité et de ses représentants ont cependant été largement occultés. Il s'agit premièrement de l'aspect « maitre de forge », « forgeron » ou « maître du métal » qui permet de trouver et d'extraire le minerai, de créer des objets en métal puis de les utiliser.

Il s'agit ensuite de la destruction ou de la transformation positive de la vie, un peu comme dans l'arcane sans nom où certaines choses doivent être détruites pour que la vie avance et continue. Le personnage du diable était très présent dans les pièces de théâtre médiévales, où les acteurs qui jouaient le personnage portaient des costumes inspirés du dieu Pan. On retrouve des éléments de ces costumes dans le dessin de l'arcane. On retrouve ainsi l'arcane du Diable pratiquement dès les premiers jeux de tarot. Il démarre la troisième et dernière série de sept arcanes, série consacrée à la lumière de l'âme, c'est-à-dire à la conscience et à l'ultime étape du parcours qui mène à Dieu.

Dans les pièces de théâtre de la renaissance comme dans le tarot, le Diable symbolise et personnifie l'aspect animal et inférieur de la nature humaine, le côté obscur de l'être humain, l'ignorance, les vices, le désordre, les problèmes, les interdits et tous les excès. Il symbolise aussi le pouvoir en général et également le pouvoir de transformation et de manipulation en particulier, le sexe et l'argent qui furent longtemps considérés comme des vices par les différentes religions parce qu'ils n'étaient pas maitrisées et parce qu'ils étaient vécus dans un état d'ignorance. Ces vices et la procédure pour les vaincre sont décrits dans les œuvres de Platon et dans la bible.

Le lien avec le système numérologique chinois : Nombre, archétype ou Hexagramme 15 nommé « L'humilité » : Il est nécessaire de modérer vos pulsions et vos excès, de canalisez un puissant pouvoir, avec humilité et souplesse, en évitant de saboter les projets et les enjeux afin d'avancer avec sérénité.

16-LA MAISON DIEU OU LE FEU DU CIEL

Le résumé et l'essence de l'arcane : Toute construction humaine qui n'est pas en harmonie avec la volonté divine peut être détruite et tout ce qui est en harmonie avec la volonté divine peut être célébré. Je suis une personne dotée d'une grande intelligence et d'une capacité à maîtriser des langages. Soit je suis introverti(e), solitaire et je m'enferme dans ma tour pour me poser des questions existentielles et pour méditer afin de trouver Dieu ; soit j'effectue des prises de conscience foudroyantes, soit je déstructure, j'explose avec enthousiasme et énergie, de façon imprévisible pour libérer et guérir ce qui doit l'être, créant ainsi de la nouveauté et du progrès

Mon âme a besoin pour grandir de vie et d'action mais pour s'épanouir elle a besoin de silence et de méditation. Quand je sors de mes enfermements et des constructions mentales qui me retiennent prisonnier, quand j'abandonne mes illusions, quand je libère ma parole, quand je rétablis le courant d'énergie spirituelle avec mon cœur, quand j'éveille ma conscience et fais jaillir ma joie, alors j'accède à l'état d'être nommé Dieu et je me reconnecte à « la Source de toute vie ». Je sais que nul n'est à l'abri d'une chute, d'un choc, d'un effondrement ou d'une catastrophe et qu'il faut alors apprendre se révéler. Un choc survient, un événement soudain arrive, surprend et souvent déstructure et déstabilise. Il est nécessaire de s'adapter, de se remettre en question, de faire une prise de conscience, de gérer l'imprévu, d'aller vers la nouveauté et de reconstruire.

Les origines historiques de l'arcane : Les origines historiques de cet arcane se trouvent dans la bible. Voici quelques extraits en lien avec l'arcane. Chapitre Apocalypse, versets 11 passage 19 : « Et le temple de Dieu dans le ciel fut ouvert. L'arche de son alliance apparut dans son temple. Il y eut des éclairs, des voix, des tonnerres, un tremblement de terre et une forte grêle » ainsi qu'au verset 8 passage 5 : « Et l'ange prit l'encensoir, le remplit du feu de l'autel, et le jeta sur la terre. Et il y eut des voix, des tonnerres, des éclairs, et un tremblement de terre ». On peut également citer les passages du chapitre Psaumes 18 passage 13 « L'Eternel tonna dans les cieux. Le Très-Haut fit retentir sa voix avec la grêle et les charbons de feu » ou encore le chapitre Essaie 30 passage 18 « Et l'Eternel fera retentir sa voix majestueuse. Il montrera son bras prêt à frapper. Dans l'ardeur de sa colère, au milieu de la flamme d'un feu dévorant, il engendrera de l'inondation, de la tempête et des pierres de grêle ».

Le message semble nous dire que si nous ne sommes pas sage, c'est-à-dire dument conscient(e) et aligné(e) avec la volonté divine et en harmonie avec « la Nécessité » et avec les lois de l'univers, nous en subirons les conséquences sous la forme d'un feu purificateur, d'un choc émotionnel ou d'une prise de conscience foudroyante. Il est donc temps d'orienter notre volonté vers la recherche de Dieu, avec enthousiasme, de reconnecter notre conscience au ciel, à « la Source » et de « rentrer à la maison », là d'où vient notre âme. Ce message est corroboré par les passages de l'évangile de Luc, partie 1, passages 46 à 53 qui disent : « Il dispersa ceux qui avaient des pensées orgueilleuses dans leur cœur. Il éleva les êtres humbles et renversa les puissants de leurs trônes. Il renvoya les riches les mains vides et rassasia les affamés » et partie 14 passage 11 « Quiconque s'élève sera abaissé et quiconque s'abaisse sera élevé ».

Cet Arcane était parfois appelé la Maison de Dieu, c'est-à-dire le « corps spirituel » qui réside au fond du cœur de chaque personne. Elle a également été nommée « la maison du Diable » dans certains des premiers jeux de tarot et l'arcane symbolisait alors la destruction de l'illusion et de l'ignorance. Nous avons vu, dans l'arcane précédent, que Jésus-Christ, après sa crucifixion sur le mont du Golgotha, put, grâce à la puissance de son amour, conséquence de son union avec « Dieu », avec « le Père » et avec « la Source de toute vie », libérer les âmes prisonnières de leurs tours et limiter le champ d'action du prince des ténèbres, du Diable, afin de permettre aux êtres humains qui le souhaitent et qui agissent en ce sens de retrouver leur chemin vers Dieu et leur origine divine.

Nous avons vu précédemment que le graphisme des arcanes du tarot est en partie inspiré des pièces de théâtre de la renaissance européenne et en particulier italienne. Certaines pièces de théâtre de la renaissance célébraient ainsi à la fois la naissance de Jésus-Christ comme étant la lumière qui triomphe des ténèbres mais aussi la victoire de Jésus-Christ sur les forces de l'ombre.

Dans certaines pièces de théâtre, un personnage incarnant Jésus-Christ faisait alors voler en éclats, par le feu et la foudre, les portes fermées d'une structure, portes qui empêchaient la lumière de rentrer. Cela était une catastrophe du point de vue des forces obscures et une libération de l'esclavage, de l'enchainement et de la tyrannie du point de vue des êtres humains.

Le lien avec le système numérologique chinois : Nombre, archétype ou Hexagramme 16 nommé « L'enthousiasme» : Il est nécessaire de stimuler l'enthousiasme et la motivation pour effectuer des prises de conscience, pour canaliser les ressources renaissantes du printemps et pour saisir l'opportunité d'une vie nouvelle.

17-L'ETOILE OU L'ETOILE DE VENUS OU LES DEUX SOURCES

Le résumé et l'essence de l'arcane : Relié(e) à la vie, à la Terre, à l'eau et aux étoiles, par la force d'amour de L'éternel Féminin, telle une fée ou une magicienne, je rassemble et réunifie tout ce qu'il y a en moi, relie chaque être à la vie et à son ciel intérieur, lui donne accès au plaisir et à la joie puis j'apporte l'aide nécessaire, l'abondance, l'espérance et l'union avec le grand tout, avec le ciel, la terre et avec tout ce qui vit. Je contribue ainsi à ce que tout être ou toute situation naisse, se développe, prospère puis atteigne sa plus belle forme possible. Je me présente comme une personne accueillante, harmonieuse, gracieuse, souriante, joyeuse, gentille, amicale, sincère et loyale, agréable, charmante, joueuse, espiègle, mutine, sensuelle, sensible, intuitive et dotée d'une grande intelligence relationnelle. Je suis capable d'apporter de l'aide, de la joie, du bonheur, de l'espoir, de l'inspiration et de l'amour spirituel dans le cœur des êtres. Je sais embellir et harmoniser chaque situation afin d'y apporter une touche de magie et de grâce, mettre le genou à terre, suivre ce qu'il y a de plus élevé en moi et aider les personnes qui ont chuté à se relever. Je porte en moi une force de vie et de croissance qui va toujours de l'avant avec fluidité. Cette force de vie me permet d'être dans l'instant présent, d'avoir une vision du meilleur futur possible, de définir des objectifs positifs, d'amener chaque élément à son meilleur développement possible et de donner ma vie à la vie.

Les origines historiques de l'arcane : Comme indiqué dans les arcanes précédents, le tarot décrit un chemin vers Dieu. Le but suprême de ce chemin est le rassemblement des forces d'âme autour de la reine mère ou du corps spirituel, l'intégration des énergies féminines et masculines, le placement de la conscience au centre du corps spirituel et la reconnexion avec la Source de toute vie dans un état d'amour, de lumière, de puissance et de conscience, état nommé Dieu pour les personnes croyantes. L'être humain renait alors dans un nouveau corps, il renait en Dieu, c'est-à-dire par la reconnexion à « la Source de toute Vie » et Dieu ou le lien lumineux avec « la Source de toute vie » renait en lui. Nous sommes ici dans la dernière ligne droite. Il s'git de prendre conscience, de vivre, d'assimiler et d'intégrer les différentes composantes de l'âme qui s'élève et prend son envol, puis de les reconnecter avec le flux de la vie. Il s'agit d'avoir clairement conscience du lien que vous avez avec la vie et de découvrir votre mission de vie. Il s'agit de donner votre vie à la vie et de faire de votre vie une œuvre d'art. L'âme est ici représentée à la fois par une jeune fille nue et par un oiseau.

L'arcane de l'Etoile symbolise également une première intégration et union des quatre éléments, le feu représenté par les étoiles, la Terre, l'eau et l'air représentés par l'oiseau. L'intégration finale s'effectue dans l'arcane du Monde. La représentation graphique de l'Etoile est inspirée de la bible où, dans le chapitre Apocalypse verset 5, il est fait mention d'un ange qui à un pied sur terre et un pied dans l'eau. Elle est sans doute aussi inspirée des représentations théâtrales de la renaissance, où l'arcane était associé d'une part à la mère de Jésus-Christ, Marie, symbole de l'Eternel féminin qui donne la vie et d'autre part à la naissance du Christ, en tant que « Fils » du « Père », mais aussi aux « rois mages » ou « Anges » qui suivaient « l'Etoile » et enfin aux offrandes apportées par les « Rois Mages ». L'Etoile est ainsi devenue un symbole de vie, de soutien, d'aide du ciel, de la terre, de la vie ou des fées, de don de soi, d'hommage rendu à ce qui est lumineux, de joie et d'espoir.

Le lien avec le système numérologique chinois : Nombre, archétype ou Hexagramme 17 nommé « La suite » : Il est nécessaire de suivre le mouvement, de coopérer et d'offrir vos services, en vous adaptant avec sociabilité, foi et souplesse, pour participer à un courant porteur de progrès.

18-LA LUNE

Le résumé et l'essence de l'arcane : Les personnes ayant vécu une relation mère-enfant difficile ont souvent une vision exclusivement négative de cet arcane.

Or la lune est l'alter-ego du Soleil et un symbole de vie et de l'éternel féminin. Elle a comme tous les arcanes une face positive et une face négative.

En positif : Mère-veilleuse, je génère et perpétue la vie à travers l'expression de l'amour maternel. Je me nourris, me ressource et prends soin de moi, d'autrui, de la situation et de la vie, avec amour et avec une douceur toute maternelle, grâce aux valeurs refuges (eau, nourriture, maison, foyer, bulle, sommeil, musique, cycles de l'âme et relations familiales). J'agis pour passer du mal-être au bien-être, en travaillant sur mes mémoires et sur ce qui est corrompu, en nettoyant, c'est-à-dire en purifiant mon passé, en me nourrissant correctement sur tous les plans, en exprimant mes émotions, mes états d'âme, mon imagination, ma sensibilité et mon intuition, en créant des relations émotionnelles intimes et intenses et en vivant mes rêves.

En négatif : Il y a une situation de stress émotionnel, de mal-être, de regrets, de peur et d'angoisse. La situation est influencée par des éléments invisibles, par des peurs, par une vision subjective, par des fictions, par des souvenirs d'enfance difficiles ou par des projections. Les choses ne sont pas claires.

Les origines historiques de l'arcane : A l'époque de la renaissance comme tout au long de l'histoire des civilisations, la Lune mais aussi le Soleil permettaient d'établir des calendriers et de mesurer le temps. Après avoir rassemblé son âme et s'être reconnecté à la vie dans l'arcane de l'Etoile, l'être humain doit à présent réintégrer totalement son énergie féminine et purifier son âme afin qu'elle puisse recevoir la lumière du Soleil. Cela est représenté par la Lune. Ainsi, en intégrant les arcanes de la Lune puis du Soleil, l'être humain en quête de Dieu triomphait du temps et accédait à son éternité et à la renaissance dans son corps spirituel à l'arcane suivant, le Jugement.

Dans les premiers jeux de tarot, la Lune et le Soleil étaient souvent personnifiés. Dans le tarot dit de Charles VII créé vers 1450, l'arcane de la Lune révélait deux personnages qui mesuraient le temps à l'aide d'instruments tandis que le Soleil montrait une femme qui tissait un vêtement, c'est-à-dire qui tissait symboliquement la destinée de l'être humain. Dans le tarot dit de Visconti-Sforza, la Lune était personnifiée par une femme qui était au bord d'une falaise et qui tenait une Lune dans une main et un arc cassé dans l'autre tandis qu'à l'arrière plan apparaissait une maison, un château ou une tour. Cette femme est sans doute la déesse Romaine Diane ou la déesse Grecque Artémis, qui représentait la partie féminine de Dieu mais aussi la chasse, c'est-à-dire la nourriture nécessaire à la vie.

Puis l'imagerie de l'arcane a évolué vers celle qui existe toujours aujourd'hui, avec deux maisons et un crustacé sortant d'un bassin, en lien avec le signe du crabe ou du cancer, signe dont la Lune est dite « la maitresse ». Les deux animaux, qui sont tantôt des chiens en référence aux chiens de compagnie de la déesse Diane ou tantôt des loups pour les émotions qu'ils suscitent ont été rajoutés ultérieurement dans le paysage.

Le lien avec le système numérologique chinois : Nombre, archétype ou Hexagramme 18 nommé « Le travail sur ce qui est corrompu » : Il est nécessaire de diagnostiquer, guérir et suivre la cicatrisation d'une blessure, d'une mémoire ou d'un élément corrompu afin de remédier à un courant disharmonieux, de retrouver votre libre arbitre et de créer une évolution constructive.

19-LE SOLEIL

Le résumé et l'essence de l'arcane : Je génère et perpétue la vie à travers l'amour paternel, en apportant amour, engagement, conscience, lumière, chaleur, énergie, vitalité, joie de vivre et générosité. Je définis un objectif, mets en place l'organisation nécessaire, exprime mon pouvoir créateur, reste positif, crée des liens d'amour et des partenariats basés sur la confiance, coordonne les choses efficacement et trouve les soutiens nécessaires pour réussir. J'éduque, je transmets des savoirs et j'utilise mes dons pour me mettre en valeur et pour exprimer le meilleur de moi-même.

Depuis la Source, Dieu (pour les croyants), étincelle de lumière au centre de mon cœur, brille dans la joie, avec la puissance de l'Amour, éclairant le chemin des Hommes pour qu'ils expriment le meilleur d'eux-mêmes et pour qu'ils accèdent à leur lumière. J'agis selon mon cœur, créé des relations harmonieuses, réussis ce que je fais et rayonne comme un soleil. Tu vois ! C'est magnifique ! On peut célébrer la vie dans la joie.

Les origines historiques de l'arcane : Le graphisme de l'arcane du Soleil est en partie inspiré par le chapitre de la bible Apocalypse, verset 19, dont voici un extrait : « Réjouissons-nous et soyons dans l'allégresse, et donnons-lui gloire, car les noces de l'agneau sont venues, et son épouse s'est préparée. Il lui a été donné de se revêtir d'un fin lin, éclatant, pur, car le fin lin, ce sont les œuvres justes des saints. Et l'ange me dit: Écris: Heureux ceux qui sont appelés au festin des noces de l'agneau! Et il me dit: Ces paroles sont les véritables paroles de Dieu. Puis je vis le ciel ouvert, et voici, parut un cheval blanc. Celui qui le montait s'appelle Fidèle et Véritable, et il juge et combat avec justice».

L'une des clefs permettant d'accéder à Dieu, en lien avec le Soleil, est également décrite dans la bible, dans le chapitre Apocalypse, verset 12 passages 1 et 2 : « Un grand signe parut dans le ciel. Il y eut une femme enveloppée du soleil, la lune sous ses pieds, et une couronne de douze étoiles sur sa tête. Elle était enceinte et elle criait, étant en travail et dans les douleurs de l'enfantement ». Cette femme est celle qui est représentée au centre de l'arcane 21. Dès les premiers jeux de tarot, le Soleil, tout comme son alter ego féminin, étaient personnifiés. Dans le tarot dit de Charles VII créé vers 1450, l'arcane du Soleil révélait ainsi une femme (la femme symbolise l'âme) qui tissait un vêtement avec ses mains, c'est-à-dire qui tissait symboliquement la destinée de l'être humain avec sa créativité, son cœur et son intelligence.

Dans le tarot dit de Visconti-Sforza, le Soleil était personnifié par un jeune homme nu qui semblait se déplacer sur un nuage. Il était au bord d'une falaise et il tenait un Soleil avec ses deux mains. Un morceau de tissu ou une écharpe était pendu le long d'une de ses épaules puis entre ses jambes en une forme qui évoque une lyre. A l'arrière plan, on découvrait un beau paysage vallonné et sur la gauche la silhouette d'un château. Cet homme était sans doute le dieux grec Hélios ou Apollon, qui était le Dieu de la lumière et de la création artistique. Dans certains des tout premiers jeux de tarot, dans l'arcane du Soleil, un jeune homme chevauchait sur un cheval blanc, sans doute en référence au passage de la bible cité précédemment mais aussi probablement en référence à une ancienne tradition européenne où le cheval symbolisait le support de la conscience tandis que la relation d'amour entre l'homme et cheval symbolisait un équivalent matériel de la relation d'amour entre la conscience individuelle et la conscience divine. Puis l'imagerie de l'arcane a évolué vers celle qui existe toujours aujourd'hui.

Le lien avec le système numérologique chinois : Nombre, archétype ou Hexagramme 19 nommé « L'avancée positive du soleil » : Il est nécessaire de mettre en valeur et d'exprimer vos compétences, de favoriser la collaboration harmonieuse de deux êtres lumineux et d'aider autrui à atteindre ses objectifs afin de générer une avancée positive et la réussite.

20- LE JUGEMENT OU LA RESURRECTION OU L'ARCHANGE OU LE REVEIL DES MORTS.

Le résumé et l'essence de l'arcane : J'élève ma vision et je développe une vision multidimensionnelle de l'espace et du temps. Je prends conscience de mon éternité mais aussi de mes mémoires généalogiques et de mes mémoires de vie passées et je les intègre. J'utilise des technologies basées sur l'information, les images et les sons. Je suis optimiste et je suis capable de voir l'issue positive en toute situation. J'apprends à me transformer, à guérir mon corps et mon âme et à aider les Hommes à réaliser leurs projets et à se libérer. J'ai conscience que « Les Anges », « Les Archanges » ou   « Les Rayonnants du Jour Eternel » se tiennent toujours à mes côtés, pour révéler des messages, apporter des réponses à mes prières, éveiller ma conscience et accompagner ma renaissance. J'agis selon « La Volonté du Père ». J'entends les messages de l'Archange et les restitue. Je suis un(e) porte parole, un(e) annonciateur(trice) et un(e) révélateur(trice) qui permet aux êtres et aux situations de se transformer, d'éclore, de fleurir, de s'épanouir, de se libérer, de ressusciter et d'avoir une seconde chance. Je signale que quelque chose est terminé. J'explique ce qu'il en est. J'annonce les conséquences des actions passées. Je donne un verdict et j'apporte le renouveau. Quelque chose de nouveau émerge de l'ancien. Un événement survient et apporte la réponse ou la solution qui était attendue.

Les origines historiques de l'arcane : Le graphisme de l'arcane du Jugement est dérivé de divers passages de la bible dont le chapitre Apocalypse verset 20 et l'évangile de Jean, verset 25 à 30, dont voici un extrait :

« En vérité, en vérité, je vous le dis, l'heure vient, et elle est déjà venue, où les morts entendront la voix du Fils de Dieu; et ceux qui l'auront entendue vivront. Car, comme le Père a la vie en lui-même, ainsi il a donné au Fils d'avoir la vie en lui-même. Et il lui a donné le pouvoir de juger, parce qu'il est Fils de l'homme. Ne vous étonnez pas de cela, car l'heure vient où tous ceux qui sont dans les sépulcres entendront sa voix et en sortiront.

Ceux qui auront fait le bien ressusciteront pour la vie, mais ceux qui auront fait le mal ressusciteront pour le jugement. Je ne puis rien faire de moi-même et selon que j'entends, je juge ; et mon jugement est juste, parce que je ne cherche pas ma volonté, mais la volonté de celui qui m'a envoyé, la volonté du Père». Le « Père » représente ici le « Chef spirituel » de tous les « Anges » et chaque « Ange » agit selon la volonté du « Père », ou dit autrement, selon les « lois éternelles de l'évolution », selon « la Nécessité ».

Un autre message en lien avec cet arcane est « Agissez pendant qu'il fait jour car le jour viendra où vous ne pourrez plus agir ». Cela est une invitation à faire et à vivre tout ce qui est nécessaire à sa libération afin de mourir en paix et en conscience en ayant réalisé le voyage au fond de soi-même. A l'époque de la renaissance, de nombreuses pièces de théâtres avaient comme thèmes le jour du jugement dernier, la résurrection de Jésus Christ, la résurrection de chaque personne et la vie éternelle qui triomphait de la mort.

L'un des jeux de tarot créé durant la renaissance, le Tarot dit « Minchiate » nommait cet arcane « la célébrité » dans le sens où elle triomphait de la mort et de l'oubli et atteignait ainsi l'objectif de cet arcane. L'arcane du Jugement symbolisait ainsi la vie éternelle dans l'au-delà après la mort du corps physique, une forme d'initiation à la vie éternelle consciente, l'action de la justice divine et l'identification à la volonté divine, à la volonté du Père, afin de devenir une nouvelle forme de vie dans un nouveau monde et afin de créer progressivement un monde nouveau et meilleur sur Terre.

Le lien avec le système numérologique chinois : Nombre, archétype ou Hexagramme 20 nommé « La vision sacrée » : Lors d'un rituel ou d'une réunion, il est nécessaire de prendre du recul, de la hauteur et de la profondeur, puis de développer une vision complète, nouvelle, claire, sacrée, alignée avec la Nécessité et libératrice afin de générer une transformation.

21-LE MONDE OU L'AME QUI DANSE

Le résumé et l'essence de l'arcane : Je m'ancre dans la joie et dans la matière afin de générer l'abondance *(le taureau)*. Je définis des objectifs puis je mets en place l'organisation efficace afin de réussir et de concrétiser mes ambitions *(le lion)*. Je combats, tranche énergiquement et soumets mes zones d'ombres afin d'exprimer pleinement mon pouvoir personnel, en ayant une vision d'aigle *(l'aigle)*. J'acquiers les formations et les apprentissages nécessaires *(les lauriers)*. J'élargis mes horizons et suis ouvert(e) sur le monde et sur ce qui est étranger. Je m'enrichis à travers des expériences dans le monde, ce qui permet à mon âme de grandir par la vie et l'action *(nom de l'arcane)*. J'accède aux lois universelles et à la sagesse (cet arcane se nommait jadis Sofia, ce qui signifiait « la sagesse du monde ») et j'utilise mon intelligence technologique et psychologique pour communiquer clairement, pour trouver les solutions nécessaires, pour aider efficacement et pour générer du progrès *(l'ange)*.

Parce que je suis capable de synchroniser avec cohérence la forme et son contenu, mes instincts et ma joie, une bonne gestion de la matière et une vision multidimensionnelle élevée, mes émotions, ma volonté, ma combativité et une vive intelligence, ce que je fais réussi. J'expérimente le triomphe final et je vais au bout du chemin, jusqu'à l'aboutissement, en plaçant ma conscience au centre de mon corps spirituel, qui devient alors illuminé. Cela me permet de me reconnecter à la Source de toute vie et ainsi renaitre dans mon corps spirituel *(dernier arcane)*.

Je peux alors explorer le monde à ma guise et agir efficacement en harmonie avec la nécessité. Mon âme a besoin de vie et d'action dans le monde pour grandir et se rassembler, puis pour s'épanouir et se reconnecter à son centre ; elle a besoin de silence, de transformation et de méditation.

Je suis l'essence spirituelle divine, l'âme, placée au centre du corps spirituel, reliée à nouveau à la « Source de toute vie » dans un état de joie suprême et de célébration. Il y a l'aboutissement d'une situation sous sa meilleure forme possible. La vie danse. Il y a une adaptation à l'environnement et un épanouissement.

Les origines historiques de l'arcane : Le premier élément pour comprendre l'origine graphique de cet arcane est la déesse grecque Phanes, déesse à l'origine de la création de toute vie. Phanes est souvent représentée sous la forme d'une femme ailée, tenant un bâton et une torche, entourée par les signes du zodiaque. Autour d'elle est enroulé un serpent. Le second élément pour comprendre le graphisme de cet arcane est la bible et notamment les chapitres révélation verset 21, passage 1 à 4 :

« Puis je vis un nouveau ciel et une nouvelle terre; car le premier ciel et la première terre avaient disparu, et la mer n'était plus. Et je vis descendre du ciel, d'auprès de Dieu, la ville sainte, la nouvelle Jérusalem, préparée comme une épouse qui s'est parée pour son époux. Et j'entendis du trône une forte voix qui disait : Voici le tabernacle de Dieu avec les hommes ! Il habitera avec eux, et ils seront son peuple, et Dieu lui-même sera avec eux. Il essuiera toute larme de leurs yeux, et la mort ne sera plus, et il n'y aura plus ni deuil, ni cri, ni douleur, car les premières choses ont disparu ». La vision de Dieu par le prêtre Ezéchiel, décrite dans le chapitre Ezéchiel verset 1 passage 10, présente le « trône de Dieu » entouré par quatre formes de vie qui sont celles de l'arcane 21.

« Et voici quelle était la ressemblance de leurs faces : une face d'hermine par devant, une face de lion à droite à tous les quatre, une face de taureau à gauche à tous les quatre, et une face d'aigle à tous les quatre ». Les arcanes 17, 18, 19, 20 et 21 ont des liens avec les versets 17, 18, 19, 20 et 21 du chapitre de la bible Apocalypse, mot qui signifie révélation. Le verset 21 fait référence à la descente d'une étincelle divine dans le corps spirituel, qui devient alors le corps vivant de cette étincelle divine, étincelle perçue comme le Dieu Vivant. Le corps spirituel est une partie de l'âme et plus précisément « la reine mère » ou « le roi père » des forces de l'âme, encore parfois appelé « le Fils » ou dans le passage de la bible cité précédemment, elle est nommée « la ville sainte, la nouvelle Jérusalem ».

Cette force de l'âme, qui est faite d'amour, de conscience et de pouvoir créateur, est celle qui est capable de rassembler toutes les autres. Elle est la source ou l'essence du cinquième élément. Elle ne peut revenir à la vie que quand toutes les forces d'âme ont été rassemblées sous l'impulsion d'une volonté unique unifiée à la volonté des anges (axe Lion-Verseau en astrologie), à la « volonté du Père », à « La Nécessité », c'est-à-dire aux lois éternelles de l'évolution.

L'âme est alors devenue « sage » ou « Sophia ». Quand la conscience individuelle s'unit avec cette étincelle divine provenant de la « Source de toute vie », l'être humain fait alors l'expérience de Dieu. Il prend naissance en Dieu et Dieu prend naissance en lui. Il devient alors une autre forme de vie. Il triomphe alors de la mort et fait l'expérience de la vie éternelle. Le corps spirituel, qui est à la fois masculin et féminin, est représenté par deux lauriers. Il a parfois été représenté par une couronne ou encore une coupe (la coupe du saint graal ou du « sangre real », c'est-à-dire du sang royal, l'âme) et il a parfois été appelé le trône de Dieu ou trône du Christ.

L'espace entre les deux lauriers représente le lieu où nait une nouvelle forme de vie dans un nouveau corps, celui du corps spirituel.

Les forces de l'âme rassemblées sont représentées dans ce jeu de tarot par des étoiles. La reine mère des forces d'âme est représentée ici par une femme drapée et tenant un bâton. Dans les premiers jeux de tarot, elle était symbolisée par une ville sainte entourée d'un globe mais aussi par Jésus Christ, le « Fils ». L'on retrouve dans les livres de cette époque, dans certaines couvertures de bibles mais aussi dans les vitraux de certaines églises et cathédrales, ces deux types de représentations graphiques.

L'un des inspirateurs du Tarot, Pétrarque, propose un chemin dont l'aboutissement est l'Eternité, valeur proposée par le philosophe Grec Platon, dont Pétrarque s'était inspiré. L'Eternité est symbolisée par l'arcane 21. L'Eternité triomphe de la célébrité, c'est-à-dire de l'arcane 20. Dans les illustrations qui figurent dans le livre de Pétrarque I Tromphi, l'Eternité est représentée par un chariot conduit par les apôtres Luc, Marc, Jean et Mathieu, qui sont représentés respectivement par un taureau, un lion, un aigle et un ange, symbole des quatre éléments, la terre, le feu, l'eau et l'air. Ce graphisme symbolise ainsi le point de départ et la destination de l'âme, de l'Etre humain. Il symbolise la chute dans la matière, le chemin du retour, appelé tao en Chine et l'union avec Dieu. Ce chemin passe par la vie dans le monde et par l'intégration des lois universelles.

Le lien avec le système numérologique chinois : Nombre, archétype ou Hexagramme 21 nommé « La loi et le châtiment » : Il est ici possible et nécessaire de voir les choses clairement, d'utiliser les ressources disponibles avec stratégie et discernement, d'intervenir énergiquement et avec persévérance, de trancher, d'écarter un obstacle qui empêche la libre circulation de l'énergie, de surmonter une difficulté, de rétablir la justice céleste, l'ordre et harmonie dans le monde ou dans son monde et d'aller au bout de quelque chose.

Commentaire : Cet arcane est en lien avec les paroles de la bible « Cherchez avant tout le Royaume de Dieu et ses lois et tout vous sera donné par surcroit » et aussi « Agissez pendant qu'il fait jour car le jour viendra où vous ne pourrez plus agir ». Le système numérologique chinois, le Yi King, insiste sur les obstacles à dépasser pour aboutir à la réussite finale et sur les lois à prendre en compte.

0 ou 22 ou arcane sans nombre - LE MAT OU LE FOU

Le résumé et l'essence de l'arcane : Riche de toutes mes expériences, tout ce dont j'ai besoin est en moi. Je peux ainsi cheminer comme une personne libre et heureuse, sans me laisser illusionner par les fantômes de la liberté ou par des fictions issues de mon passé, de mes mémoires, de ma famille ou de la société.

En positif : Je suis capable de poser un acte de foi et d'aller au-delà des formes et des structures, de sortir des cadres, des logiques établies et des sentiers battus, de m'affranchir et de me libérer de mes mémoires, des schémas et contraintes du passé, de briser les liens du karma, d'être sans limites, d'exprimer mon génie créatif, de maîtriser le monde de la forme et de la matière, de vivre libre et heureux sur Terre, de vivre dans la grâce et de générer un nouveau départ. Tout est alors possible. Le futur n'est pas encore défini. Je suis libre d'aller vers l'inconnu.

En négatif : Je suis enfermé dans un monde incohérent d'idées et d'illusions, déconnecté de mon centre, j'erre sans but, sans repères, sans structure et sans patrie, dans un état de confusion et de frustration. Je mène une vie qui n'a aucun sens, une vie d'âme errante qui tourne en rond dans des schémas répétitifs et dans une voie sans issue jusqu'à ce que je fasse le choix de sortir de mes fictions et de me faire aider par les bonnes personnes pour retrouver les rails de ma destinée.

Les origines historiques de l'arcane : On retrouve la présence du personnage du Fou dans le roman écrit par Ramon Llull, « Blanquerna », où un personnage apparait de façon totalement aléatoire pour exprimer une vérité aux autres personnages du roman. Ce roman est l'une des sources d'inspiration du Tarot. On le retrouve également dans les pièces de théâtre de la renaissance où il pouvait apparaitre à n'importe quel moment et s'adresser librement soit aux acteurs soit à l'audience pour faire passer un message subtil. Il avait alors sa place partout et nulle part. Il représentait fréquemment les personnes qui ne trouvaient pas leur place dans la société, les exclus, les migrants, les exilés et les sans-logis.

Dans les premiers jeux de tarot, le fou apparaissait sous la forme d'un bouffon complètement fou, d'un clochard et d'un personnage itinérant ou errant dont la vie n'avait aucun sens. Le fou de l'arcane fait ensuite référence au fou du roi, qui était au moyen-âge un artiste qui amusait le roi par ses histoires et ses pitreries, en complément du troubadour. Il était aussi le conseiller du Roi, toujours présent à ses côtés, tout en étant très discret. Il était celui qui savait tout y compris ce que le roi ignorait car il avait une perception multidimensionnelle et hors-normes de la réalité et des idées qui pouvaient paraître tantôt totalement stupides, tantôt complètement folles et tantôt absolument géniales, révolutionnaires et avant-gardistes. Il était celui qui pouvait tout dire au roi et en particulier ce que personne d'autre ne pouvait lui dire, soit par ignorance, soit par absence de permission.

Le fou fait enfin référence au pèlerinage des Chrétiens à Saint Jacques de Compostelle, un peu comme l'Hermite. Lorsqu'une personne avait accompli ses devoirs envers la vie, elle pouvait se mettre en marche et partir, pendant un temps, en pèlerinage pour retrouver ses origines divines et la liberté totale. Elle avait alors la liberté d'explorer de nouvelles possibilités. Avec le fou tout est possible. Tout est dans tout et réciproquement. Tous les chemins mènent quelque part et l'important n'est pas forcément de savoir où l'on va mais d'y aller.

Le lien avec le système numérologique chinois : Nombre, archétype ou Hexagramme 22 nommé « La forme » : Il est nécessaire d'exprimer la forme avec justesse et de vous ouvrir à la beauté afin de révéler un contenu et de générer harmonie, génie et état de grâce.

Vous trouverez ci-après les principaux Mots clés associés à chaque arcane.

I LE MAGICIEN	Tous les possibles, tous les potentiels. Les choses démarrent bien. Une création en conscience, une initiative, une action, la joie, l'énergie, le jeu, le début, un commencement, un départ, une naissance, la jeunesse, le plaisir, la confiance, les potentialités, les outils, l'enfant intérieur, le courage, la vivacité, la disponibilité, l'instant présent, l'énergie, l'enthousiasme, un savoir-faire, la motivation, l'entreprise, l'habilité, la spontanéité, l'efficacité.	**Difficulté avec :** Le démarrage, l'écoute de l'enfant intérieur, l'engagement, la prise de risque, le potentiel, l'efficacité, la compétence. **Manque de :** Compétences, action, courage, expérience, réflexion, énergie, maturité, spontanéité, fraicheur, conscience, résultats. **Excès à éviter :** Naïveté, légèreté, impulsivité, impatience, agitation, illusions, bluff, mensonges, stupidité, immaturité, vitesse, inadaptation, mauvais départ.
II LA GRANDE PRETRESSE	Elle fait naître, initie, dévoile, révèle ou cache. Les connaissances, les secrets, les choses cachées, une gestation, les mystères, l'intériorité. La gestion, les documents et papiers, la rigueur, l'administratif, la sagesse, l'attente, la patience, la discrétion, l'intuition, la voyance. Une femme âgée ou sage. Un approfondissement, un accouchement, la fluidité.	**Difficulté avec :** La Grand-mère, la mère, un secret, trouver la bonne clef, un obstacle administratif, des mémoires problématiques. **Manque de :** Foi, connaissances, clefs, maturité, préparation, profondeur, sagesse ou intuition. **Excès à éviter :** Pudeur, stérilité, immobilisme, inertie, lenteur, passivité, solitude, paresse, repli sur soi, secrets, dissimulation, illusions, contrôle, froideur, indifférence. Attente inutile.
III L'IMPERATRICE	Elle dit, exprime, communique, clarifie, synthétise ; elle décrète, un statut, une légitimité, un courrier, elle est la synchronisation des pensées, des ressentis, des paroles et des actions, les écrits, l'autorité, l'intelligence relationnelle, le pouvoir du féminin, la beauté, l'élégance, l'intelligence, l'éloquence, la curiosité, la souplesse, l'adaptation, une mise en forme, un développement, la fertilité, la réalisation, l'abondance, une bonne idée, une belle femme.	**Difficulté avec :** La féminité, la mère, les mots, l'écoute, la parole enfermée, la communication, l'adaptation. **Manque de :** Adaptation, organisation, intégrité, souplesse. **Excès à éviter :** Mensonges, autoritarisme, confusion mentale, instabilité, légèreté, superficialité, emprise excessive du mental, dispersion, égoïsme, besoin de tout contrôler, manipulation, stupidité.
IV L'EMPEREUR	Il prend sa place, s'impose, structure, concrétise, cadre, interdit, organise, réalise, dirige et commande. Il représente le territoire, la matière, le travail, un bel homme, les fondations, les bases, la concentration, la volonté,	**Difficulté avec :** Le pouvoir, l'autorité, le père, le fait de se positionner et prendre sa place, le territoire, les règles, le système, la gestion, la construction, les structures, les fondations, la négociation.

	la détermination, la rigueur, l'organisation, le père, l'autorité, la puissance de travail, la stabilité, la fermeté, la légitimité, la confiance, le réalisme, la solidité. Il exprime son pouvoir positivement et assume ses responsabilités. Il construit son équilibre.	**Manque de :** Autorité, maîtrise, efficacité, ordre, espace, construction, stabilité, solidité, rigueur. **Excès à éviter :** Autoritarisme, enfermement, rigidité, intolérance, réalisme, logique, matérialisme, inertie, obstination, colonialisme, désordre, colère, violence.
V LE GRAND PRETRE	Une vie qui a du sens. Il communique, protège, bénit, officialise, unit et conseille. Une négociation, formation, un enseignement, un stage, le « papa », un guide, une alliance, les lois religieuses, un accord, une union, une officialisation, une légalisation, une réconciliation. La bonté, la bienveillance, la miséricorde, la générosité, le sens moral, la conciliation, le bon conseil, la transmission, le sens pédagogique, une situation confortable.	**Difficulté avec :** Le pouvoir, l'autorité, les enseignants, la société, Dieu, la religion, la loi, les conseils, le sens ou avec un contrat. **Manque de :** Tolérance, bienveillance, vérité, justesse, pédagogie, éthique, légitimité. **Excès à éviter :** Communication, échanges, partage, dogmatisme, intolérance, inflexibilité, fanatisme, bigoterie, hypocrisie, mauvais conseils, attitudes moralisatrices, usurpation de pouvoir, manipulation, prosélytisme.
VI LES AMOUREUX	Il aime, choisit, s'engage, entre en relation, réagit à ses désirs et exprime son libre-arbitre. Deux possibilités, un choix, de multiples possibilités, une discussion, une rencontre sentimentale, un engagement, le service, l'harmonie, l'énergie sexuelle, l'affectif, la joie, la forme, les goûts, le plaisir, la liberté, la sociabilité, les sentiments, le charme, l'attirance, la vie de couple, l'intelligence relationnelle, un échange, un partage, le sens artistique, les couleurs, l'art, la beauté.	**Difficulté avec :** Ecouter ses vrais désirs, les désirs, l'attraction envers l'autre sexe, les choix, la forme, les relations, la joie, l'engagement, le couple, le conflit amour/sexe, le sexe, la tentation. **Manque de :** Equilibre, harmonie, tolérance, gentillesse, maturité affective, douceur ou beauté. **Excès à éviter :** Dépendance affective, naïveté, hésitation, doutes, mauvais choix ou choix par autrui, fusion pathologique, désirs, peurs, lâcheté, caprices, compromis, sensualité, insouciance, irresponsabilité, dépendance à la mode, rivalités sentimentales, infidélité.
VII LE CHARIOT	Les objectifs, la volonté, la combativité, l'organisation, le mouvement, la direction, les déplacements, les initiatives et actions, le courage, l'audace, la maîtrise, l'autonomie, l'indépendance, la victoire, le triomphe, il s'autorise, le contrôle, il	**Difficulté avec :** Trouver sa route, ses objectif, la logistique, l'organisation, la décision, la motivation, exprimer son pouvoir, être autonome. **Manque de :** Assurance, confiance en soi, courage, audace, action, motivation, organisation, maîtrise,

	est rapide et efficace, il avance. Il représente la puissance, la réussite, le coaching, le succès, l'épanouissement social, la route, le dynamisme, un projet, une expédition, un déplacement, un voyage ou un véhicule.	contrôle, autonomie, compétences, efficacité, résultats. **Excès à éviter :** Impulsivité, enthousiasme, imprudence, orgueil, prise de risques, concurrence, erreurs de trajectoire, freins, blocages, limitations fonctionnelles, obstacles, agressivité, violence.
VIII LA JUSTICE	Elle évalue, pèse, équilibre, tranche et décide. La vérité, l'ordre, le principe d'équilibre, une prise de conscience, une mise ou remise en ordre, la discipline, une légalisation, une régularisation, le respect des valeurs, l'harmonie, la rigueur, la précision, la logique, la finesse, le sens des proportions, un accord, un contrat, la justesse, la justice, le juge moral, les lois, un ajustement, une normalisation, la civilisation avec ses structures organisées, l'intérêt publique, le sens des responsabilités, la discipline, l'exigence, l'équité, l'éthique, l'objectivité, l'impartialité, la légalité, la droiture, l'honnêteté, l'intégrité, la sérénité. Une décision en votre faveur.	**Difficulté avec :** La vérité, l'ordre, les procédures, une administration, les priorités, la loi, la justice, être en règle, la régularisation d'une situation. **Manque de :** Equilibre, harmonie, légèreté, finesse, justesse, équité, ordre, décision, tolérance, normalisation, normalité, organisation, discernement, priorisation, civilisation (société). **Excès à éviter :** Déséquilibre, injustice, partialité, rigidité, lourdeur, refus de la vérité, victimisation, procès, froideur, sévérité, dureté, illégalité, corruption, esprit procédurier, karma, mauvais contrats, monotonie, routine, précision, exigence, perfectionnisme, tendance à juger, culpabiliser et condamner.
IX L'HERMITE	Il guide, éclaire, évolue, chemine, cherche, médite et apprend. Il représente une longue expérience, la maturité, la lenteur, le temps, il est en chantier, le travail, les chantiers, l'architecture, les plans et les étapes, la recherche de la vérité, les connaissances, la compréhension des structures, la profondeur, l'humilité, la simplicité, l'essentiel, la persévérance, l'intériorisation, le silence, la discrétion, la prudence, la patience, la sagesse, l'évolution, l'exigence, la qualité, la solitude bien vécue, la sérénité. Une personne âgée ou sage. On fait une pause.	**Difficulté avec :** La vérité, l'ordre, un chantier, l'évolution, la vie, la paix intérieure, le respect, les structures, le temps, l'abandon, la solitude. **Manque de :** Sagesse, silence, énergie, joie, sociabilité, simplicité, confiance en soi, optimisme, endurance, persévérance, patience, prudence, maturité, évolution, sérénité, temps. **Excès à éviter :** Lourdeur, lenteur, culpabilité, froideur, isolement, repli sur soi, solitude, austérité, contrôle, pessimisme retard, timidité, entêtement, immobilité, rigidité, tendance à analyser, théorisation sans mise en pratique.
X LA ROUE DE FORTUNE	Un changement positif, un nouveau départ, un nouveau cycle, une mise en	**Difficulté avec :** Une non liberté de choix par répétition, les cycles,

	mouvement, la mobilité, la prise en main des choses, l'utilisation d'une intelligence technique, saisir une opportunité, la chance, la bonne fortune, une bonne surprise. La santé, l'hygiène de vie, l'Histoire, la destinée, les cycles, l'involution ou l'évolution. Elle tente sa chance, innove, invente, répète ou redémarre autrement. Elle sort des schémas inconscients, met fin aux schémas répétitifs et termine un cycle.	l'évolution, le mouvement, l'adaptation, les chiffres, la gestion, l'information, un élément technique, un élément nouveau, la chance, un changement. **Manque de :** Souplesse, adaptation, intelligence, sens du service, hygiène, changement, chance. **Excès à éviter :** Automatismes, non conscience, incompréhension des causes, stress, nervosité, copiage, mouvement, blocages, opportunisme, karma, événement subi, infortune, excès de mental, instabilité ou problème technique.
XI LA FORCE	Le centrage, les objectifs, rassembler toutes les ressources nécessaires, l'énergie, la force de l'amour, la force spirituelle, l'énergie sexuelle, la puissance, la vision, la confiance en soi, la force intérieure, la volonté, la maîtrise, le sang-froid, l'expression de son pouvoir créateur, les capacités de réalisation, elle se dépasse, l'efficacité, la performance, l'expérience. L'énergie, la reliance, l'autonomie, la détermination, le lien avec la Source, le courage, l'audace, la guérison, la passion et la réussite. Elle lutte, elle domine, elle surmonte les difficultés et elle gagne. Un Maître.	**Difficulté avec :** La force, l'énergie, l'amour de soi, la puissance, les objectifs, l'idéal, les valeurs, la création, l'organisation, la réalisation, la maîtrise de soi, la sexualité, le contrôle, le centrage, le groupe, la réussite. **Manque de :** Energie, force, centrage, amour, clarté, cœur, objectifs, idéal, valeurs, puissance, discipline, maîtrise, réalisations, réussite. **Excès à éviter :** La non acceptation de ce qui est, la colère, la violence, l'agressivité, la brutalité, la discipline, les rapports de force, l'orgueil, la vantardise, la jalousie, la cruauté, l'égocentrisme, les excès sexuels, l'épuisement.
XII LE PENDU	Il soigne, soulage les souffrances et les misères du monde, il inverse sa vision, il écoute et entend, il accepte, lâche prise, attend, donne un sens, communie et compatit, pardonne, , transcende ; il symbolise l'âme, le sacrifice, le don de soi, le dépassement de soi, le dévouement, l'abnégation, l'intuition, la médiumnité, les aspirations secrètes, l'évasion, les rêves, la libération des mémoires généalogiques ou des mémoires de vies passée, la	**Difficulté avec :** Un blocage, une mémoire généalogique, un lien, une souffrance, un piège, une trahison, la santé, une addiction, la difficulté à changer de points de vue, la religion, la conscience spirituelle, la présence divine. **Manque de :** Foi, fluidité, liens, magie, transcendance, conscience spirituelle, joie, compassion, dévouement, amour, lâcher prise. **Excès à éviter :** trop forte sensibilité, émotions, blocages, fuite, illusions,

	capacité à surmonter les épreuves, la prière, la foi, la spiritualité, l'amour Christique, la méditation, la transcendance.	désillusions, confusion, évasion, mysticisme, religion, drogue, dépendances, asservissement, impasses, passivité, sacrifice, laisser-aller, errance, immobilité, stagnation, repli sur soi, maladie, souffrance, impuissance, dépression, léthargie, attitude plaintive et de martyr.
XIII L'ARCANE SANS NOM	Elle met fin à quelque chose, elle coupe avec le passé, détruit, transforme, elle génère un changement radical, une mutation, une métamorphose, l'identité, elle nomme, la mort, un héritage, un départ, elle va à l'essentiel, elle relie à l'au-delà, elle tranche, dépouille, restructure, reconstruit, régénère, récolte. Il symbolise la lucidité, la conscience des énergies subtiles, l'initiation aux secrets de la vie et de la mort, l'au-delà, un héritage, une sortie hors du corps, la régénération, une mort pour une renaissance, une libération.	**Difficulté avec :** Le nom, la valeur, le prix à payer, une prise de conscience ou une transformation à faire, l'élimination, la douleur, la sécurité, un deuil, une fin, une perte, la mort ou un mort. **Manque de :** Authenticité, lucidité, profondeur, changement, qualité, adaptation. **Excès à éviter :** Autosabotage, fatalisme, dévalorisation, extrémisme, échec, intoxication, excès, angoisses, peur/refus du changement, angoisse, négativité, laideur, perte, séparation, opération, coupures, douleur, rupture, violence, tristesse, malchance, fatalité.
XIV LA TEMPERANCE	Elle réconcilie les opposés, crée des échanges, des liens, des connexions, une continuité, un nouvel équilibre, une transition, le passage d'un état à un autre, la fluidité, la communication en réseau ; elle capte, maîtrise, aide, solutionne grâce à une grande intelligence technologique ou psychologique. Elle symbolise la sérénité, l'amitié, la solidarité, le groupe, l'international, le réconfort, l'évolution et le progrès logique, la Hi-Tech, la modération, la fluidité, la régénération, la nouveauté, la liberté, la libération, le nettoyage, l'espoir, le soulagement, l'équilibre, la convalescence, la guérison.	**Difficulté avec :** S'incarner, se connecter, gérer un réseau, envisager le futur, la communication, la technologie, l'informatique, la guérison, l'aide, l'espace. **Manque de :** Pureté, amour, valeurs humaines, fluidité, harmonie, connexion, énergie, présence dans le corps, confiance en la vie et en soi, réseaux, communication, adaptation, intelligence technologique ou psychologique, compréhension, solutions, clarté, progrès, guérison, liberté, nouveauté. **Excès à éviter :** Dépendance, situations virtuelles, indécision, refus d'incarnation, passivité, paresse, complexité, paradoxe, ambigüité.
XV LE DIABLE	Il créé des liens forts, séduit et attache, symbolise l'énergie, la passion, les pulsions, une intense activité, le	**Difficulté avec :** Voir le côté obscur, les blessures, le rejet, la trahison, le pouvoir, la sexualité, les pulsions, la

	pouvoir, le magnétisme, la sexualité, l'argent, les activités lucratives, le service, une intelligence redoutable, la ruse, la lucidité, l'audace, la peur de rien, la combativité, un instinct sûr ; il gère ses ombres et ses excès, il se libère de ses émotions négatives, il intègre la compréhension des difficultés, les crises salutaires, la jouissance de la matière, l'occultisme.	passion, le pouvoir, l'argent, les influences occultes, l'égoïsme. **Manque de :** Engagement, passion, énergie, argent, authenticité, lucidité, jouissance, audace. **Excès à éviter :** Angoisse, avidité, manipulations, pauvreté et souffrance, illégitimité, sabotage, ignorance, stupidité, orgueil, égoïsme, perversité, obsessions sexuelles, corruption, esclavage, asservissement, vengeance, violence, fatalité, destruction.
XVI LA MAISON DIEU	Une nouvelle vision, la nouveauté, une prise de conscience, un changement de structure, l'utilisation de son intelligence technologique, une libération vis à vis du passé, une déstructuration et une restructuration, des fondations solides, un choc, un jaillissement, un événement inattendu, un bouleversement, une révolution, quelque chose qui explose, une expérience et une conscience spirituelle, des langages, une illumination, un courant d'énergie, un coup de foudre, une construction, des bâtiments.	**Difficulté avec :** Voir ce qui s'écroule, les prises de conscience, les structures, les constructions, l'imprévu, la nouveauté, un avertissement, Dieu. **Manque de :** courant électrique, d'énergie, vision spirituelle, conscience, structure, ambition, intériorisation, silence, nouveauté, imprévu. **Excès à éviter :** Enfermement, étouffement, agressivité, perte, désastre, fissures, accident, catastrophe, démolition, écroulement orgueil, surprotection, violence, aveuglement, explosion, folie des grandeurs, punition, crise, rupture.
XVII L'ETOILE	L'Eternel féminin, la beauté, l'amour inconditionnel, l'espoir, la fluidité, ce que l'on espère voir se réaliser, l'inspiration, une amélioration, un avenir meilleur ; elle donne, pardonne, embellit, harmonise ; elle est la pureté, la vérité, le charme, les relations, les liens, la nature, le plaisir, la joie, la douceur, l'art, le bonheur, l'abondance, la chance, les étoiles, l'astrologie, la vie dans la joie, l'enchantement. Elle symbolise une belle personne ou une jeune fille, une star ou une période très favorable.	**Difficulté avec :** Trouver sa source, la joie, la nature, le corps, le plaisir, la chance, la beauté, les ressources, le développement. **Manque de :** Chance, joie, pureté, douceur, harmonie, beauté, couleurs, direction, rêves, croissance, floraison, verdure, espoir. **Excès à éviter :** Vide de sens, paresse, dilettantisme, incohérence, fragilité, soumission, sensiblerie, émotivité, faiblesse, narcissisme, illusions, naïveté, stupidité, fuite d'énergie, freins.
XVIII LA LUNE	Le passage du mal-être au bien-être, la sensibilité, la réceptivité, la sensibilité, la voyance, le subconscient, l'inconscient, les choses	**Difficulté avec :** Le foyer, la maison, la mère, la vie, la famille, les traditions, l'accouchement, le bien-être, les liquides, la nourriture, les

	cachées, les émotions, l'imagination, la gestation, la fécondité, la maternité, le ressourcement, les valeurs-refuge, l'intuition, le foyer, la famille, l'enfant, l'enfance, le merveilleux, la magie ; élan sympathique et naturel, le passé, les souvenirs, les racines, le nettoyage des mémoires, le public, les foules, la popularité, les habitudes. Il symbolise le fait de se nourrir correctement sur tous les plans, de suivre son intuition, de se laisser porter par le flux de la vie.	émotions, la mémoire, les racines, l'enfance, la digestion. **Manque de :** Foi, imagination, fluidité, inspiration, intuition, mémoire, joie, vie, préparation, bonnes nourritures, bien-être, quiétude, tranquillité. **Excès à éviter :** Inconscience, illusions, hallucinations, subjectivité, naïveté, déceptions, fuite, gloutonnerie, angoisses, insécurité, déni, stress émotionnel, sensiblerie, dépendances, liens avec la mère, le fait de vivre dans le passé, étouffement, peur de l'inconscient, mensonges, superstition, immaturité, dépression.
XIX LE SOLEIL	L'amour, la volonté, la puissance, la créativité, la lumière, la vision, l'idéal, la mise en valeur, tout ce qui est important, central, la joie, le bonheur, la prestance, l'allure, ce qui brille et exprime sa lumière. Il éclaire, partage, aime, crée, chauffe, construit, organise. Il symbolise la fraternité, l'énergie, la maîtrise, la clarté, l'objectivité, la chaleur, l'humanisme, la confiance en soi, la conscience, l'engagement, l'accomplissement, l'autonomie, la loyauté, la dignité, la noblesse, le succès, la réussite, la visibilité, la notoriété, la protection.	**Difficulté avec :** La valeur, l'image, l'amour propre, le pouvoir, l'humilité, l'importance personnelle, la lumière, ce qui chauffe et réchauffe, la réussite. **Manque de :** vision, idéal, valeurs, repères, objectifs, structures, certitudes, cœur, amour, lumière, conscience, chaleur, clarté, capacité à partager, générosité, volonté, créativité, confiance en soi, puissance, organisation, moyens, chance, joie, soutien, aide, appuis, réussite. **Excès à éviter :** Egoïsme, égocentrisme, susceptibilité, besoin du regard d'autrui, orgueil, vantardise, suffisance, refus de voir ce qui ne va pas ou l'ombre, mégalomanie, autoritarisme, tout lui est dû, parure sans contenu, goûts de luxe.
XX LE JUGEMENT	Un nouveau départ, un renouveau, on tourne la page du passé pour renaître, la lucidité, les hautes technologies, la modernité, l'innovation, la vision spirituelle, une révélation, un message, un verdict, un jugement, une annonce, la musique, la résurrection, la libération, le renouveau, l'éveil des consciences, une surprise, des nouvelles, un imprévu, un événement inattendu et soudain, une révélation,	**Difficulté avec :** L'écoute, la communication, le changement, l'information, les bons messages, un rituel, la vision spirituelle, la régénération. **Manque de :** Ecoute des signes, communication, changement, libération, inspiration, conscience de l'énergie, musique, son, régénération, guérison, adaptation à la nouveauté et à la modernité.

	un changement soudain, une sortie Hors du Corps, le bout du tunnel, une expérience mystique, une seconde chance, une résolution rapide, un bon conseil, une aide précieuse, une réponse positive, une guérison.	**Excès à éviter :** Tendance à juger, erreurs de jugement, endormissement, culpabilité, propagande, vacarme, désordre, fausses rumeurs, mensonges, mauvaises nouvelles, mauvais usage de l'information, obstacles, retards, une réponse négative.
XXI LE MONDE	Une chance à saisir, un perfectionnement à réaliser, l'aboutissement des projets, l'épanouissement, l'accomplissement, la finition, l'assemblage final , le succès, une récompense, la victoire, la maîtrise, la réussite, l'apothéose, le triomphe, la gloire, les honneurs, la célébrité, la capacité à trouver sa place dans le monde, les mondanités, la sociabilité, un voyage, un lien avec l'étranger, l'ouverture d'esprit, la synthèse, l'ordre et la logistique, la culture, les études, la danse, l'expansion ; Il participe, se relie, s'insère, s'intègre, crée l'unité avec le grand tout, l'union avec Dieu, la naissance, la libération, la vie éternelle.	**Difficulté avec :** Le monde, le rôle social, les frontières, l'étranger, les étrangers, Dieu, le fait d'aller jusqu'au bout, le bon goût, l'éducation, la réussite, l'expression de son pouvoir, danser sa vie. **Manque de :** Confiance, équilibre entre le masculin et le féminin, envergure, grandeur, ouverture d'esprit, maîtrise, liens avec l'extérieur, reconnaissance sociale, qualité, perfection, victoire, chance, succès, réussite, triomphe. **Excès à éviter :** Exigence, perfectionnisme, étouffement, isolement, inaccessibilité, limites et frontières, insatisfaction, obstacles, contrôle, mondanités, arrivisme, snobisme, exclusion.
LE FOU	Un élément nouveau, le génie créatif. Il est un être libre et heureux, il va là ou la vie le porte, a foi en la vie, chemine, est quête d'aventure ; il symbolise la détermination, l'autonomie, l'indépendance, l'inattendu, le fait de sortir des sentiers battus, l'originalité, l'anticonformiste, la dissidence, l'expression de sa spécificité, un départ, un voyage, un déplacement, la grâce, le hasard, des bénédictions, un coup de chance, un miracle, un événement atypique, un cycle qui se termine, une libération, la transcendance, une nouvelle vie dans un nouveau monde.	**Difficulté avec :** Le mouvement, se mettre en chemin, trouver sa route, la liberté, exprimer sa spécificité, partir, vivre libre et heureux. **Manque de :** Liberté, foi, engagement, croire que tout est possible, mouvement, direction, flexibilité, ouverture spirituelle, intelligence, mouvement, originalité, folie, magie. **Excès à éviter :** Confusion, ivresse, égarement, errance, fuite, exil, vagabondage, inconscience, fantôme de la liberté, folie, étrangeté, inaccessibilité, dépassement des bornes, marginalité, immaturité, incohérence, non respect des règles et des limites, irresponsabilité, stupidité, nullité, le grand n'importe quoi, le dépérissement.

Chapitre 6: Les significateurs dans un tirage de tarot.

Introduction : Les significateurs, aussi appelés signifiants, sont des cartes particulières, choisies parmi les 22 arcanes du tarot, qui symbolisent ce qui est en lien avec la question que l'on pose. Les significateurs viennent de l'astrologie. Afin de structurer le système d'information qu'est le Tarot et afin de le relier à la vie concrète, les tarologues ont établi un système de correspondances symboliques entre les arcanes et les différentes situations, personnages et événements de la vie. Certains tarologues les utilisent et d'autres pas.

Un significateur est donc un symbole de quelque chose, un archétype ayant une signification symbolique spécifique. C'est un symbole qui représente par exemple un domaine de la vie, une situation, un événement, un concept, un personnage ou une expérience. Il existe des significateurs principaux et des significateurs secondaires. Ce qui est important,   pour interpréter le Tarot, c'est que vous construisiez vous-même votre propre système de symboles et que vous choisissiez ce que signifie chaque arcane pour vous, en accord autant que possible avec la symbolique universelle.

Exemple : L'Empereur, qui administre son empire, symbolise le travail, la vie professionnelle et l'autorité en action, tout comme le Chariot, qui est en mission. L'Empereur peut ainsi être le significateur principal du travail et le Chariot peut être un significateur secondaire pour le travail de part l'activité qu'il représente. L'Hermite peut également être un significateur de chantier et donc de travail tout comme la Maison Dieu. Chaque objet, personnage, situation ou expérience qui existe dans la vie peut être ainsi symbolisé par un arcane où par une combinaison de deux arcanes. Voici premièrement ce que chaque lame peut « signifier » et ensuite, nous verrons certains points plus en détail.

Liens entre chaque arcane et les significateurs

Arcane 1 - La nouveauté, le démarrage d'un événement, la création d'une société, les jeunes enfants, l'artisan, le commerçant, l'énergie, la motivation.

Arcane 2 - Une formation, un apprentissage, l'écriture, un livre, un secret de famille, la mère (si âgée), la grand-mère, la recherche d'une chose cachée.

Arcane 3 - L'évolution dans les mois à venir, les mises en forme, une réunion, une rencontre, toute forme de communication (un courrier etc.), l'environnement proche.

Arcane 4 - La vie professionnelle, le conjoint, l'homme ou le père, l'autorité, le territoire, l'empire.

Arcane 5 - Les enseignements, les formations, les cours, les conférences, les questions spécialisées, les contrats de travail, d'union ou d'argent, les études supérieures, les questions philosophiques/spirituelles.

Arcane 6 - Les choix, les vrais désirs, les relations amoureuses, les questions vestimentaires, les adolescents, les collègues proches.

Arcane 7 - Les véhicules, les déplacements, les questions en lien avec des missions professionnelles.

Arcane 8 - Les questions juridiques, les contrats, les administrations.

Arcane 9 - Les personnes âgées ou en fin de vie, le passé, les fins d'activités professionnelles, la retraite, le développement personnel, les recherches.

Arcane 10 - Les hasards de la vie, les opportunités, les questions techniques, liées au service, à la fortune, à la destinée ou à l'évolution des choses.

Arcane 11 - La motivation, l'autonomie, le sport, les créations, les questions psychologiques, en lien avec les forces et faiblesses ou avec la résolution d'un conflit.

Arcane 12 - Les questions en lien avec la santé, la spiritualité, les nœuds généalogiques et les blocages temporaires.

Arcane 13 - Les changements radicaux, les départs, les ruptures, le chômage, les opérations chirurgicales, les douleurs et les traumatismes.

Arcane 14 - Les relations amicales, les technologies modernes, les relations d'aide, les vacances et loisirs, les activités en réseau et les voyages en avion.

Arcane 15 - L'argent, les affaires, le pouvoir, la politique, les passions, la sexualité, gérer son côté sombre (manques ou excès) et son saboteur.

Arcane 16 - Les changements de structures, les déménagements, les prise de conscience, les prise de risques, les démolitions, les travaux, les chantiers, les bouleversements, les catastrophes.

Arcane 17 - Les questions en lien avec la nature, le corps, la vie amoureuse, le bonheur, la joie, le plaisir, les artistes.

Arcane 18 - Les questions en lien avec les émotions, les peurs, l'habitat, la famille, le public, les lieux publiques, le foyer, les héritages familiaux, la nourriture, la déprime et le bien-être.

Arcane 19 - Les questions en lien avec l'amour, le couple, le soutien, l'expression de soi, le couple, les enfants, les créations, l'été, les vacances d'été.

Arcane 20 - Les nouvelles, les activités en lien avec le son et la musique, les messages, les résultats juridiques, le multimédia, la haute technologie, les changements de vie, la résurrection, la nouveauté.

Arcane 21 - Les questions en lien avec les voyages (continent), les étrangers, les mutations, les changements de région, les diplômes et la clientèle.

Arcane 22 - Les voyages à l'étranger (hors continent), ce qui est hors-normes, la liberté, les exilés, les limites du mental, la stupidité ou le génie.

Recherche des arcanes significateurs :

Le significateur de qui vous êtes : Ce significateur peut être déterminé de la manière suivante. Si vous êtes une femme, vous pouvez prendre l'une des 4 reines ou l'un des personnages féminins dans lequel vous vous retrouvez. Si vous êtes un homme vous pouvez prendre soit l'un des cavaliers, soit l'un des rois, ou encore l'un des personnages masculins dans lequel vous vous retrouvez. Vous choisissez ensuite votre famille selon les cas ci-dessous.

Les épées : Pour toute question en lien avec l'énergie, l'intelligence, une difficulté, un conflit où une décision importante où il vous faut trancher.

Les deniers : Pour toute question en lien avec la Terre, le corps, les sensations, le plaisir, une richesse et l'argent.

Les bâtons : Pour toute question en lien avec l'air, l'environnement, le terrain d'expression de l'âme c'est-à-dire l'organisation et l'activité dans le monde du travail, l'émotionnel, la créativité, la sexualité, l'autorité et les outils au service de la vie.

Les coupes : Pour toute question en lien avec l'eau, la santé, les sentiments, le couple et l'amour, les relations sociales, les relations familiales et affectives.

Les significateurs des personnes.
Les enfants de 0 à 12 ans : La Lune.
Les jeunes de 12 à 20 ans : Le Bateleur
Les Hommes de 20-35 ans – Le Chariot
Les Femmes de 20-35 ans – L'Impératrice
Les Hommes de 35-60 ans- L'Empereur
Les Femmes de 35-60 ans – La Tempérance ou la Justice
Les Hommes de plus de 60 ans - L'Hermite
Femmes de + de 60 ans – La Grande Prêtresse

Les arcanes significateurs des émotions :
Les Amoureux : Les sentiments, l'affectivité, les désirs
Le Diable : les désirs violents, les pulsions, les passions
L'arcane sans nom : Le stress, l'angoisse.
L'Etoile : La joie, le plaisir, le bonheur
La Lune : Les peurs, les angoisses, l'anxiété, mais aussi le bien-être
Le Soleil : La joie du partage, le plaisir, le bonheur, l'amour.
Le Monde : L'épanouissement, la plénitude, le bonheur total.

Les significateurs du temps :

Le début du temps : Le Bateleur, la Roue, la Tempérance.

La Fin du temps : L'Hermite, le Pendu, l'Arcane sans Nom, le Diable,   la Maison Dieu et le Mat

Les différents temps : Le concept du temps nommé Chronos, c'est à dire le temps linéaire qui passe et qui mature est représenté par l'Hermite.

Le concept du temps nommé Kairos, c'est à dire l'instant présent fulgurant synchronisé avec la Nécessité, l'action juste dans l'instant présent ; le temps où passé, présent et futur existent en même temps est représenté par Le jugement, l'Ange (la Tempérance) et la Maison-Dieu.

Le passé : La Grande Prêtresse et la Lune.

Le lointain passé : L'arcane sans nom et l'Hermite

Le présent : Le Bateleur et le Chariot.

Le Futur très proche : Le Jugement.

Le futur : La Tempérance et la Maison Dieu.

Le futur lointain : L'Etoile

Les différents moments de la journée :

L'Aurore = Le Bateleur

Le Crépuscule = La Justice

Le jour = Le Soleil.

La nuit = La Lune.

Les saisons :

Le printemps = Le Bateleur ou L'Etoile

L'Eté = Le Soleil ou la Force.

L'automne = L'Arcane sans nom ou le Diable

L'hiver = L'Hermite ou la Tempérance.

Le Bateleur, l'Amoureux et l'Arcane sans Nom, combinés avec la lame de la saison, peuvent aussi marquer le début, le milieu et la fin de la saison.

L'Hivers Prochain = L'Hermite avec la Tempérance.

L'été Prochain = Le Soleil avec la Tempérance.

Les sept jours de la semaine : Chaque jour de la semaine porte une vibration en lien avec la planète d'où il tire son nom. On peut également associer certains arcanes avec les jours de la semaine.

Il est toujours judicieux, quand c'est possible, d'effectuer une activité le jour de la semaine qui est en lien avec ce que symbolise l'activité.

Le Lundi : Jour de la Lune : Arcane de la Lune.
Le Mardi : Jour de Mars : Arcane du Bateleur ou du Chariot ou de la Force.
Le Mercredi : Jour de Mercure : Arcane de l'Impératrice ou de la Roue.
Le Jeudi : Jour de Jupiter : Arcane de l'Empereur, du Pape, du Jugement ou du Monde.
Le Vendredi : Jour de Vénus et de Neptune : Arcane de l'Etoile, de l'Amoureux, de la Justice ou du Pendu.
Le Samedi : Jour de Saturne : Arcane de l'Hermite ou de l'Arcane sans nom ou de la Papesse.
Le Dimanche : Jour du Soleil : Arcane du Soleil ou de la Force.

Les douze mois de l'année :
Le mois du Bélier : Le Bateleur.
Le mois du Taureau : L'Etoile ou L'Amoureux.
Le mois des Gémeaux : L'Impératrice ou le Soleil
Le mois du Cancer : La Lune ou la Papesse.
Le mois du Lion : Le Soleil ou la Force
Le mois de la Vierge : La Roue
Le mois de la Balance : La Justice.
Le mois du Scorpion : L'Arcane sans nom ou le Diable
Le mois du Sagittaire : Le Monde ou le Pape
Le mois du Capricorne : L'Hermite ou l'Empereur.
Le mois du Verseau : La Tempérance ou la Maison Dieu.
Le mois des Poissons : Le Pendu ou le Jugement dernier.

Vous pouvez aussi prendre les 12 premiers arcanes et les faire correspondre aux 12 premiers mois de l'année.

Autres temps : Le début du temps : Le Bateleur
La fin du temps : L'arcane sans nom
Le temps en mouvement : Le Chariot
L'immobilisation du temps : Le Pendu
Les cycles logiques du temps : La Roue de Fortune
L'évolution des choses : La Roue de Fortune
Le passage d'un état à un autre : La Tempérance

Le temps où l'on est synchronisé et connecté : La Tempérance ou la Maison Dieu

Le temps des remises en question : La Maison-Dieu

L'éternité : L'arcane sans nom.

Les vacances/le week-end : L'Etoile.

Les vacances d'été : L'Etoile avec le Soleil.

Les vacances d'Hivers : L'Etoile avec La Tempérance.

La météo : La Tempérance.

Les significateurs du travail :

Le significateur principal : L'Empereur

Le significateur secondaire : Le Chariot, le Monde, l'Hermite, la Force

Une lettre professionnelle : L'Impératrice avec l'Empereur

Un contrat de travail : La Justice avec l'Empereur

Un choix professionnel : l'Amoureux avec l'Empereur

Les blocages professionnels : Le Pendu avec l'Empereur

Un emploi Lucratif : L'Empereur avec le Diable

Un concours administratif : La Justice qui représente les examens et les contrats

Un nouvel emploi stable et durable : Le Bateleur avec l'Empereur

Un emploi à mi temps : l'Empereur avec L'Amoureux

Un choix professionnel : L'Amoureux avec l'Empereur

Une réalisation professionnelle : La Force avec l'Empereur

Une victoire brillante : Le Chariot et le Soleil

Une réussite brillante : La Force et le Soleil

La renommée : Le Soleil et le Jugement

La célébrité : Le Soleil et le Monde

Quelques significateurs des métiers :

L'expert, celui qui maîtrise : La Force, le Grand-Prêtre ou l'Empereur.

Celui qui enseigne, le formateur, le consultant : Le Pape

Les métiers du BTP : L'Hermite, la Maison-Dieu, l'Empereur.

Les techniciens : La Roue

Un notaire : La Force avec la Justice (Expert qui maîtrise le droit)

Une secrétaire de direction : La Force avec l'Impératrice (Expert en communication)

Un cadre administratif : L'Empereur avec la Justice

Un agriculteur : La Force avec l'Arcane sans nom ou l'Hermite

Un cadre informatique : L'Empereur avec la Tempérance

Un présentateur tv/radio : La Tempérance le Jugement
Un médecin : Le Grand Prêtre avec le Pendu
Un maçon : Le Bateleur avec l'Hermite ou la Maison Dieu
Un chef d'équipe BTP : La Force avec l'Hermite
Une avocate : La Grande Prêtresse avec la Justice
Le travail des métaux ou les forgerons : Le Diable

Les significateurs des finances :
Significateur principal : Le Diable
Significateurs secondaires : La Roue de Fortune, l'Etoile, l'Empereur

Les significateurs des études, des formations et des livres :
Le significateur principal : La Grande-Prêtresse et le Grand-Prêtre
Le significateur secondaire : L'Impératrice et l'Hermite
La réussite aux examens et obtention du diplôme : Le Monde

Les significateurs du commerce et de la communication :
Le significateur principal : L'Impératrice et la Roue de Fortune
Le significateur secondaire : La Bateleur et le Jugement

Un courrier : L'Impératrice
Un appel téléphonique : La Tempérance
Un Mail : Le Jugement
L'étranger : Le Monde

Les significateurs du foyer/de la famille :
Le significateur principal : La Lune
Les significateurs secondaires : La Maison Dieu et Le Soleil
Un déménagement ou un immeuble haut : Lune et la Maison-Dieu
Une vieille maison : La Lune et l'Hermite
La Maison : La Lune

Les significateurs des créations :
Le significateur principal : La Force
Les significateurs secondaires : Le Soleil et le Bateleur

Les significateurs du sport :
Le significateur principal: La Force
Les significateurs secondaires: Le Chariot et le Bateleur

Les significateurs de la santé :

Le significateur principal : Le Pendu.

Les significateurs secondaires: La Roue de la Fortune, l'Arcane sans nom s'il y a un examen aux rayons X ou une opération, L'Etoile qui concerne le corps et la Maison Dieu s'il y a une urgence.

Les significateurs de la vie affective et du couple :

Le significateur principal: L'Amoureux

Les significateurs secondaires : Le Soleil et le Grand-Prêtre (Pape) qui légalise les unions

Une nouvelle rencontre : Le Bateleur et l'Amoureux

Un enfant qui va naître : La Lune et le Jugement

Une rupture affective : L'Arcane sans nom et l'Amoureux

Un adultère : Les Amoureux et le Pendu

Un coup de foudre : La Maison Dieu et les Amoureux

Une rencontre passionnelle : L'Amoureux et le Diable

Une rencontre en déplacement : L'Amoureux et le Chariot

Un mariage : L'Amoureux et la Justice ou l'Amoureux et le Grand-Prêtre

Les significateurs des arts :

Le significateur principal : L'Amoureux

Les significateurs secondaires : La Justice et l'Etoile

Les significateurs de la sexualité :

Le significateur principal : Le Diable,

Les significateurs secondaires : L'Amoureux et la Force

Les significateurs des transformations :

Le significateur principal : L'Arcane sans nom

Les significateurs secondaires: La Tour, la Roue et le Jugement

Les significateurs des voyages :

Le significateur principal : Le Monde

Les significateurs secondaires : Le chariot, le Fou et la Tempérance

Les moyens de locomotion : Le Chariot

Les Voyage Hors frontières : Le Fou avec le Monde

Les significateurs des moyens de transport :

A pied : L'Hermite, l'Arcane sans Nom ou le Mat.

En vélo : La Roue de fortune

En moto : Le Jugement

En voiture : Le Chariot

En camion : le Monde

En TGV : La Maison Dieu avec la Roue

En avion ou vaisseau spatial : La Tempérance et le Mat

En vaisseau interstellaire : Le Jugement

En bateau : La Lune ou le Pendu

Les significateurs des bâtiments publics :

Significateur principal : La Maison Dieu

Significateur du public : La Lune

Une entreprise : La Maison Dieu avec le Bateleur

Une banque : La Maison Dieu avec le Diable

Un commerce : La Maison Dieu avec l'impératrice

Une crèche ou une piscine : La Tour avec la Lune

Un salon de thé : La Maison Dieu avec l'Amoureux

Un palais : La Maison Dieu avec le Soleil

Un garage : La Maison Dieu avec le Chariot

Une pharmacie : La Maison Dieu avec la Roue de Fortune

Un lieu de loisirs : La Maison Dieu avec l'Etoile

Une morgue ou un laboratoire: La Maison Dieu avec l'Arcane sans Nom

Le commissariat : LA Maison Dieu avec la Force

Un centre commercial : La Maison Dieu avec le Monde

Un centre de formation : La Maison Dieu avec le Pape

Un bâtiment administratif : La Maison Dieu avec l'Hermite

Un tribunal ou une prison : La Maison Dieu avec la Justice

Un aéroport : La Maison Dieu avec la Tempérance

Un centre logistique : La Maison Dieu avec le Chariot et l'Hermite

Un siège de télévision ou un cinéma : La Maison Dieu avec le Jugement

Un Hôpital : La Maison Dieu avec le Pendu

Un spatioport : La Maison Dieu avec le Jugement

Les significateurs des nouvelles technologies :

Le significateur principal : Le Jugement

Les significateurs secondaires : La Tempérance et la Maison Dieu

Les significateurs des projets :
Le significateur principal : Le Chariot et la Tempérance
Les projets complexes : Le Jugement et la Maison Dieu

Les significateurs du développement spirituel :
Les significateurs principaux : L'Hermite et le Pendu
Les significateurs secondaires : La Tempérance, la Maison-Dieu, l'Arcane sans nom, le Jugement et le Monde, qui représente le niveau le plus profond l'union avec Dieu.

Les arcanes lents et statiques face aux arcanes rapides ou mobiles : Si vous imaginez que les 22 personnages des arcanes sont sur une ligne de départ, que vous actionnez le signal du départ puis que vous observez ce qui se passe, vous aboutirez à une liste d'arrivée avec les premiers et les derniers. Le Pendu, l'Hermite, la Papesse, l'Etoile et la Lune sont lentes et ralentissent le temps. Le Jugement (l'Archange), la Maison Dieu, la Tempérance, le Chariot, le Bateleur, la Force, La Roue de Fortune, le Mat, le Soleil et l'Arcane sans nom avancent et donnent du mouvement à un tirage.

Comment utilise-t-on les significateurs ? Comme nous le verrons dans le prochain chapitre, vous pouvez soit placer le significateur de votre question que vous choisissez parmi un deuxième jeu d'arcanes majeurs face à vous, soit vous pouvez simplement le définir mentalement et voir s'il apparait ensuite dans votre tirage. Sa position dans votre tirage donnera alors lieu à une interprétation spécifique.

Chapitre 7 : Les tirages

Introduction : Effectuer un tirage avec le tarot consiste à choisir des cartes intuitivement, à les placer à des endroits spécifiques ayant une signification prédéfinie, puis à les interpréter, en effectuant le lien entre l'arcane et sa position, puis entre l'arcane et les autres arcanes présents dans le tirage. Un tirage du tarot correspond à la forme de votre intention. Il structure votre intention, votre question et le message de votre inconscient dans la matière. Un tirage crée un flux de communication entre l'inconscient et le conscient, dans l'espace-temps actuel, dans le but d'obtenir des réponses à des questions.

Ce chapitre vous présente le tirage le plus ancien et le plus utilisé en France, le tirage en croix. Il présente ensuite le tirage à un arcane puis le tirage cinéma ou JFK qui utilise à la fois les arcanes mineurs et les arcanes majeurs. Le tirage en croix fait partie des tirages spirituels, psychologiques ou événementiels. Depuis la création du Tarot et du tirage en croix, de nombreux tirages ont été inventés par différents tarologues. Le Diamant de Naissance© (voir livre « Le Diamant de Naissance© ») peut être considéré comme un tirage structurel. Vous trouverez une douzaine d'autres tirages dans Le Tarot Eternel livre 2, dont le tirage de la Grande Prêtresse et le tirage astrologique.

Les significateurs ou signifiants : Quand on consulte le tarot, on peut le faire sans significateurs ou en utilisant un significateur. Utiliser un significateur signifie consulter le Tarot et poser une question en ayant en tête le « significateur » de la question, puis en interprétant le tirage selon sa présence et sa position ou selon son absence. Un significateur est une carte qui symbolise au mieux soit une certaine partie de la vie, soit le sujet de préoccupation, parce qu'elle « signifie » quelque chose et a du sens, par rapport à la question ou à la partie de la vie que l'on questionne. Dès qu'une question est posée, le tarologue cherche alors dans le tirage le significateur de la question.

Vous préparer pour effectuer un tirage : Avant d'effectuer un tirage,   il est pertinent d'avoir clairement conscience de votre intention. Pourquoi faîtes-vous ce tirage ? Quelle est précisément votre question ? Que voulez-vous au fond? Que voulez-vous vraiment savoir? Que comptez-vous faire une fois que vous aurez votre réponse? Quand votre question est clairement formulée, vous pouvez ensuite choisir le tirage le mieux adapté à votre question.

Il est ensuite judicieux de vous préparer psychologiquement et d'organiser votre environnement afin d'obtenir la réponse qui est juste pour vous.

Choisir le bon endroit et le bon environnement : Il est approprié de choisir un espace où vous pouvez vous isoler et ne pas être dérangé par des sollicitations extérieures. De nombreuses personnes consultant le tarot organisent un rituel, avec de la musique, des bougies et de l'encens, ou font une méditation avant. L'important est de vous organiser pour que vous soyez dans la meilleure disposition possible, intériorisé en vous-même.

Vous mettre dans l'état d'esprit adéquat : Consulter le tarot est comme entrer en relation avec votre intuition, avec votre être spirituel, avec votre guide. Cela requiert humilité, respect, sérieux et un état de calme intérieur dénué de tout désir, de toute attente et de toute crainte. L'état d'esprit adéquat est la clarté intérieure, la sérénité, une joie tranquille et une lucidité en alerte mais détendue.

Poser la bonne question : La réponse que vous obtenez dépend de la question que vous posez. En réfléchissant à votre question, vous avez parfois la réponse sous la forme d'une intuition qui est ensuite confirmée par le Tarot. Il est judicieux de poser une question aussi précise que possible quand à la période de temps concernée, votre besoin, votre difficulté, le lieu, les personnes impliquées et l'enjeu de la situation. Une bonne question est posée à la première personne du singulier et elle comporte des verbes d'action. Elle comporte toujours qu'une seule possibilité et jamais de choix. Si vous hésitez entre deux possibilités, il est alors opportun de poser une question pour chaque possibilité ou d'utiliser le tirage spécial « choix » décrit plus loin dans ce chapitre. Il n'est pas sensé de poser des questions sans importance et que vous pouvez résoudre par votre propre bon sens, ou de poser deux fois la même question.

Vous pouvez écrire votre question dans un journal de bord : Il n'y aucune obligation mais cela vous aide à trouver et poser vos mots. Le fait d'écrire une question, en la datant, apporte souvent des précisions quand à votre désir profond. Cela vous permet d'avoir une vision plus concrète de la situation. Cela vous permet également de suivre l'évolution de la situation et d'y revenir des jours, des semaines ou des mois plus tard.

Effectuer le tirage et interpréter la réponse : Vous avez choisi votre tirage en fonction de votre situation et vous avez bien défini les différentes positions. Vous mélangez alors les cartes puis les rassemblez en une pile. Vous les étalez ensuite devant vous soit en ligne droite, soit légèrement en éventail.

Vous effectuez alors votre tirage en choisissant le nombre de cartes correspondant aux nombre de positions de votre tirage. Les arcanes sont toujours placés à l'endroit. Il est ensuite nécessaire de faire le lien entre la question posée et la réponse obtenue. Pour cela, une fois les arcanes posés devant vous, prenez le temps de les observer, de les ressentir et de prendre conscience de ce que vous ressentez. Quelle impression globale vous donne le tirage ? Les lames ont-t-elles une symbolique proche, similaire ou totalement opposées ? Laissez un espace à votre intuition, un espace de silence intérieur pour qu'elles vous parlent. Accueillez ensuite ce qui vous vient puis faites le lien entre les arcanes et la question.

Donner une forme et un sens positif au tirage : Il n'y a pas de bonnes ou de mauvaises cartes même s'il est normal que certains arcanes provoquent des réactions, des émotions et des craintes. L'important est de donner un sens positif à ce qui est puis de faire de votre mieux pour que les choses avancent positivement.

Les arcanes inversés ou les arcanes à l'envers : Certains tarologues, surtout au Canada, les prennent en compte. Une carte à l'envers indique alors une difficulté à exprimer les valeurs de l'arcane, une difficulté causée par ce que représente l'arcane, une peur liée à l'arcane ou une impossibilité à satisfaire un besoin en lien avec l'arcane.

En France la plupart des tarologues travaillent uniquement avec les positions à l'endroit. Un arcane à l'endroit décrit un besoin et la possibilité de le satisfaire. Chacun est libre d'agir selon son ressenti et il n'y a pas de bonne ou de mauvaise méthode. Il y a la méthode qui fonctionne pour vous. Ce que je ressens personnellement, c'est que si l'on tire un arcane à l'envers, le message est alors que quelque chose en lien avec l'arcane est en disharmonie, non intégré et non accepté. Il y a une idée de désordre et donc une nécessité d'agir, en lien avec les valeurs positives de l'arcane, pour que l'arcane se retrouve à l'endroit dans une expression harmonieuse.

1-TIRAGE AVEC UN ARCANE

Le tirage est effectué avec les arcanes majeurs uniquement. Il permet aux personnes qui débutent de se familiariser avec les arcanes et aux plus expérimentés d'avoir un message intuitif simple et direct.

Vous pouvez par exemple poser la question : Comment se présente la situation, la journée ou la relation avec telle personne ? Dans quelle ambiance va se dérouler la journée, la situation où la relation avec telle personne ? Quel est le sens de la situation ou la relation avec telle personne ? Comment est-il judicieux d'être ou qu'est-il judicieux de faire aujourd'hui, en lien avec la situation, en lien avec la relation à telle personne ? Comment se présente la journée ? Sur quoi est-il judicieux de focaliser mon attention aujourd'hui ? Qu'est-il recommandé de faire aujourd'hui ?

1-Le Bateleur : Journée active et créative où s'expriment les qualités masculines. Journée très positive pour vous fixer un nouvel objectif, pour démarrer quelque chose de nouveau, pour faire plein de choses, pour vous affirmer, pour utiliser votre volonté efficacement, pour exprimer vos compétences dans la vie et dans l'action, pour utiliser les outils disponibles, pour saisir une nouvelle opportunité et pour obtenir des résultats. Il y a peut-être un lien avec un homme jeune.

2-La Grande-Prêtresse : Journée féconde où s'expriment les qualités du féminin. Journée très positive pour être en lien avec votre grand-mère, pour écouter votre intuition, pour exprimer votre force de la foi, pour observer, réfléchir, étudier, apprendre, écouter, préparer un projet, pour être inspiré, pour vous nourrir correctement, pour aller dans votre inconscient chercher des secrets ou des souvenirs, pour prendre soin de la vie et pour gagner en bien-être, en sagesse et en sérénité. Il y a peut-être un lien avec une femme sage.

3-L'Impératrice : Journée remplie de vie, de communication, de mouvement, d'échanges commerciaux, très positive pour créer et mettre en forme, pour mettre en place un nouveau projet, pour être en lien avec votre mère et avec la nature, pour coordonner de nombreuses informations, vous déplacer, prendre contact, envoyer et recevoir des messages et pour gérer tout un tas de choses avec un certain sens de l'autorité, intelligence, équilibre et élégance.

4-L'Empereur : Journée chargée, très positive pour prendre votre place, pour exprimer votre autorité, votre confiance en vous et vous imposer, pour être en lien avec votre père, pour vous discipliner, pour gérer des affaires et pour beaucoup travailler avec passion et détermination, pour être ferme et rigoureux, pour bâtir, organiser, diriger et gérer de gros dossiers, pour appliquer des règles, pour assumer vos responsabilités, pour maîtriser votre territoire et pour veiller au bon fonctionnement de l'empire.

5-Le Grand Prêtre : Journée bienveillante et agréable ou s'expriment des qualités pédagogiques et de la gratitude, très positive pour gérer des informations, des enseignements, une éducation, des valeurs religieuses,   des règles ou des gens, pour exprimer votre foi, pour inspirer confiance, pour apporter une expertise grâce à un jugement pertinent ou pour trouver une solution, pour signer un contrat, pour unir, encourager et bénir,   pour protéger et donner du sens, pour transmettre ou recevoir un enseignement et pour faire en sorte que tout enseignement porte ses fruits dans la vie active.

6-L'Amoureux : Journée très agréable, sensuelle et romantique, très positive pour être en lien avec des personnes jeunes et agréables, où il y a une intense activité relationnelle ou sensorielle, où s'expriment des qualités artistiques, une intelligence relationnelle, des désirs, des sentiments amoureux, des échanges corporels, des hésitations aussi ; c'est une journée très positive pour écouter vos vrais désirs, vous faire plaisir, faire un choix équilibré et judicieux et enfin pour vous investir dans une relation ou dans votre vie de couple.

7-Le Chariot : Journée très riche et positive au niveau de la vie intérieure pour faire un point technique et stratégique, pour clarifier votre objectif, vous organiser afin de l'atteindre, connecter différents éléments et en faire un tout, voir toutes les facettes d'un ensemble, préparer une expédition ; soit très dynamique, où c'est la course dans le monde extérieur ; soit encore une journée très positive pour vous occuper de logistique et d'organisation, pour vous déplacer, aller de l'avant, avancer, entreprendre et obtenir des résultats et des victoires avec une grande efficacité.

8-La Justice : Journée très positive pour prendre conscience que vous créez votre propre futur par vos actions présentes. Elle peut soit être juste, équilibrée et agréable. Vous récoltez ce que vous avez semé. Soit elle peut être marquée par une certaine activité sociale, associative, artistique et relationnelle, au sein de la civilisation, où s'exprime votre sens de l'équilibre et une intelligence des systèmes d'information. Elle peut parfois être pesante et rigide mais positive pour structurer, remettre de l'ordre et faire des choix judicieux. Elle peut enfin être positive pour gérer des formalités administratives, des dossiers juridiques, des questions légales, les impôts ou les conséquences d'actions passées.

9-L'Hermite : Journée où soit « c'est le chantier », où « c'est lourd », où vous êtes en chemin. Vous travaillez en solitaire, vous avancez et accomplissez vos devoirs, vous travaillez sur les structures avec des plans et des objectifs à long terme, vous vous posez et posez beaucoup de questions. Autre interprétation possible : c'est une journée calme et sereine où vous vous isolez et vous consacrez à la recherche, à la spiritualité et à la méditation afin de découvrir qui vous êtes, d'avancer vers votre vérité profonde et d'accéder à votre paix intérieure.

10-La Roue de fortune : Journée qui est soit réglée comme une horloge, soit avec des hauts et des bas, où les événements peuvent aller dans un sens puis complètement dans un autre. Il s'agit d'une journée très positive pour tenter votre chance, sortir de vos schémas répétitifs, utiliser votre intelligence technique afin de vous adapter, prendre soin de votre hygiène de vie et de votre santé, gérer des chiffres, faire du commerce, travailler, perfectionner, copier ou innover ou encore faire l'expérience des lois de la destinée et accepter qu'il y a des choses que vous ne maîtrisez pas.

11- La Force : Journée dynamique, forte, marquante, parfois impulsive,   très positive pour écouter votre cœur, exprimer votre force et votre détermination, la force de votre cœur, votre lumière, votre créativité et votre puissance, pour être bien centré, vous aimer, vous mettre en valeur, vous affirmer en toute autonomie tout en étant relié aux autres, faire de votre mieux en donnant le meilleur de vous-même, maîtriser et être maître de vous, vous exprimer avec autorité et confiance, tel un maître, pour définir un objectif, vous organiser afin de l'atteindre, lutter avec courage et réussir avec grandeur et noblesse.

12 : Le Pendu : Journée qui est soit étrange, bizarre ou décevante, avec des rendez-vous annulés ou décalés, avec une situation bloquée ou nouée ou avec une situation qui part en queue de poisson ; soit une journée enchantée, magique, complètement folle, géniale, miraculeuse et incroyable, très positive pour développer une autre vision des choses, pour soulager les souffrances et les misères du corps et de l'âme, pour exprimer votre compassion, pour sacrifier une chose aux dépens d'une autre, pour lâcher-prise et vous laisser porter par le courant des événements, vous évader, pour méditer, pour expérimenter une joie intérieure sans qu'il y ait de cause précise à cette joie et pour vivre la transcendance.

13 : L'Arcane sans nom : Journée soit stressante, désagréable, compliquée, sous tension, extrême, marquée par l'arrivée d'un problème à régler ou d'un drame à gérer, où vous avez tendance à vous enterrer et à faire le mort ; soit une journée très vibrante, intense et très positive pour être lucide et avoir des révélations, pour soigner vos blessures et vous régénérer, pour accéder aux mystères de la vie et de la mort, expérimenter un changement, transformer quelque chose ou quelqu'un, mettre fin à quelque chose, par exemple à l'ego qui crée sans arrêt des fictions, des illusions et qui vous fait croire que vous êtes séparé de tout ce qui vous entoure, pour expérimenter votre vérité spirituelle profonde et votre éternité et mettre en place une nouvelle énergie libératrice.

14 : La Tempérance : Journée douce, apaisante, harmonieuse, sereine, riche, atypique, paradoxale, multidimensionnelle, libératrice, fluide, pleine de coïncidences, très positive pour être équilibré dans tous les domaines, pour être connecté ou en lien avec le cosmos ou avec des gens, pour développer vos relations, votre réseau et pour travailler en groupe ou en réseau, pour expérimenter des activités collectives, passer de bons moments entre amis, partager, discuter et échanger, vous détendre et vous reposer, tempérer les extrêmes ou les excès, utiliser votre intelligence technologique et psychologique afin de trouver des solutions et faire progresser les choses, pour passer d'un état ou d'un univers à un autre ou vous envoler vers d'autres destinations et d'autres dimensions.

15 : Le Diable : Journée intense, puissante, extrême, passionnelle, excessive, angoissante, conflictuelle où vous pouvez être confronté à votre ombre, à votre ignorance, à des jalousies ou à des personnes perverses, ensorcelantes et manipulatrices ou encore à vos vieux démons, où vous pouvez être tenté au point de transgresser la loi et où vous risquez de perturber votre équilibre par des excès de toutes sortes. La journée peut aussi être très positive pour être lucide, faire preuve de discernement, écouter vos instincts, utiliser votre intelligence stratégique, lutter courageusement, transformer ce qui doit l'être, briser toute chaine et tout asservissement, vous libérer de l'esclavage, travailler dans l'ombre, vivre pleinement votre sexualité et exprimer votre sensualité sainement, gagner de l'argent et pour utiliser et exprimer votre pouvoir personnel en le mettant au service de la vie.

16 : La Maison Dieu : Journée soit silencieuse, intériorisée et solitaire où vous vous enfermez pour faire le point sur votre vision du monde et où vous partez à la recherche de Dieu, soit c'est une journée tendue ou inattendue, intense, explosive, bouleversante, ébranlante, choquante, pleine de surprises mais très positive pour exprimer votre besoin de liberté, de libération et d'indépendance, effectuer des prises de conscience parfois foudroyantes, vous libérer ou expérimenter l'illumination, manier la dynamite, utiliser votre intelligence technologique ou psychologique, déstructurer et restructurer différemment, gérer des projets complexes ou des chantiers d'envergure, utiliser des langages, dire ce que vous avez besoin d'exprimer, travailler en groupe ou en réseau et vous adapter à la vie moderne.

17 : L'Etoile : Journée douce, belle, voluptueuse, joyeuse, heureuse, charmante, inspirée, gracieuse, chanceuse, féconde, productive et remplie d'espoir, très positive pour vous ressourcer et pour nourrir votre foi en la vie, pour aller dans la nature, être en lien avec autrui, utiliser votre créativité afin de décorer, embellir et mettre en forme, exprimer l'étoile qui est en vous, être une « star », dans les activités relationnelles et artistiques, pour écouter vos vrais désirs, cultiver votre jardin intérieur et votre joie de vivre, générer l'abondance, exprimer des valeurs féminines, bien vivre le plaisir, consacrer du temps à vos loisirs, vous dévouer corps et âme, pardonner, être bien incarné, bien vivre votre incarnation et pour prendre soin de votre corps, de votre joie et de votre foi.

18 : La Lune : Journée soit stressante émotionnellement voire cauchemardesque parce que vous nourrissez des peurs, des mauvais souvenirs, des illusions et des fantômes ; soit une journée douce et ressourçante, sympathique et poétique, fluide et intimiste, féconde et productive, très positive pour prendre soin de votre chez-vous, de votre inconscient, de votre bien-être et de votre âme, pour apprendre à voir clair dans l'obscurité, pour rester chez vous et buller, être en famille, vivre des relation émotionnelles riches, vous nourrir et être nourri sur tous les plans, pour gagner de l'argent, travailler sur vos mémoires et vos souvenirs, écouter et vous fier à votre intuition, vivre vos rêves, exprimer votre créativité et votre imagination, prendre soin de la vie, materner et pour exprimer des valeurs féminines. Il peut y avoir des liens avec une femme ou avec votre mère.

19 : Le Soleil : Journée lumineuse, ensoleillée, chaleureuse, chanceuse, très positive, pleine de joie et de réussite, très positive pour écouter votre cœur, prendre conscience de votre identité, vous mettre en valeur, vous fixer un idéal, des objectifs et des grandes lignes directrices qui éclairent votre trajectoire, vous aimer, vivre une relation privilégiée avec une personne, exprimer vos valeurs, votre créativité, votre volonté, votre puissance d'amour et votre générosité, pour rayonner, vous organiser efficacement, mettre les choses en ordre ou pour constater qu'elles le sont, pour éduquer, donner le meilleur de vous-même, réussir et jouir du Soleil avec gratitude.

20 : Le Jugement : Journée très spéciale où vous pouvez rester enfermé dans votre douleur, dans la culpabilité, dans des jugements ou dans des mémoires enfermantes ; soit c'est une journée qui peut être vibrante, puissante, très positive pour vous relier aux profondeurs de votre inconscient, entendre un appel au changement, vibrer à l'unisson de la musique, écouter votre intuition ou votre petite voix intérieure, donner ou recevoir des messages et des nouvelles, donner ou entendre une conférence, un discours ou un enseignement, effectuer des prises de conscience, recevoir des révélations spirituelles, adopter une vision nouvelle, élever votre vision et avoir conscience du sacré dans le quotidien, pour vous donner une seconde chance, vous transformer, régénérer et renaitre de vos cendres, vous libérer, aider chacun à accoucher de lui-même, guérir le corps et l'âme par la parole, le son et l'action, gérer des projets complexes, maîtriser des technologies de pointe, vous adapter à la vie moderne et à l'imprévu, mettre en place des changement et pour créer une vie totalement nouvelle.

21 : Le Monde : Journée où soit vous êtes happé par vos rôles, vos obligations dans le monde extérieur ou par des choses virtuelles, soit vous vivez une journée chanceuse, puissante et multidimensionnelle, cosmopolite, avec une certaine envergure, ou bien encore vous faites l'expérience d'une journée équilibrée, valorisante, joyeuse, mondaine, optimiste et pleine de réussite, en tout cas très positive pour comprendre votre environnement économique et législatif, y participer activement et vous y intégrer, pour élargir vos horizons, être en lien avec le monde et l'étranger, concrétiser vos ambitions, atteindre votre objectif et aller au bout de vous-même ou d'un projet, pour terminer quelque chose en beauté, danser votre vie, créer des richesses de toutes sortes et des œuvres de grande qualité, pour gérer des projets complexes, récolter les fruits de vos efforts, vous éveiller, apprendre à ne faire plus qu'un avec la Source de toute vie, vous réaliser spirituellement à travers l'expérience de « la Source » (ou Dieu pour les personnes croyantes), vous épanouir, aller au bout de vous-même et pour triompher.

22 : Le Mat : Journée atypique, sans limites, surprenante où tout est possible, qui peut être soit dépourvue de sens parce que vous vous comportez en personne déconcentrée, étourdie, égarée, perdue dans les méandres de vos mémoires généalogiques ou de vos mémoires de vies passées, parce que vous êtes écervelé(e), parce que vous n'agissez pas avec discernement ou parce que vous tournez en rond dans votre tête ; soit c'est une journée géniale, complètement incroyable et pleine de grâce, très positive pour exprimer votre curiosité, écouter les coïncidences et vos aspirations profondes, sortir des cadres et de vos repères habituels, faire appel à d'autres logiques, accepter d'aller vers l'inconnu, exprimer votre spécificité et votre génie créatif, vous laisser émerveiller, avoir des idées géniales, gérer la matière avec un grand talent, vous laisser guider par votre foi ou votre petite voix intérieure et par les courants d'amour qui inondent l'univers, poser un acte de foi, dissoudre vos blocages et briser les chaines de toute dépendance, apporter une libération et un nouveau départ, faire une randonnée et pour vivre comme une personne libre et heureuse sur la Terre.

2- LE TIRAGE EN CROIX VERSION FRANÇAISE

Ce tirage, inventé par une association de personnes nommé les Rosicruciens, est l'un des plus populaires dans les pays francophones. Il en existe donc plusieurs versions. Pourtant, le symbolisme de la croix est très ancien et bien défini. Il est composé d'une barre verticale qui représente l'incarnation de la lumière céleste sur la Terre et la remontée de la conscience vers le ciel. La barre horizontale symbolise le parcours du Soleil qui se lève à l'Est et qui se couche à l'Ouest, c'est-à-dire qui vient vers nous de notre point de vue occidental. Le haut de la croix symbolise donc, en termes historiques et structurels, le ciel, là vers où l'âme veut aller. A contrario, le bas symbolise la terre, les conséquences du passé, le présent à gérer au quotidien et ce qui s'incarne et descend du ciel dans le présent et le futur proche. La définition des cinq positions varie selon les pays et selon les tarologues. C'est à vous de définir le système qui vous convient. Voici le système français qui est le plus fréquemment utilisé. Vous trouverez trois autres versions dans « Le Tarot éternel livre 2 ».

Le tirage en croix s'effectue en réponse à une question précise. Il donne des informations sur une période de temps entre maintenant et maximum 10 mois, un peu moins s'il y a des arcanes rapides, un peu plus s'il y a des arcanes lentes (voir le chapitre sur les significateurs). Vous mélangez les arcanes et les étalez devant vous. Vous choisissez ensuite cinq arcanes et les positionnez comme ci-dessous.

Résumé des positions

Position 1 : Elle décrit le consultant, comment il perçoit la situation présente par rapport à la question et ce qu'il faut faire, ce qui est positif et favorable.

Position 2 : Elle décrit les difficultés, les problèmes, ce que le consultant doit prendre en compte, ce qui agit comme un frein vis-à-vis de la question et ce qu'il est judicieux d'éviter. Elle peut aussi décrire le partenaire ou l'adversaire.

Position 3 : Elle décrit l'environnement global, l'intervention du ciel, le cheminement nécessaire et le conseil pour s'adapter et évoluer.

Position 4 : Elle indique la conséquence concrète, la réponse et l'évolution à court terme.

Position 5 : Elle décrit ce qui est au cœur de la situation et le sens des choses.

Position 6 : Elle décrit comment la situation évolue.

Position 7 : Elle est la somme des quatre premiers arcanes et illustre l'évolution à plus long terme et la synthèse finale.

Si vous choisissez d'utiliser un significateur lié à votre question lors du tirage, vous devez le retrouver dans le tirage, sinon votre inconscient a autre chose à vous dire sans rapport avec votre question.

Si vous souhaitez approfondir votre réponse, un arcane mineur ou un deuxième arcane majeur peuvent venir compléter les arcanes 1,2 3 et 4.

Connaître un peu la personne qui consulte le tarot :

Si vous souhaitez avoir quelques repères concernant la personne à qui vous faîtes un tirage, vous pouvez faire appel aux deux procédures numérologiques suivantes.

Méthode 1 : La structure numérique du prénom.

Vous pouvez demander à la personne son prénom, l'écrire, puis noter la valeur des lettres. Vous pouvez opérer soit en base 9 où la lettre i a une valeur de 9 et la lettre j a une valeur de 1 à nouveau, soit en base 22 ou la lettre 23 (w) a une valeur de 1. En base 9, les lettres du prénom Sophie, par exemple, ont une valeur numérique de 1, 6, 7, 9, 8 et 5. Vous prenez alors les arcanes 1, 6, 7, 8 et 5 et les placez ensemble devant vous en ligne droite. La personnalité de Sophie est un mélange des énergies de chaque arcane. Si vous voulez un peu plus de précisions, vous pouvez établir un lien entre la position des lettres et la signification de l'arcane concerné. Ainsi, la première lettre est en lien symbolique avec le premier arcane, le Bateleur, qui décrit un fonctionnement et une façon de s'affirmer.

La deuxième lettre décrit sa richesse et son féminin, la troisième sa façon de communiquer et s'adapter, la quatrième sa façon de structurer les choses, la cinquième sa façon de donner du sens aux choses et ainsi de suite.

Méthode 2 : La synthèse numérique de date de naissance et le total numérologique : Cette méthode est plus complète et globale que la méthode 1.

Vous pouvez demander à la personne son prénom, son nom et sa date de naissance, les écrire, puis noter la valeur des lettres et des chiffres selon la procédure suivante : Il s'agit là de 6 des maisons sur les 24 que comporte le Diamant de Naissance©.

Arcane 1 : Jour de naissance réduit à 22 (si le jour est un chiffre entre 1 et 22, vous considérez ce chiffre mais au delà du chiffre 22, vous additionnez les chiffres). Il décrit la façon de s'affirmer et le masculin. Il s'agit de la maison 1 du Diamant de Naissance©.

Arcane 2 : Addition du jour de naissance réduit à 22 et du mois de naissance. Il décrit la richesse et le féminin. Il s'agit de la maison 2 du Diamant de Naissance©.

Arcane 3 : Addition du mois de naissance et de l'année de naissance réduite à 22. Il décrit la façon de communiquer, d'apprendre et de s'adapter à l'environnement. Il s'agit de la maison 3 du Diamant de Naissance©.

Arcane 4 : Addition de l'année de naissance réduite à 22. Il décrit la façon de s'intégrer dans le monde, de jouer son rôle socio-économique et de s'épanouir. Il s'agit de la maison 9 du Diamant de Naissance©.

Arcane 5 : Addition du jour de naissance réduit à 22, du mois de naissance et de l'année de naissance réduite à 22. Nommée « Chemin de vie » en numérologie, il décrit la façon d'évoluer, de cheminer et le type de destinée. Il s'agit de la maison 10 du Diamant de Naissance©.

Arcane 6 : Addition du nombre trouvé pour l'arcane 5 et de la valeur numérique totale du prénom et du nom. Il s'agit du nombre de réalisation du Diamant de Naissance©.

Le livre « Le Diamant de Naissance© » décrit comment effectuer une analyse structurelle complète d'une personne puis comment voir son plan d'âme et son plan d'évolution.

LE TIRAGE EN CROIX FRANÇAIS :

Les arcanes sont en général interprétés à l'endroit exclusivement. Vous pouvez utiliser les arcanes inversés. Dans ce cas, vous pouvez vous référer aux textes d'interprétation décrits dans la position 2 si vous obtenez une lame inversée.

Arcane 1 : Le pour : Il décrit la situation présente, l'état d'esprit du consultant, comment la personne ressent la situation qui fait l'objet d'un tirage et sa vision face à sa question. Il décrit les forces positives, les événements qui font avancer la situation, le pour, ce qu'il faut faire, ce qui peut être maîtrisé, ce qui joue en faveur de la question, ce qu'il y a de positif dans la situation, ce qui aide le consultant, ses atouts, qualités et ressources qui doivent être mis en œuvre pour que la situation avance. Cette lame permet aussi d'avoir une idée du passé immédiat et de ce qui a amené le consultant à son questionnement. Cela peut s'interpréter ainsi : « Vous êtes dans un état d'esprit de… » ou « ce qui joue en votre faveur, c'est … » ou bien « ce qu'il est judicieux de faire pour que la situation avance, ce serait … ».

Interprétation des 22 arcanes en position 1

1-LE BATELEUR

Ce qu'il faut faire : Il est ici judicieux d'être présent et dans un état de joie, de vous mettre autour de la table, d'évaluer le potentiel de la situation, de trouver les bons outils et d'apprendre à les utiliser, de vous motiver, de vous décider, de prendre des initiatives, de passer à l'action en trouvant des solutions astucieuses et de démarrer (un nouveau projet).

Les besoins, les forces et les ressources du Bateleur en vous : Le Bateleur est cette partie de vous qui a le besoin et la capacité d'être relié à « La source de toute vie », de combiner la naturelle spontanéité de votre enfant intérieur avec votre volonté consciente, de focaliser et concentrer naturellement et efficacement votre intention, votre attention, votre énergie et vos pensées. Il vous permet de faire des choses dans un esprit joueur et de joie comme le font les enfants, de sentir instinctivement ce qu'il est juste et pertinent de faire, d'utiliser votre pouvoir créateur pour faire ce qui est juste afin que les choses fonctionnent efficacement. Vous êtes ainsi capable de créer des choses comme par magie, d'avoir une vision, de définir un idéal qui oriente vos décisions, de décider d'une direction qui canalise votre énergie, de créer des objectifs clairs qui organisent vos actions, d'exprimer votre volonté et votre pouvoir créateur pour démarrer quelque chose de nouveau, de rassembler vos ressources et l'énergie nécessaire pour atteindre votre objectif, de passer à l'action avec intelligence, de vous motiver. Cela vous permet de réussir, de vous lancer avec audace, de faire ce qui vous semble important, de prendre la situation en main, d'obtenir un résultat et de vous affirmer à travers un mouvement de vie et l'action.

Il s'agit ici d'exprimer et d'utiliser les qualités suivantes pour faire avancer votre situation : Curiosité, énergie, mouvement, savoir-faire, motivation, engagement, adaptation, vitalité, vivacité, vigueur, alerte, conscience de soi, confiance en soi, prise de parole en public, dynamisme, sens de l'initiative, intelligence pratique, ouverture d'esprit, habileté, agilité, adresse, dextérité, fraîcheur, enthousiasme, spontanéité, joie de vivre, capacité à enchanter, courage, audace, capacité à oser, esprit d'entreprise, autonomie, créativité, action créatrice de formes, capacité à trouver de bons modèles, aptitude à créer et à utiliser des outils, à être dans la vie et dans l'action, à être dans l'instant présent avec tout votre potentiel, adaptation au terrain et incarnation d'un tempérament de « Bateleur » rapide et efficace.

2-LA GRANDE PRETRESSE

Ce qu'il faut faire : Il est ici judicieux de faire preuve de réceptivité, de rassembler les bonnes informations et les bons documents, d'unir les différents éléments présents dans la situation, de bien préparer et/ou de légaliser ce qui doit l'être, de se nourrir correctement sur tous les plans, d'écouter son ressenti et son intuition, d'exprimer votre foi, vos ressentis profonds et votre imagination créatrice, de vivre une relation profonde avec une personne et de laisser la situation émerger avec fluidité.

Les besoins, les forces et les ressources de la Grande-Prêtresse en vous : La Grande Prêtresse est cette partie de vous qui a le besoin et la capacité d'accéder à l'invisible, aux bonnes informations et aux vérités de la vie.
Elle vous permet d'être dans un état de clairvoyance, d'effectuer une lecture des mémoires personnelles ou familiales, d'accéder aux profondeurs de l'inconscient, de comprendre ce qui se passe dans votre inconscient ou celui d'autrui, d'être inspiré(e), de vivre avec un sens du sacré et d'exprimer votre ressenti corporel. Vous êtes ainsi capable de répertorier les ressources disponibles et nécessaires, d'imaginer les actions possibles, de préparer l'environnement et les structures pour que les choses puissent aboutir puis de les porter vers un développement lent et fécond.

Vous portez ainsi en vous un sens de l'effort discret mais déterminé, de la patience, un sens de l'organisation, une capacité de gestion administrative efficace, un état de calme et de sérénité, une capacité à tourner votre regard vers l'intérieur, des capacités de concentration, un très bon degré d'instruction, une capacité à fournir une expertise, une grande profondeur, des aptitudes à la réflexion et la capacité de refléter la vérité. Vous avez une intelligence stratégique, une capacité à pratiquer la méditation, une certaine sagesse, beaucoup d'expérience au niveau de l'âme, un sens développé de la précision, une bonne gestion des émotions, une capacité à créer des liens émotionnels forts, une compréhension des secrets de famille, des schémas inconscients et des mécanismes psychologiques et généalogiques qui impactent la situation, une capacité à savoir quand dévoiler et quand dissimuler, un amour maternel profond, la capacité d'accepter les gens et les situations comme ils sont, de la compassion, de la bienveillance, de la charité et enfin une aptitude à créer et gérer des supports d'information, à vous ressourcer, à bien vous nourrir sur tous les plans et à prendre soin de vous et de l'énergie de vie en vous.

Vous savez ici utiliser toutes ces capacités pour faire avancer votre situation. Vous incarnez une partie de l'Eternel Féminin capable de faire éclore les situations et c'est cette partie là de vous qui favorise la situation en lien avec votre question.

3-L'IMPERATRICE

Ce qu'il faut faire : Il est ici judicieux d'écouter et de vous sentir entendu(e) et compris(e), de vous relier à votre environnement proche, de communiquer avec joie, clarté, discernement, élégance, confiance, autorité et maîtrise et de créer un réseau de contacts. Il s'agit ici de voir clairement les informations qui circulent puis de les clarifier, les structurer, les mettre en forme et les coordonner intelligemment. Il s'agit d'exprimer votre intelligence relationnelle, votre sens de l'organisation et votre force d'amour pour aimer et servir la vie, pour aller dans la bonne direction, pour trouver des solutions et pour clarifier, maîtriser et faire évoluer une situation afin de vous adapter.

Les besoin, les forces et les ressources de l'Impératrice en vous : L'Impératrice est cette partie de vous qui a la capacité d'exprimer clairement ce que vous ressentez et ce que vous voulez. Cela implique souvent d'associer et de combiner différentes informations, de synchroniser votre ressenti, vos pensées, vos paroles et vos actions, de coordonner un ensemble d'éléments plus ou moins disparates, de faire la synthèse de toute dualité et d'effectuer des petits déplacements. Cela demande de l'engagement, de l'amour, de la dévotion et d'être « Vie » en mouvement qui s'adapte à ce qui est.

Il y a ainsi en vous beaucoup de curiosité, un besoin d'apprendre et de comprendre, une intelligence intuitive, perspicace et créative, du discernement, des capacité d'analyse et de synthèse, une maîtrise de la communication, une fluidité, une vivacité d'esprit, une intelligence relationnelle, un sens de la beauté, une intelligence des formes, de l'élégance, du raffinement et du charme, un sens de la séduction, une grande sensibilité, des capacité d'organisation, une grande efficacité, un sens du commerce et un côté espiègle et pétillant. Vous avez enfin la capacité de générer de l'harmonie et de la joie, de vivre des relations sociales agréables, de vous adapter, de prendre soin de la situation en la maîtrisant, de donner vie à quelque chose de nouveau et de créer des richesses. Vous savez ici utiliser toutes ces capacités pour faire avancer votre situation.

4-L'EMPEREUR

Ce qu'il faut faire : Il est ici judicieux de vous fixer des objectifs réalistes, d'avoir confiance en vous et en la vie, de prendre conscience de votre pouvoir personnel, d'avoir un statut et l'autorité qui va avec, d'exprimer votre autorité avec justesse, d'organiser, de structurer et de concrétiser ce qui doit l'être, de mettre au point puis d'appliquer une stratégie, de maîtriser la situation, de prendre votre place dans le monde en exerçant une activité professionnelle officielle et reconnue, de dominer la matière et de bâtir votre empire ou de participer à la création, à la vie et à la gestion d'un « empire ».

Les besoins, les forces et les ressources de l'Empereur : L'Empereur est cette partie de vous qui a besoin de logique, de rigueur et d'avoir le sentiment d'accomplir ses devoirs et d'assumer ses responsabilités. Vous avez le besoin et la capacité de savoir clairement ce que vous voulez, de cadrer et de dire non quand c'est nécessaire, de diriger, superviser, gérer et coordonner les différents éléments de votre vie voir des projets complexes, de travailler avec acharnement jusqu'à l'obtention des résultats voulus et d'être un chef d'entreprise efficace. Vous avez un besoin et une capacité de trouver et d'affirmer votre légitimité, de structurer, de sécuriser, de fixer des limites, de délimiter des frontières claires et sures, d'ordonner, de concrétiser, de construire, de bâtir avec des plans précis, de réaliser, de prendre les commandes, de gouverner, de manier le pouvoir, de faire un bon usage de l'autorité, d'être efficace, de prendre votre place, de gérer un territoire et d'assurer la paix, l'expansion et la prospérité de l'empire.

En tant « qu'Empereur », vous êtes un « Pater familias » fort et rassurant, réaliste et pragmatique, organisé et carré, rationnel et logique, volontaire et déterminé, loyal et sérieux, qui réalise ses ambitions, fait respecter l'ordre et les règles et assure une protection lorsqu'on se soumet à son autorité. Il y a en vous une force, une puissante volonté, une détermination, une puissance de travail, une discipline, une vision, une clarté, des capacités d'analyse et de logique, un sens des chiffres et de la précision, une compréhension des règles de l'empire et de la vie, une conscience et une reconnaissance de qui vous êtes avec vos qualités et vos faiblesses, une confiance en vous, une assurance, un courage, un esprit de conquête, une combativité, une autorité, un opportunisme, un pouvoir, une persévérance, une endurance physique et morale, une capacité à tenir compte des conséquences à long terme, un sens du concret, un sens de l'ordonnancement, une capacité à créer de l'ordre à partir du chaos, une capacité à être bien ancré et enraciné, une capacité à convaincre et à mettre en confiance et d'importantes capacités de réalisation. Il est ici favorable de vous mettre au travail et d'utiliser toutes ces capacités pour faire avancer votre situation, sans être consumé par une activité professionnelle excessive.

5-LE GRAND PRETRE OU LE PAPE

Ce qu'il faut faire : Il est ici judicieux d'être centré dans votre cœur, d'exprimer à la fois votre intuition et votre bon sens, de faire le lien entre « la Source de toute Vie » (Dieu pour les personnes croyantes) et les Hommes mais aussi entre le masculin et le féminin en vous, d'avoir une vision à la fois globale et précise de votre environnement, d'agir selon les valeurs de la société en respectant les règles et les lois, de dialoguer et négocier, de créer des alliances et d'établir des contrats officiels.

Il est ici judicieux de trouver un guide protecteur, les bonnes informations, les bons conseils, et les bons enseignements, de les intégrer mieux vous adapter à votre environnement puis éventuellement de les restituer, d'accepter l'aide et les conseils qu'on vous propose, d'accéder aux connaissances, aux formations et aux diplômes qui sont nécessaires à votre intégration sociale et à votre évolution, d'utiliser votre sens pédagogique, de comprendre la société avec ses règles et ses fonctionnements et de maîtriser des systèmes d'information et des langues étrangères.

Il est favorable d'acquérir et de transmettre une expertise, de vivre une vie qui a du sens et dans laquelle est présent le sacré, de comprendre les religions et les principes du développement spirituel, d'accéder à une vision plus spirituelle de la vie, de vous sentir protégé et béni, de rassurer et inspirer confiance, de restituer la foi et la confiance, de vous autoriser à exprimer ce qu'il y a de positif et de meilleur en vous, de vivre des satisfactions morales et spirituelles, de promouvoir le bien, de consulter ou d'incarner une autorité morale, médicale, technique, religieuse ou spirituelle et enfin de faire preuve de sagesse, parfois de mysticisme, de chaleur humaine, de bonté, de générosité et de paix intérieure, en équilibrant intelligence pratique, conscience spirituelle, autorité, foi et intuition.

Les forces et les ressources du Pape : Le Grand-Prêtre ou le Pape est cette partie de vous qui a le besoin et la capacité d'être ancré dans la vie et de nourrir un sentiment d'unité avec la vie, de cultiver la gratitude, de solliciter des qualités de rigueur, de discipline et de bienveillance, de rassembler, relier et unifier des éléments ou des informations séparées, de développer des croyances et des valeurs morales qui vous élèvent, de pacifier et réunir tout ce qu'il y a de séparé ou de rebelle en vous, de vivre selon une certaine éthique et selon vos valeurs, d'affirmer votre légitimité, de faire preuve de compassion, de pardonner, conseiller et réconforter et de gérer la situation avec autorité, bienveillance et sagesse. Il s'agit ici d'utiliser toutes ces capacités pour faire avancer la situation.

6-L'AMOUREUX, LES AMOUREUX OU LES DEUX ROUTES

Ce qu'il faut faire : Il est ici judicieux d'écouter votre cœur, de voir la beauté là où elle est et l'harmonie derrière les opposés complémentaires, d'écouter vos vrais désirs de façon à faire des choix qui vous correspondent et qui vous apportent réellement de la joie parmi une multitude de possibles ou de sollicitations, de vous relier aux autres et de créer des liens sociaux, de partager, d'exprimer votre intelligence relationnelle, esthétique, artistique ou corporelle, d'aimer en expérimentant l'amour physique uni à l'amour de l'âme, de vous engager dans une relation affective et d'être dans le service.

Les forces et les ressources de l'Amoureux : L'Amoureux est cette partie de vous qui a le besoin et la capacité de faire usage de son libre-arbitre et de sa créativité, de se centrer sur l'autre afin de percevoir les désirs de l'autre, d'être pour l'autre un miroir, d'attirer, de plaire et de séduire, de décorer et d'embellir, d'accepter les gens et les situations comme ils sont, d'unifier le masculin et le féminin en soi, d'équilibrer le plaisir de donner et celui de recevoir, d'être à l'aise avec votre corps physique. Vous avez aussi le besoin et la capacité de recevoir les signes des anges ou de la vie, d'être dans un état de joie, de générer de l'abondance, de l'harmonie et de l'équilibre, d'exprimer vos sentiments, de faire preuve de gentillesse, de tact, de diplomatie, de sociabilité, de douceur et de dévouement, d'aimer l'autre d'une façon désintéressée, d'apporter du bonheur, du plaisir et un sourire aux autres, de vous investir dans des activités associatives, de participer à la civilisation, d'enchanter les êtres et les lieux, de créer et faire durer un couple épanoui et de vivre comme une personne heureuse et joyeuse dans un état de grâce. Il s'agit ici d'utiliser toutes ces capacités pour faire avancer votre situation.

7-LE CHARIOT

Ce qu'il faut faire : Il est ici judicieux de définir un objectif, une trajectoire, une stratégie et une destination, de trouver les ressources, les armes et des solutions d'organisation nécessaires pour les atteindre, de vous mettre en mouvement, de passer à l'action dans un esprit de conquête, de vous affirmer, de relever les défis et de maîtriser et surmonter les obstacles, les difficultés ou les contradictions qui pourraient se présenter, d'être opérationnel et performant sur le terrain, d'être rapide et efficace et d'obtenir un résultat voir une victoire éclatante.

Les forces et les ressources du Chariot : Le chariot est cette partie de vous qui a le besoin et la capacité de se donner l'autorisation et la permission de réussir, de se motiver, de se mettre en valeur, de concilier vision et action, d'organiser des voyages ou de mener une expédition, de conduire des véhicules, d'exprimer un esprit d'entreprise, , de jouer un rôle central sur les devants de la scène, de gérer des situations nécessitant une certaine organisation, de prendre les rennes de sa vie en main, d'être autonome et indépendant ou au contraire de s'intégrer dans une organisation ou dans un projet et d'être une personne dynamique, performante, toujours en mouvement, capable d'atteindre ses objectifs et sa destination tel, symboliquement, un général qui mène ses troupes au combat et à la victoire.

Vous exprimez l'audace et l'assurance de la jeunesse, un côté intrépide et conquérant, une force de caractère, une certaine fierté, beaucoup d'énergie, de volonté et de détermination, de la confiance en vous, de l'ambition, une force de travail, du dynamisme, du courage, de la fougue, de la passion, de la combativité, un esprit d'entreprise, une intelligence technique et stratégique ainsi qu'une envie de vous affirmer, de réussir et d'être reconnu(e). Il s'agit ici d'utiliser toutes ces capacités pour faire avancer votre situation.

8-LA JUSTICE

Ce qu'il faut faire : Il est ici judicieux et favorable de voir les choses telles qu'elles sont en séparant l'illusion et la vérité, de voir toutes les différentes facettes d'une situation, de peser le pour et le contre, d'avoir une vision juste, d'être juste ou de voir que les choses sont justes, de faire le point avec votre conscience, de bien réfléchir avant d'agir, d'analyser ce qui est de façon pertinente, d'utiliser votre intelligence efficacement, de vous dégager de tout ce qui peut être pesant dans votre vie, de comprendre les règles, les procédures et le fonctionnement juridique et administratif des relations qui font parties de la situation, de trouver des compromis et des alternatives, de générer de l'ordre ou de remettre les choses en ordre, de trancher avec justesse et fermeté et de prendre la bonne décision.

Il est également judicieux et favorable de tenir compte des règles et des lois, d'être en accord et en règle avec les lois cosmiques et les lois des hommes, de respecter la légalité, d'officialiser une situation, de rendre visite au notaire ou à une administration, d'appliquer un système de règles, d'utiliser des données administratives, de créer des liens sociaux ou des partenariats avec autrui, de créer une structure associative ou de participer à des activités associatives et à la société à laquelle vous appartenez.

Il est enfin favorable de prendre en compte l'ordre du monde et le grand principe de l'équilibre, de trouver ou de créer votre équilibre et le préserver, d'équilibrer les dualités, de sortir du conflit afin d'aller vers la paix, d'harmoniser les déséquilibres et de trouver par exemple un équilibre entre vous et les autres, entre votre vie privée et votre vie professionnelle, entre votre vie matérielle et votre vie spirituelle mais aussi de percevoir la beauté là ou elle est, d'exprimer un sens artistique et esthétique, un sens des proportions, des formes, des couleurs, des tons, des nuances et des bons dosages et une capacité à danser votre vie.

Les besoins, les forces et les ressources de la Justice : La Justice est cette partie de vous qui a conscience que la vie est gouvernée par un ordre invisible où tout est lié, que vous avez votre part de responsabilité dans ce qui vous arrive et que toute action porte en elle des conséquences. Elle vous confère le besoin et la capacité de gérer des informations, d'exprimer votre intelligence relationnelle, psychologique, juridique ou artistique, d'incarner des valeurs de justesse, d'équilibre, d'harmonie, d'équité, d'ordre et de vérité, d'être une personne réservée, droite, intègre, responsable, sérieuse, déterminée et pourtant souvent en questionnement, de faire preuve d'équilibre, de mesure, de diplomatie, d'intégrité, de responsabilité, d'honnêteté, d'équité, d'éthique, de tolérance, de régularité, de logique, d'exactitude, de méthode, de stabilité, de rigueur, de discipline, d'organisation, d'impartialité et d'incorruptibilité, de prioriser et structurer en donnant un certain rythme, de faire de votre mieux, de vous remettre en question si nécessaire et d'atteindre une certaine perfection. Il s'agit ici d'utiliser toutes ces capacités pour faire avancer votre situation et pour créer un nouvel équilibre. La loi est de votre côté.

9-L'HERMITE

Ce qu'il faut faire : Il est ici judicieux et favorable de vous concentrer, de vous intérioriser, d'être humble et dans la vérité des choses, de prendre du recul, d'observer et de voir les choses en profondeur, de percevoir et révéler l'essence des choses, de faire le point, de poser les bonnes questions, de faire des recherches et des découvertes, de prendre en compte le passé et l'histoire, de vous organiser et vous discipliner, de prendre le temps nécessaire, de maîtriser le temps, de vous fixer un objectif à long terme, de faire preuve de patience, de prudence, de profondeur, de vérité et de sagesse, de travailler avec des schémas sur les plans et sur les structures de la vie, de la société, du corps et de l'âme, de gérer un projet ou des chantiers à long terme, de construire et de bâtir des bases solides et d'avancer lentement mais surement, à votre rythme, vers vos objectifs, d'expérimenter le silence et la méditation, de devenir creux et vide et de partir à la recherche de votre vérité profonde et de votre lumière intérieure afin d'accéder à votre éternité.

Il est également judicieux et favorable de vous isoler et vous recueillir, d'être dans un état de calme, de bien gérer vos doutes, de tirer des leçons de vos expériences, de faire référence aux lois éternelles, de voir la lumière là où elle est, de guider et d'éclairer autrui par de sages conseils, de vous organiser efficacement, de structurer et planifier les choses dans le temps, de générer de l'ordre, de la vérité et de la conscience là où elles sont nécessaires, d'utiliser des systèmes d'information, de faire preuve d'exigence, de détermination et de persévérance, de faire toujours de votre mieux, de gravir des montagnes, de résister aux pressions et aux influences extérieures, de surmonter avec acharnement les obstacles susceptibles de vous barrer la route. Il est peut-être temps de vous retirer ou d'aller vers ce qui est essentiel. Le temps joue en votre faveur. Vous obtenez des réponses à vos questions.

Les forces et les ressources de l'Hermite : L'Hermite est cette partie de vous qui a le besoin et la capacité d'acquérir profondeur et expérience, d'être une personne simple, minimaliste, solitaire, réservée, parfois dure et distante mais aussi sage et espiègle, calme, sérieuse, intègre, réfléchie, responsable, mûre, expérimentée, solide, profonde, organisée, rigoureuse, exigeante, déterminée, persévérante, tenace, soucieuse de qualité, de sécurité et de durée et aussi souvent en questionnement, en chemin ou en chantier.

Vous portez en vous une sensibilité aux forces telluriques d'ordre géobiologiques, une profondeur, une maturité, une érudition, une droiture, de l'expérience, un sens de l'effort et de l'ordre, un sens de l'organisation et une force de travail, une maîtrise du temps et de soi, une discipline, une endurance, beaucoup de patience, de la concentration, de la sagesse, de la prudence, du bon sens, une volonté de cheminement vers vous-même, un détachement, une discrétion, beaucoup de détermination, une grande puissance intérieure, une capacité à apaiser autrui et parfois une illumination intérieure. Il s'agit ici d'utiliser toutes ces capacités pour faire avancer votre situation.

10-LA ROUE DE FORTUNE

Ce qu'il faut faire : Il est ici judicieux et favorable d'exprimer et de satisfaire votre très grande curiosité, d'analyser, d'organiser et de traiter des informations ou des chiffres, de porter attention aux détails et faire preuve de précision, de percevoir le rythme et le mouvement de la situation, d'exprimer un sens aigüe de la critique et des limites de toutes choses, d'expérimenter les outils et les techniques nécessaires à votre adaptation au monde matériel, d'exprimer votre sens pratique, votre sens de la stratégie, votre sens du service, votre amour du travail, des animaux et de l'environnement, d'utiliser votre intelligence stratégique, comptable, technique, scientifique ou commerciale afin de vous adapter intelligemment aux exigences de la situation, de vous mettre en mouvement, de tenter votre chance, de démarrer ou redémarrer un nouveau cycle de façon à vivre le meilleur de votre vie, de vous exprimer en vous mettant au service de la vie et de générer la fortune.

Il est également judicieux et favorable de comprendre et de prendre en compte les lois de la vie et les cycles de votre âme, en acceptant les changements, les hauts et les bas, de comprendre le sens de votre destinée et des événements extérieurs qui font l'histoire, de dépasser vos limites, de sortir de vos schémas répétitifs, de faire tourner la roue du destin, de prendre votre vie en main, de copier l'existant afin de le reproduire en série, de construire du neuf à partir de l'ancien, de réorganiser les choses, de décortiquer les choses puis de les assembler autrement, d'innover et de redémarrer autrement quand c'est nécessaire, de mettre en place de nouvelles habitudes, d'avoir conscience des bienfaits des plantes et des règles d'hygiène permettant d'être en bonne santé, de consommer des plantes et d'avoir une bonne hygiène de vie.

Les forces et les ressources de la Roue de Fortune : La Roue de Fortune est cette partie de vous qui a le besoin et la capacité d'être une personne pétillante, minutieuse, rigoureuse, méthodique, perfectionniste, habile, astucieuse, débrouillarde, ingénieuse mais pourtant discrète, modeste et parfois pudique. Vous avez la capacité, de communiquer clairement, d'avoir une compréhension naturelle des relations de cause à effet, des lois de la vie et de la nature en jeu dans la situation et de vous adapter intelligemment. Vous êtes ainsi capable, tout en acceptant le fait que vous ne maîtrisez pas tout, de faire ce qu'il faut au bon moment et au bon endroit et d'être réglé comme une horloge pour que tout fonctionne à merveille. Il s'agit ici d'utiliser toutes ces capacités pour faire avancer votre situation. Les choses fonctionnent et la roue de la vie tourne dans le bon sens.

11-LA FORCE OU LE LION DOMPTE

Ce qu'il faut faire : Il est ici judicieux et favorable d'avoir une vision claire de ce que vous voulez, de définir des objectifs qui vous correspondent, d'avoir un idéal, des valeurs et des repères bien définis, d'être bien centré dans votre cœur et dans votre corps, d'avoir confiance en vous, d'être relié à votre force d'amour, à la force de l'évidence, à la Source de toute vie et à ce calme vibrant d'où émerge ce qu'il est nécessaire d'être et de faire à chaque instant, de vous fier à votre intuition et à votre instinct, de surmonter vos peurs, de faire preuve de courage, d'audace et de franchise, de vous affirmer avec force, calme et douceur, d'aimer et de vous sentir aimé(e), de vibrer d'amour et d'exprimer la puissance de l'amour.

Il est également judicieux et favorable de concentrer et maîtriser votre attention, de gérer consciemment votre énergie et de la canaliser vers des buts constructifs, de faire le lien entre l'esprit et la matière, de concilier le pouvoir et l'amour, d'avoir pleinement conscience de votre valeur et de votre force, d'exprimer la force intérieure de l'amour et votre puissante volonté, d'être intensément présent dans la situation, de créer les moyens nécessaires pour atteindre vos objectifs, de vous organiser efficacement, de maîtriser votre nature animale, vos instincts, la situation et votre vie, de surmonter les épreuves, de faire ce qu'il faut pour gagner, de lutter jusqu'à la victoire, de réussir en donnant le meilleur de vous-même et de rayonner tel un Soleil.

Les forces et les ressources de la Force : La Force est cette partie de vous qui est comme un fauve prêt à bondir, qui a le besoin et la capacité de maîtriser une discipline grâce à la force de votre amour et de votre volonté, de travailler intensément en équipe ou avec des groupes mais aussi d'être très autonome et de faire appel à la force des symboles. Vous avez le besoin et la capacité, d'utiliser votre force avec une grande efficacité, d'être reconnu(e) et mis(e) en valeur, d'apprivoiser votre animal intérieur, de maîtriser vos pulsions, de canaliser vos passions de façon constructive, de garder votre sang-froid même si ça bouillonne à l'intérieur, d'exprimer votre sexualité harmonieusement et de réaliser de grandes choses. Votre dynamisme, votre bravoure, votre force morale, votre force de travail et de caractère peuvent faire de vous un héros, une héroïne ou une personne sincère, solide, efficace, fiable, digne, qui a du cœur et qui est à la fois calme, passionnée et vibrante. Vous êtes ici capable de prendre la situation en main envers et contre tous et de faire ce que vous voulez comme vous le voulez. Il s'agit ici d'utiliser toutes ces capacités pour faire avancer votre situation.

12-LE PENDU

Ce qu'il faut faire : Il est ici judicieux et favorable de vous poser et vous intérioriser, vous fier à votre intuition et à votre ressenti, de faire preuve de clairvoyance, d'être inspiré, de donner un sens à ce qui est ou d'en percevoir le sens profond, de voir les choses en profondeur avec le regard de l'âme, d'élever votre vision, de vous situer au-delà du matériel, d'intégrer des valeurs spirituelles et d'agir selon les lois spirituelles, de vivre une religion ou d'accéder à des émotions religieuses, de vivre un sens du sacré au quotidien, d'observer et d'attendre le bon moment, avec patience, pour agir et pour larguer les amarres et de ne rien faire tant que ce qui doit être fait et le bon moment pour agir ne sont pas parfaitement évident.

Il est également judicieux et favorable de vous mettre dans un état de fusion émotionnelle ou de symbiose avec la situation et les personnes qui la composent, de prendre conscience de vos mémoires généalogiques et de vos vies passées, d'agir selon elles puis de vous en libérer, d'inverser vos croyances et de changer vos points de vues quand si ils sont inadaptés, de dénouer les nœuds psychologiques, de vous libérer d'éventuels blocages et de vous affranchir des croyances qui empêchent d'avancer.

Il est enfin judicieux et favorable de vous relier aux courants d'amour qui parcourent l'univers et à la « Mère Divine », d'exprimer l'amour inconditionnel et d'avoir la foi, de répondre à l'appel de « la Source de toute Vie » (à travers l'état d'esprit nommé Dieu pour les personnes croyantes) à l'intérieur de votre âme, d'aider chacun à découvrir « le Christ » (pour les personnes croyantes), c'est-à-dire le sacré et la lumière incarnée en vous et dans la situation et d'accéder à la transcendance et au sentiment d'unité avec tout ce qui est.

Les forces et les ressources du Pendu : Le Pendu est cette partie de vous qui a le besoin et la capacité, telle une goutte d'eau dans l'océan, de se glisser dans le flot des événements comme un poisson dans l'eau, de se laisser porter par le courant, de lâcher prise en faisant confiance à la providence et en acceptant les gens et les situations telles qu'ils sont, de générer de la fluidité, d'écouter, de capter, de ressentir, de se détacher des besoins et des opinions d'autrui et d'exprimer ses rêves. Cela vous permet de vous évader et de concrétiser vos aspirations profondes. Vous avez aussi le besoin et la capacité de prier et de méditer, de faire preuve de compassion, de pardonner, de vous dévouer à une cause ou à une institution, de soulager les souffrances et les misères du corps, de l'âme et du monde, de faire des sacrifices, de vous engager dans une cause collective, de rassembler, unifier et souder en vous ce qui est éparpillé et fragmenté, de proposer du rêve et de l'évasion, d'enchanter les êtres et les lieux et parfois de faire des miracles. Il s'agit ici d'utiliser toutes ces capacités pour faire avancer votre situation.

13-L'ARCANE SANS NOM OU LE SQUELETTE FAUCHEUR

Ce qu'il faut faire : Il est ici judicieux et favorable d'être intensément présent, d'aller à l'essentiel, de prendre conscience qu'une situation est en train de prendre fin, de renoncer à ce qui doit l'être, de changer votre vision des choses, de couper avec le passé, de faire rase table du passé, de faire votre deuil, de terminer ce qui doit l'être et de balayer ce qui n'est plus , d'oublier les anciennes vérités. Il est également judicieux et favorable de dépasser vos blessures et vos traumatismes, de traiter et éliminer les toxines et les déchets physiques ou psychologiques comme la colère ou la haine, de purifier ce qui doit l'être, de transformer radicalement les êtres et les événements, d'accepter le changement, de vous transformer et de vous régénérer rapidement après une expérience pénible tel le phœnix qui renait de ses cendres, de créer une nouvelle situation à partir de l'ancienne, d'opérer une métamorphose, de mettre en place une renaissance ou de créer des produits finis à partir de matières premières.

Les forces et les ressources de l'Arcane sans Nom : L'Arcane sans nom est cette partie de vous qui a le besoin et la capacité de voir derrière les apparences, de prendre en compte l'envers du décor et des profondeurs de votre inconscient, d'être lucide, d'écouter et de gérer ses pulsions inconscientes, de maîtriser sa sexualité, ses articulations et la circulation des énergies subtiles, de se fier à son flair et à son ressenti, d'agir en fonction de détails subtils souvent imperceptibles pour autrui et d'une logique qui lui est propre, de canaliser l'attention et l'énergie là où elles sont nécessaires, de lutter avec acharnement jusqu'à obtention du résultat voulu, de fournir tous les efforts nécessaires pour avancer, de résister aux pressions extérieures, de résoudre des difficultés, de gérer des angoisses, des crises et des conflits.

Vous avez aussi le besoin et la capacité d'avoir clairement conscience de votre nom comme élément de votre identité et du nom des choses, de nommer les choses, d'avoir conscience des structures et de la façon dont s'articulent les différents éléments, d'avoir conscience des failles et des difficultés, de gérer des questions de sécurité et de vous sentir en lieu sûr. Vous avez enfin le besoin et la capacité de percer les mystères et de résoudre les énigmes, de prendre en compte l'existence de l'au-delà à travers des sorties hors du corps, d'effectuer des expériences initiatiques où vous explorez l'au-delà, de trouver et vivre votre vérité profonde, de vous libérer des chaines de votre karma, d'intégrer votre dimension éternelle, d'accéder à votre essence spirituelle et d'initier autrui à ce qui lui est inconnu. Il s'agit ici d'utiliser toutes ces capacités pour faire avancer votre situation.

14- TEMPERANCE OU L'ANGE

Ce qu'il faut faire : Il est ici judicieux et favorable de vous relier à l'espace, au temps, à l'énergie de vie, à l'univers multidimensionnel et à l'ordre universel qui sous-tend toute vie, d'être à l'écoute des coïncidences et des synchronicités, de vous connecter avec les gens ou avec des informations, de transférer de la conscience, des données et des informations, de communiquer clairement en vous synchronisant avec autrui, d'effectuer une activité en groupe, de travailler en réseau, de vous adapter à l'inconnu, à l'imprévu, à la vie moderne et de créer un espace qui permet à la nouveauté, à la régénération et à la guérison de se manifester dans votre vie. Il est également judicieux et favorable de vous libérer des influences familiales et sociales afin d'exprimer votre spécificité, de tempérer, d'harmoniser et de guérir ce qui doit l'être, d'exprimer votre remarquable intelligence, qui est à la fois logique, intuitive, technique, technologique et psychologique, afin de trouver des solutions et de faire progresser la situation présente, d'exprimer l'Ange qui est en vous, d'être créateur de votre vie et de votre lien avec « La source de toute vie et de toute joie », d'aider là où c'est possible, de guider autrui en indiquant le chemin à suivre, d'apporter de l'espoir, du réconfort et de la sérénité aux autres, d'accepter l'aide d'autrui, de gérer des ressources humaines, de promouvoir des valeurs humaines, de passer d'un état à un autre, de gérer une phase de transition et d'avancer harmonieusement dans la continuité des événements et des projets en cours.

Les forces et les ressources de l'Ange : La Tempérance ou l'Ange est cette partie de vous qui a le besoin et la capacité de trouver un équilibre dynamique entre les énergies masculines et féminines mais aussi entre le cœur et l'esprit, de cultiver un état de calme intérieur joyeux et vibrant, d'être autonome et libre de toute dépendance, de faire preuve de sincérité, de douceur, de bonté et de gentillesse, de servir avec gentillesse et efficacité, d'avoir conscience de ce qui est nécessaire et juste, de gérer des projets intelligemment, de faire appel à des schémas, à des concepts, à des valeurs humaines et à une certaine idéologie, de combiner et d'assembler les choses d'une façon surprenante, de s'accorder des loisirs et des temps de repos et aussi de faire preuve d'harmonie, de fluidité, d'humanité et de spiritualité. Vous avez enfin le besoin et la capacité d'être une personne multidimensionnelle, polyvalente, atypique, paradoxale, libre intérieurement, heureuse, joyeuse, connectée, douce, dynamique, tranquille et vive d'esprit. Il s'agit ici d'utiliser toutes ces capacités pour faire avancer votre situation.

15-LE DIABLE

Ce qu'il faut faire : Il est ici judicieux et favorable de vous fier à votre flair et à votre instinct, de voir clairement derrière les apparences et dans l'obscurité, de pressentir les non-dits, les sous-entendus, les craintes et les angoisses que vous ressentez, de flairer et détecter les tensions, les risques, les failles et les faiblesses des autres ou les vôtres, de prendre conscience des volontés non exprimées, des difficultés, les rapports de pouvoir et les enjeux présents dans la situation, d'être lucide, de tenir compte de tous les paramètres dont ceux qui sont occultés, de déceler les causes de ce qui existe dans l'instant présent et d'aller au fond des choses.

Il est également judicieux et favorable de gérer le côté obscur de votre nature humaine, de prendre en compte et de maîtriser le saboteur qui existe en vous, de gérer et de transcender vos peurs et vos angoisses, vos blessures ou vos traumatismes, de faire face efficacement au danger, de résoudre vos difficultés, une crise, un conflit ou un problème, de détruire ce qui doit l'être, de briser vos chaînes, de traiter et d'éliminer les toxines et les déchets physiques ou psychologiques qui vous polluent, d'apprivoiser et maîtriser vos émotions, votre énergie, vos instincts, vos pulsions, vos passions et la pression ambiante, d'éviter de donner votre pouvoir aux autres et d'être sous l'emprise, de contrôler la situation, de vivre pleinement et sainement votre sexualité, de donner et ressentir du plaisir, de gagner de l'argent, de gérer le pouvoir, de mettre votre pouvoir au service de la vie, de maîtriser le monde de la matière et d'initier autrui à ce qui lui est inconnu.

Il est favorable d'être offensif et agressif, de faire preuve d'audace et de combativité pour avoir ce que vous voulez, de lutter avec acharnement pour atteindre vos objectifs, d'utiliser les failles et les faiblesses des autres, de trouver des moyens de pression, d'exploiter les points faibles de toute situation, de braver le danger, au-delà des dogmes et des interdits, de générer du suspens, de faire preuve d'une redoutable intelligence stratégique teintée d'une grande ténacité, de résister aux pressions extérieures, de briser ce qui vous enchaine et de vous régénérer rapidement après une expérience pénible tel le phœnix qui renait de ses cendres.

Les besoins, les forces et les ressources du Diable en vous : Le Diable est cette partie de vous qui a le besoin et la capacité de vivre une sorte d'échange médiumnique avec votre milieu afin d'être en sécurité, d'assurer la sécurité, d'exprimer un instinct de conservation très développé, de décoder les signes et les symboles, d'élucider les énigmes, de trouver l'aiguille dans la botte de foin, de révéler à chacun sa problématique, ses zones d'ombre et ses failles, de transformer les êtres et les événements, de générer de profondes transformations, de forger des produits finis à partir de matières premières et de travailler avec le métal. Vous portez ainsi en vous l'énergie de la passion, une forte volonté, un puissant dynamisme, de très grandes capacités de travail, le talent de convaincre, une forte résistance, une lucidité animale capable de voir d'instinct où chaque personne veut en venir, l'amour de l'argent, un côté vibrant et envoutant, une capacité à créer des liens forts, un goût pour la séduction, un fort pouvoir d'attraction, une créativité passionnelle, un esprit malin, rusé, intuitif, perçant et très astucieux et une intelligence redoutable capable de voir où sont vos intérêts. Il s'agit ici d'utiliser toutes ces capacités pour faire avancer votre situation.

16-LA MAISON DIEU OU LE FEU DU CIEL

Ce qu'il faut faire : Il est ici judicieux et favorable d'être en connexion avec l'ordre cosmique, d'être à l'écoute des coïncidences et des synchronicités, d'être ouvert à l'imprévu et à l'inattendu, de vous propulser dans une nouvelle situation, de cultiver un état de calme intérieur joyeux et vibrant, d'agir selon vos intuitions, d'effectuer une prise de conscience, de voir la vérité en face, d'avoir des inspirations divines et soudaines, de vivre selon vos propres convictions et votre spécificité, d'exprimer votre libre arbitre, de voir l'aspect prometteur et bénéfique de toute situation, de faire naître l'espoir autour de vous, de célébrer un événement heureux dans la joie et de pétiller comme le champagne.

Il est également judicieux et favorable de comprendre la structure des choses et des flux d'informations, de faire appel à des schémas, des concepts et des idéologies, d'utiliser des langages, de structurer les choses, de bâtir des tours, de construire des systèmes organisés et très structurés, d'exprimer votre puissante intelligence technique, technologique et psychologique et une intelligence de l'information, de vous connecter avec les gens ou avec les informations, de communiquer avec clarté et précision en vous synchronisant avec autrui, de transférer de la lumière et des informations, de travailler en groupe ou en réseau mais aussi d'être autonome, de gérer des systèmes d'information, des réseaux ou un projet complexe et parfois un peu stressant, de vous organiser avec une grande efficacité, d'optimiser une organisation et de gérer un gros chantier ou des affaires immobilières.

Il est peut-être enfin judicieux et favorable de vous remettre en question après un choc psychologique, d'adopter une nouvelle vision des choses ou de vous-même, de changer de structure, de totalement déstructurer, démolir, faire exploser, bouleverser, révolutionner et guérir l'ordre établi et ce qui doit l'être, d'accepter qu'une situation s'écroule, de faire tomber les murailles et de casser les cloisons, de briser vos chaines, de trouver une meilleure solution, d'innover et d'inventer, de faire des réformes visant à améliorer la situation, de faire progresser la situation, de vous libérer de vos enfermements, des influences des structures et du carcan du mental, de vous libérer des influences familiales et sociales et de libérer autrui. Il est ici bénéfique de changer de structure ou de faire des travaux de rénovation.

Les forces et les ressources de la Maison Dieu : La Maison Dieu est cette partie de vous qui a le besoin et la capacité de s'intérioriser, de se concentrer, d'être en silence, d'être dans un état de détachement, de s'isoler, de se barricader dans sa tour, de se relier à l'ordre universel qui sous-tend toute vie, de prendre en compte la « Nécessité », d'être une personne solitaire, silencieuse, calme, très structurée, réfléchie, souvent en questionnement et quelque part à la recherche de Dieu, d'intégrer Dieu et le sacré dans sa vie, d'être touché par la grâce de Dieu et d'accéder aux vérités spirituelles.

Vous avez aussi le besoin et la capacité d'être une personne électrique, surprenante, pertinente, imprévisible, énergique, bouillonnante, impatiente et moderne, d'abaisser vos barrières, de faire jaillir votre énergie d'une façon canalisée avec puissance et enthousiasme, d'augmenter brusquement votre tension intérieure, d'être rapide comme l'éclair, de générer du stress, d'être au bord de l'explosion tel un bâton de dynamite et pourtant de parvenir à exprimer ce que vous portez en vous sans exploser, de conseiller, aider et guider autrui en indiquant le chemin à suivre, de transformer les êtres et les situations et d'être une personne qui libère et se libère par la parole connectée à l'énergie divine du cœur. Il s'agit ici d'utiliser toutes ces capacités pour faire avancer votre situation.

17-L'ETOILE OU L'ETOILE DE VENUS OU LES DEUX SOURCES

Ce qu'il faut faire : Il est ici judicieux et favorable de ressentir la présence de la vie en vous, de vous sentir proche de la nature et des étoiles, de croire en votre bonne étoile et de faire confiance au destin qui vous est favorable, d'avoir foi en la vie et de garder espoir, de lâcher toute construction mentale et d'être à l'écoute de votre corps, de votre intérieur et de vos vrais désirs, de ressentir les besoins et désirs d'autrui, de faire clairement la distinction entre ce qui vous est propre et ce qui appartient à autrui, de voir l'aspect positif des valeurs féminines, de voir la beauté en tout être, de vous sentir beau ou belle, d'exprimer votre sens esthétique, votre sens de l'harmonie, de la beauté et vos capacités artistiques, de créer des formes et des décors esthétiques, de vous relier aux autres et de créer des liens avec autrui, d'utiliser votre intelligence sensorielle et relationnelle, d'être dans la joie, de gérer la matière, de générer l'abondance dans votre vie et d'avancer avec harmonie et fluidité.

Il est également judicieux et favorable de réguler votre énergie, d'aimer et de vous dévouer, de plaire et de vous faire plaisir, de bien vivre le plaisir, de consacrer du temps à des loisirs, d'avoir une vision idéale du meilleur futur possible et donc de l'espérance, d'approvisionner les ressources nécessaires pour transformer les graines en belles plantes, de faire fleurir les potentiels, de gérer intelligemment les ressources présentes, de générer de la fluidité, d'embellir et d'harmoniser chaque situation voire d'y ajouter une touche de magie et de grâce, de susciter la paix, d'enchanter les êtres et les lieux, de créer votre bonheur sur Terre et d'apporter votre contribution à la vie.

Les besoins, les forces et les ressources de l'Etoile en vous : L'Etoile est cette partie de vous qui a le besoin et la capacité d'être en lien avec la vie et les êtres vivants, d'être une personne vraie, simple et naturelle, de suivre votre intuition et d'être inspirée, de faire preuve de douceur et de gentillesse sans arrières pensées, de rassembler et se rassembler, d'être bien dans son corps féminin ou avec les femmes, de trouver un équilibre et de le préserver, de coopérer et de partager, de servir avec dévouement, de donner tout ce qui peut l'être, de pardonner ce qui doit l'être, de construire des relations sociales harmonieuse et de fonder un couple vivant dans le bonheur. Il s'agit ici d'utiliser toutes ces capacités pour faire avancer votre situation.

18-LA LUNE

Ce qu'il faut faire : Il est ici judicieux et favorable d'exprimer une intelligence émotionnelle et une intelligence de la vie, d'identifier tout ce qui n'est pas clair et qui pourrait être source d'un mal-être puis de mettre en œuvre les actions adaptées pour générer du bien-être et donc d'être capable de vous détendre, d'être réceptif aux murmures de votre âme, d'écouter votre intuition, de ressentir et conscientiser vos émotions, les vibrations et les énergies présentes qui génèrent l'ambiance de votre environnement, d'exprimer votre enfant intérieur et votre sensibilité, de prendre en compte vos préoccupations et vos angoisses et d'en identifier les causes, de tenir compte du passé et de faire appel à votre mémoire, de purifier et de transformer vos souvenirs difficiles en leur donnant un sens nouveau, de faire appel aux ressources de votre inconscient, d'avoir confiance en la vie et d'avoir la foi, de vous sentir porté par la vie, d'être inspiré(e), d'inspirer autrui, de vous nourrir correctement sur tous les plans et d'abandonner toute personne ou situation qui ne vous nourri pas, d'aider autrui à bien se nourrir, de rêver et d'avoir des rêves, de faire rêver, de raconter des histoires qui stimulent l'imagination et d'utiliser votre imagination créatrice, votre imaginaire, votre créativité et la force magique de la foi afin de réaliser et vivre vos rêves.

Il est également judicieux et favorable de respecter vos rythmes naturels, de vous ressourcer à travers des valeurs refuges, de préserver votre équilibre naturel, de créer des liens émotionnels forts avec autrui et de créer du bien-être à travers des ambiances intimistes où chacun se sent bien, de faire preuve d'une douceur toute maternelle, d'être mère ou d'assumer un rôle de mère qui prend soin de son foyer, d'autrui et de la vie, d'accueillir un public, de créer ou perpétuer la vie ou une vie familiale, de vous ressourcer en famille, de vous occuper d'enfants, d'être une personne attentionnée envers les personnes et les animaux, de contribuer à loger des personnes, de vivre dans la joie et dans l'abondance, de faire accoucher des idées et des projets et de porter les choses jusqu'à leur éclosion et leur épanouissement.

Les besoins, les forces et les ressources de la Lune en vous : La Lune est cette partie de vous qui vous permet d'être à l'écoute de vos ressentis et de votre âme, de prendre la température d'une situation puis de vous mettre dans le bain de façon à vous adapter avec naturel, de développer des automatismes, de gérer votre vie quotidienne avec fluidité, d'être dans un état de quiétude, de faire preuve de simplicité et d'humilité, d'être une personne naturelle, conviviale, sympathique et populaire, de perpétuer des traditions et de vous créer un univers personnel, un monde familier ou un foyer que vous protégez de tout ce qui n'en fait pas partie. Il s'agit ici d'utiliser toutes ces capacités pour faire avancer votre situation.

19-LE SOLEIL

Ce qu'il faut faire : Il est ici judicieux et favorable d'être bien centré dans votre cœur, d'avoir un cœur pur et un regard d'enfant, de vous aimer, de vous accepter tel que vous êtes, d'avoir une vision et des intentions claires, de trouver un modèle pour vous structurer, d'avoir un idéal personnel, de faire appel à des valeurs et à des principes, de trouver vos marques et des repères, de savoir ce vous voulez tout en sachant être flexible et adaptable, de définir les grandes lignes directrices de votre vie, de vivre selon ces grandes lignes directrices qui ont été définies, de vous positionner clairement et d'aider ainsi l'autre à prendre sa place, d'avoir confiance en vous, d'exprimer votre autorité naturelle, vos convictions et votre assurance, d'aimer autrui et de créer des liens fraternels d'amour avec autrui, de coopérer et partager, de faire preuve de générosité et d'aller vers ce qui vous apporte de la joie. Il est également judicieux et favorable d'exprimer l'amour et d'être dans la lumière, de vous mettre en valeur, d'être visible et d'avoir pignon sur rue, d'occuper un rôle central sur les devants de la scène, d'avoir le cœur ouvert, d'équilibrer votre masculin et votre féminin, de partager, d'accorder vos idéaux à vos moyens, de définir des objectifs précis, d'exprimer avec joie votre puissante créativité, de vous organiser en structurant ce qui doit l'être, de vous engager en faisant de votre mieux, de mobiliser toutes vos forces pour atteindre vos objectifs, de visualiser la meilleure version de vous-même puis faire de votre mieux pour vous y identifier, d'exprimer le meilleur de vous-même, d'obtenir la récompense de vos efforts et de réussir.

Les besoin, les forces et les ressources du Soleil en vous : Le Soleil est cette partie de vous qui a le besoin et la capacité d'être une personne positive, joyeuse, chaleureuse, généreuse mais aussi volontaire, dynamique, exigeante, claire, lumineuse, fraternelle, loyale, optimiste, digne, honorable, noble, majestueuse, magnifique et admirable, de gérer votre image et votre réputation, d'être opportuniste mais très réaliste, de vous imposer quand c'est nécessaire et de créer une situation d'entraide quand c'est possible, de vous entourer de personnes capable de contribuer à votre réussite et d'être dans un environnement positif, de réunir et rassembler tout ce qui est nécessaire, de persévérer jusqu'à l'obtention des résultats voulus, d'être autonome quand c'est nécessaire, de vous occuper d'enfants, d'éduquer et d'enseigner (avec le Pape), de travailler en équipe, de créer, de vivre dans l'abondance grâce à des échanges qui sont fondés sur la confiance et qui se déroulent dans la joie.

Il s'agit ici d'utiliser toutes ces capacités pour faire avancer votre situation et pour rayonner.

20- LE JUGEMENT OU LA RESURRECTION OU L'ARCHANGE OU LE REVEIL DES MORTS.

Ce qu'il faut faire : Il est ici judicieux et favorable de vous relier aux profondeurs de votre âme et de votre inconscient, de percevoir les énergies invisibles et les vibrations, de vibrer à l'unisson de la musique, de voir les choses en profondeur, d'élever votre vision et d'y incorporer un sens du sacré, de l'au-delà et des ancêtres au quotidien, d'être ouvert, d'adopter une vision nouvelle, d'effectuer des prises de conscience, d'écouter votre intuition et les messages de la vie puis d'agir selon ces derniers, de prier et d'avoir la foi, de communiquer, informer, diffuser l'information, d'apporter un enseignement, d'être le porte-parole d'un message annonciateur, d'avoir une parole juste et pertinente, de vous organiser efficacement de façon à gérer des projets complexes, de maîtriser des technologies, de vous adapter à la vie moderne, à l'imprévu et à la nouveauté, de vous renouveler en permanence et de permettre aux situations d'aboutir, d'éclore, de fleurir, de s'épanouir ou de ressusciter afin qu'une vie nouvelle prenne forme.

Les besoin, les forces et les ressources du Jugement en vous : Le Jugement est cette partie de vous qui a le besoin et la capacité d'évacuer tout ce qui doit disparaitre, de faire passer les choses sur un autre plan d'existence, de révéler ce qui doit l'être et de vous révéler à vous-même, de vous nourrir et d'être rassasié sur tous les plans, d'exprimer l'ensemble de votre potentiel, de donner du sens et d'apporter de l'espoir, de secouer et bouleverser ce qui doit l'être, de guérir le corps et l'âme par la parole, le son et l'action, d'évoluer et de vous épanouir, de libérer autrui en aidant chacun à accoucher de lui-même, de permettre à chacun de ressusciter et d'avoir une seconde chance, d'éveiller les consciences et de faire preuve d'intelligence spirituelle. Vous avez besoin d'être une personne positive, énergique, dynamique, enthousiaste, vibrante, intelligente, inspirée, pertinente, puissante et multidimensionnelle, de vous libérer de votre passé, de vivre intensément dans l'instant présent et de préparer chaque jour un futur meilleur. Certaines personnes peuvent être capables d'aller chercher des informations dans la grande bibliothèque universelle de la mémoire de la vie puis de les restituer.

Un événement, la réponse que vous attendez ou une bonne nouvelle modifie la situation positivement. Il s'agit ici d'utiliser toutes ces capacités pour faire avancer votre situation.

21-LE MONDE OU L'AME QUI DANSE

Ce qu'il faut faire : Il est ici judicieux et favorable d'exprimer de façon coordonnées les quatre personnages représentés dans l'arcane du monde *(le corps, le cœur, l'âme et l'esprit)*, c'est-à-dire de prendre soin de votre corps, de vous nourrir correctement sur tous les plans et de gérer la matière et ses aspects financiers efficacement, *(le taureau)*, d'être centré(e) dans votre cœur, de définir un idéal, des objectifs, l'organisation appropriée et de faire de votre mieux pour réussir et pour aller au bout de vous-même et d'atteindre vos objectifs, de voir le côté positif des choses, de concrétiser vos ambitions et de faire aboutir vos projets, de récolter les fruits de vos efforts, de donner le meilleur de vous-même et d'obtenir les lauriers du vainqueur *(le lion)*, de discerner clairement l'illusion et la vérité, d'avoir une vision globale et perçante de la situation, d'affirmer votre puissance, de transcender les oppositions, de vaincre les difficultés et les obstacles *(l'aigle)*, de faire preuve d'ouverture d'esprit, d'équilibrer votre masculin et votre féminin, de coordonner intelligemment les ressources disponibles, de gérer des projets complexes ou multiculturels et d'agir en harmonie avec l'univers et avec votre évolution (l'ange). Il est également judicieux et favorable de comprendre votre environnement économique et législatif, de trouver et occuper votre espace dans le monde, de vous intégrer socialement, de vous sentir à votre place là où vous êtes, de vous intégrer dans un groupe ayant des objectifs communs, de réunir les hommes et d'abolir les frontières, d'élargir vos horizons intérieurs et extérieurs, d'explorer le monde, de participer au monde sur tous les plans, de faire des affaires, de créer des richesses de toutes sortes, de la prospérité et des œuvres de grande qualité, de vous adapter au monde extérieur et à la société, de ne pas être happé et submergé par le monde, de travailler avec l'étranger et d'avoir une envergure internationale.

Les besoin, les forces et les ressources du Monde en vous : Le Monde est cette partie de vous qui a le besoin et la capacité d'exprimer une intelligence corporelle, humaine, sociologique, philosophique, psychologique, technique, spirituelle ainsi qu'une intelligence globale et synthétique tant au niveau de la forme que du mouvement, de l'agencement et de l'espace.

Vous avez le besoin et la capacité d'être une personne ouverte et positive, intelligente et cultivée, polyvalente et multidimensionnelle, mondaine et cosmopolite, universelle dans la matière et dans l'esprit, sociable et serviable, expansive et joyeuse, humaniste et philosophe, chaleureuse et confiante, optimiste et opportuniste, très organisée et prévoyante, prospère, épanouie et respectueuse des territoires, des règles, des us et des coutumes, douée et performante, exigeante et de grande qualité, pleine d'assurance et de puissance et pourtant d'une grande simplicité et avec une belle énergie féminine. Vous avez le besoin et la capacité d'aller au bout de vous-même ou de la situation, de vous réaliser et vous épanouir, de synthétiser et de conclure, d'être maître dans votre art, de servir le monde et la vie, de créer votre bonheur, de danser votre vie, de faire de votre vie une œuvre d'art, d'apporter de l'enchantement là où vous êtes et même parfois de guider les autres dans le monde. Il s'agit ici d'utiliser toutes ces capacités pour faire avancer votre situation.

0 ou 22 ou pas de nombre - LE MAT OU LE FOU

Ce qu'il faut faire : Il est ici judicieux et favorable de ne pas être enfermé(e) dans une structure, dans un système ou dans des pensées, de sortir des sentiers battus, d'expérimenter l'inconnu, d'aller de l'avant avec la foi même si vous ne savez pas où vous allez, de partir à l'aventure avec votre baluchon pour explorer de nouveaux horizons, d'éviter de nourrir un état de confusion ou de faire preuve d'incohérence, d'exprimer votre liberté d'action, de vivre votre propre vérité, d'affirmer votre propre spécificité, de totalement changer votre vision de vous-même et des choses et de repartir à zéro. Il est également judicieux et favorable d'être dans un état de présence extrême où chaque parole et chaque action sont en synchronicité totale avec la Nécessité, de vous adapter intelligemment à la nécessité, de sentir ce que les autres pensent et ressentent, de voir l'invisible, d'être à l'écoute des coïncidences, de percevoir le futur, de vous laisser guider par vos inspirations et par les courants d'amour qui inondent l'univers, d'avoir des intuitions géniales, de trouver ou d'attirer une solution géniale et inattendue à laquelle personne n'avait pensé, d'exprimer votre génie créatif, d'être avant-gardiste et illuminé, de dissoudre les nœuds émotionnels et de briser les chaînes de toute dépendance, de libérer ce qui doit l'être, d'être libre de toute contrainte, de vos mouvements et de vos pensées, de vivre comme une personne libre et heureuse qui s'adapte en fonction des opportunités, de prendre ou reprendre votre liberté, de permettre un nouveau départ, de partir et de cheminer joyeusement vers l'inconnu, d'expérimenter la transcendance et l'état de grâce et d'être un artiste de la vie.

Les besoins, les forces et les ressources du Mat en vous : Le Mat est cette partie de vous qui a le besoin et la capacité d'être une personne joyeuse, sympathique, naturelle, spontanée, souple, fluide, vivant sans aucune peur dans l'instant présent, ouverte à tous les possibles, nomade ou toujours en mouvement, un peu poète et très imaginative, toujours pleine d'idées, polyvalente et multidimensionnelle, originale voire atypique et inclassable et détendue au risque de paraître insouciante. Vous avez également le besoin et la capacité d'être totalement autonome, d'optimiser vos ressources et de vivre avec peu, d'être sans cadres, en dehors des normes et toujours en mouvement, de faire preuve de légèreté et de fantaisie, d'exprimer un sens de l'humour et de la répartie, de gérer la forme avec talent et d'avancer à votre façon. Un événement totalement inattendu peut complètement bouleverser la situation et les choses risquent de ne pas du tout se passer comme prévu. Il s'agit ici d'utiliser vos capacités et tous ces éléments pour faire avancer votre situation.

Arcane 2 : Le contre : Les valeurs de l'arcane sont ici inversées, bloquées, déséquilibrées, occultées et subies. L'arcane en contre peut désigner le consultant et/ou des personnes extérieures. Il représente les faiblesses, les obstacles, les difficultés à surmonter, ce qui est déséquilibré soit en manque soit en excès, ce qui est contre, ce qui freine la question ou la réalisation, ce qui pose un problème même si la lame est positive et ce qu'il faut éviter d'être ou de faire. L'arcane peut révéler un manque ou un excès dans l'être ou le faire, une action à entreprendre que le consultant n'entreprend pas, un état d'esprit à avoir et qu'il n'a pas. Le fait de savoir si la lame indique plutôt un excès à éviter, un manque à compenser, un événement difficile ou quelque chose qu'il faut éviter va dépendre de la question mais aussi des autres lames qui sont choisies. Cela peut par exemple s'interpréter ainsi : « Il est judicieux d'éviter d'être ou de faire … », « vous avez peur de … », « il est défavorable de … », « vous avez une difficulté avec … », ou, « ce qui perturbe la situation, c'est un manque ou un excès de … ».

Si la question concerne une relation, la position 2 doit alors être définie. Elle peut soit représenter l'autre soit ce qui n'est pas harmonieux dans la relation. Elle peut parfois indiquer quelque chose de caché ou une énergie complémentaire nécessaire.

Interprétation des 22 arcanes en position 2

1-LE BATELEUR OU LE MAGICIEN

Les faiblesses du Bateleur : Quand l'arcane est inversé, mal intégré et disharmonieuse :
- **Vos difficultés :** Vous êtes un débutant sans expérience. Vous avez des difficultés à naître, à arriver, à démarrer, à trouver les bons outils, à faire fonctionner correctement les outils ou les compétences que vous avez, à gérer la situation, à faire ce qui est nécessaire, à être efficace et à exprimer tout votre potentiel.

Vos difficultés peuvent provenir d'un manque de concentration sur un objectif, d'une difficulté à vous décider et à être efficace et d'un éparpillement qui ne permet d'atteindre aucune cible.

Vos peurs : Votre peur est de ne pas savoir quelle décision prendre parmi tant de possibles, de ne pas pouvoir démarrer, de ne pas savoir comment faire, comment trouver le bon outil, comment utiliser l'outil à disposition ou encore comment trouver l'énergie et la motivation.

- **Vos manques :** Si l'énergie du Bateleur manque à l'appel, vous manquez alors de pureté, de spontanéité, de confiance en vous, de fraicheur, d'énergie, de motivation, de courage, d'expérience, d'entrainement,   de savoir-faire ou de compétences pour trouver ou faire fonctionner les outils à votre disposition.

- **Les excès à éviter :** Vous avez parfois tendance à vivre dans votre monde, à surestimer vos capacités, à être égoïste, égocentrique, inconscient, immature, crédule, irresponsable, inefficace, infantile, à mentir tout le temps et à vous disperser. Vous utilisez mal votre énergie, vos compétences ou vos outils. Vous avez parfois tendance à nourrir votre colère et à faire preuve d'instabilité, de bêtise, de charlatanisme, d'incompétence voire d'escroquerie ou à nourrir une tendance à la naïveté, aux illusions (le bas te leurre), à l'impatience, à la précipitation et à l'impulsivité. Vous pouvez rencontrer un risque de surchauffe et d'épuisement. A force de vouloir toujours de la nouveauté, vous vous lassez vite. A force de vouloir à tout prix des résultats, vous créez surtout des problèmes. A force de vouloir aller trop vite, vous êtes obligé de recommencer éternellement.

Les événements difficiles associés au Bateleur : Il y a quelque chose qui ne fonctionne pas, qui démarre mal, qui est mal fait, qui est mal préparé, qui est fragmenté en plein de morceaux ou qui n'est pas conscientisé. Il y a une personne qui manque d'énergie, de motivation, d'expérience et de maturité. Il y a trop d'impatience et de précipitation. Les initiatives sont inadaptées, inefficaces voir contre-productives. Il n'y a pas tout ce qui est nécessaire pour que les choses fonctionnent. Quelque chose manque pour démarrer correctement. Il y a une nécessité d'accepter l'échec ou ce qui ne fonctionne pas. Il n'est pas judicieux de démarrer quelque chose de nouveau ou de partir à l'aventure. Il y a une personne ou une situation qui ne sert à rien ou qui capte tellement votre attention que vous n'agissez plus efficacement.

2-LA PAPESSE OU LA GRANDE PRETRESSE

Les faiblesses de la Grande-Prêtresse : Quand l'arcane est inversé, mal intégré et exprimé de façon disharmonieuse :

- **Vos difficultés :** Vous avez des difficultés à être en silence, à vous abstenir d'intervenir, à accéder au sacré, à garder secret ce qui doit l'être, à dévoiler ce qui est nécessaire, à trouver ou donner les bonnes informations et les bonnes clefs, à bien préparer ce qui doit l'être, à attendre ou à accoucher de ce qui doit naitre.

Vos peurs : Votre peur peut être une peur du silence, de la vérité, de la solitude, d'un secret, de l'invisible, de l'inconscient, de votre sensibilité, d'être mal préparé(e), de ne plus vous souvenir ou d'être perturbé(e) par des événements passés.

- **Vos manques :** Si l'énergie de la Grande Prêtresse manque à l'appel, vous manquez alors d'intuition, de sens de l'observation, de tranquillité, de sérénité, de clarté intérieure, de fluidité, de partage, de préparation, d'organisation, de profondeur, de bien-être et de sagesse. Vous n'avez pas les bonnes clefs, les bonnes connaissances ou vous ne vous sentez pas assez en quiétude et rassuré(e) par rapport à la situation.

- **Les excès à éviter :** Vous avez parfois tendance à faire preuve d'une intériorisation excessive, de passivité, de paresse, d'inertie, de mutisme, d'indifférence, de superstition, de fanatisme, de timidité et d'immobilité. Vous avez parfois tendance à vous couper de votre environnement et à être déconnecté de la vie et des gens, à être une personne excessivement renfermée ou lente ou encore à manifester des attitudes froides, impénétrables et pleines de jugements qui empêchent la création de liens. Avec la Grande-Prêtresse en excès, il y a une tendance à nourrir la croyance que vous savez tout alors qu'en réalité vous avez une vue partielle et partiale vous amenant parfois à émettre des jugements infondés liés à vos croyances et vos certitudes. Il y a parfois une rétention d'informations.

Il y a un renfermement, un repli sur vous, un état de stérilité, une forte rigidité, une dissimulation d'informations, une certaine médisance, un manque de communication, une tendance à ne pas dire ce que vous pensez, à vous comporter en personne intrigante, à proférer des commérages, à nourrir des illusions et des secrets ainsi qu'une tendance à vouloir toujours calculer, manœuvrer ou manipuler autrui émotionnellement. Cela génère une grande tristesse, un état de solitude (avec l'Hermite ou le Pendu), un déséquilibre émotionnel, un état dépressif où votre conscience est plongée dans l'inconscient à l'intérieur d'une mémoire qui demande à être traitée (avec la Lune, le Mat ou le Pendu) ou encore des connaissances qui sont mal utilisées.

Les événements difficiles associés à la Grande-Prêtresse : La situation actuelle est confuse et manque de clarté. Elle n'est pas fluide. Elle est influencée par des aspects cachés, par des secrets, des émotions ou des mémoires, par des éléments inconnus, des non-dits, des éléments pas clairs ou mal définis ou par des personnes qui gèrent des dossiers administratifs. Il y a une femme âgée, une personne cachée, une mémoire, un grand ralentissement ou des obstacles administratifs qui perturbent la situation. Un manque d'informations, un dossier incomplet, des choses qui sont volontairement gardées secrètes ou des mauvais conseils vous empêchent d'atteindre vos objectifs. Les choses restent en état de gestation et n'aboutissent pas. Les choses sont mal préparées. Elles évoluent de façon disharmonieuse. Cela aboutit alors forcément à un mauvais résultat. Il y a une personne qui complote contre vous ou qui raconte des ragots. Il y a un souci avec votre grand-mère. Vous êtes tellement sensible et influencé(e) par votre environnement que vous ne parvenez pas à sortir de votre bulle et à vous exprimer. Peut-être qu'un événement disharmonieux est en train d'être créé secrètement à votre insu et que cela débouche sur une évolution négative. Une situation se dégrade sans que personne ne s'en rende compte. Il est nécessaire de creuser et d'approfondir pour comprendre ce qu'il se passe.

3-L'IMPERATRICE

Les faiblesses de l'Impératrice : Quand l'arcane est inversé, mal intégré et exprimé de façon disharmonieuse :

- **Vos difficultés :** Vous avez des difficultés à comprendre ce qu'il se passe, à maîtriser la communication et les échanges d'informations, à accéder aux bonnes informations, à gérer la situation, à vous adapter intelligemment, à écouter, à entendre, à apprendre, à communiquer objectivement, à dire la vérité, à réfléchir, à manier des idées et des concepts, à visualiser le mouvement des choses, à associer des informations entre elles, à interpréter correctement les informations qui vous parviennent, à synchroniser vos ressentis, vos pensées, vos paroles et vos actions, à vous organiser, à planifier, à mettre les choses en forme, à prendre soin de vos contacts ou à vivre une relation équilibrée avec votre mère ou avec la sexualité féminine. Cela génère des problèmes de communication et d'organisation, des difficultés relationnelles, des difficultés dans le mouvement de vie et une inadaptation.

Vos peurs : L'impératrice peut conférer la peur de ne pas être écouté, entendu et compris, la peur de ne pas comprendre ou de ne pas savoir,   la peur d'être inadapté, la peur de ne pas avoir d'idées, la peur de perdre la tête, la peur de ne pas pouvoir vous exprimer, de ne pas pouvoir vous mettre en mouvement ou de ne pas pouvoir gérer la situation.

- **Vos manques :** Si l'énergie de l'Impératrice manque à l'appel, vous manquez alors de vivacité d'esprit, d'organisation, de sens commercial, de mobilité, de souplesse, d'intelligence, de joie, d'élégance, de justesse dans vos paroles et de confiance en vous. Vous avez peut-être une tendance à vous couper de la vie, de votre féminin, de votre naturel et de votre joie.

- **Les excès à éviter :** Une tendance à croire que l'intelligence peut tout résoudre, un excès d'informations, de mental et d'agitation, un bavardage incessant, un dialogue intérieur perpétuel, de mauvaises idées à propos de la question, un besoin de tout savoir, de tout comprendre et de tout contrôler, ainsi qu'une tendance à faire preuve d'orgueil et de prétention et à avoir une trop haute opinion de vous génèrent des problèmes de communication, des malentendus et une grande tension nerveuse.

Il peut y avoir une tendance à nourrir un décalage entre vos pensées, vos paroles et vos actions, à faire preuve d'une légèreté excessive, de superficialité, de frivolité, de vanité, d'incohérence, de médisance, de dédain, d'égoïsme, de matérialisme et parfois même de méchanceté.

Le pouvoir personnel, l'intelligence ou la parole sont utilisés pour satisfaire des buts égoïstes générateurs de souffrance. Cela crée alors des situations douloureuses et improductives.

Les événements difficiles associés à l'Impératrice : Une tendance à accorder trop d'importance au mental fait perdre le bon sens, génère du stress et produit des comportements de bourrique. Les bonnes informations ne sont pas transmises. On vous raconte des mensonges. Il y a de mauvaises nouvelles, des perturbations au niveau de la communication, dans les études, au niveau du mouvement, de la fluidité et de l'évolution. Vous êtes mal informé. Il y a des difficultés d'adaptation, des personnes peu fiables et une situation qui n'est pas sécurisée. Vos études ne se passent pas bien. Il y a un souci avec une femme ou avec votre mère. Les choses ne prennent pas forme. Vous recevez une réponse négative.

4-L'EMPEREUR

Les faiblesses de l'Empereur : Quand l'arcane est inversé, mal intégré et exprimé de façon disharmonieuse :

- **Vos difficultés** : Une personne puissante s'oppose à vous. Vous avez des difficultés à vivre une relation équilibrée avec votre patron, votre père ou avec la sexualité masculine, à parler ouvertement, à vous positionner, à exprimer votre autorité, à négocier, à vous imposer et à diriger. Cela génère une difficulté à prendre votre place et à gérer votre espace et donc des problèmes de territoire. Vous avez des difficultés à laisser une place à autrui et à permettre aux autres de prendre leur place. Vous avez une difficulté à vous organiser efficacement, à concrétiser, à réaliser, à gérer des projets et à construire. Vous avez des difficultés pour voir, comprendre où adopter les règles présentes dans votre environnement. Cela engendre des complications dans votre vie sociale ou professionnelle et une certaine inadaptation aux situations.
- **Vos peurs** : L'Empereur peut vous conférer la peur de faire face à la réalité, de perdre le contrôle, de perdre votre territoire et votre légitimité, de ne pas trouver votre place, d'étouffer ou la peur d'exprimer votre puissance.

- Vos manques : Si l'énergie positive de l'Empereur est absente, vous manquez alors d'autorité, de puissance, de confiance en vous, de maîtrise, d'expérience, de structure, d'organisation, de réalisme, de pragmatisme, d'envergure, de rigueur, de solidité et de stabilité mais aussi de respect des règles et de légitimité.

- Les excès à éviter : Il y a un enfermement dans des devoirs, dans des rôles et dans la matière, dans un entêtement et une étroitesse d'esprit, dans un abus d'autorité et de pouvoir, dans un sentiment de toute puissance, dans une dureté peu humaine et dans un excès de vouloir à tout prix atteindre vos objectifs, avec un côté envahissant, étouffant, autoritaire voire tyrannique, dans un excès de rationnel, d'exigence et de perfectionnisme ou dans des responsabilités excessives. Il y a une tendance à vouloir tout contrôler et analyser et à juger les autres selon des critères très limités. Il y a un risque de violence, de brutalité et de despotisme, un côté orgueilleux, présomptueux, prétentieux voire mégalomane, un besoin excessif de faire la loi, un entêtement, une rigidité, une inertie, une mauvaise foi, du machisme, un enracinement dans des mauvaises habitudes, une mauvaise gestion de la matière, une mauvaise utilisation du pouvoir, une lourdeur et un manque de fluidité, d'adaptation, de spontanéité et de joie.

Les événements difficiles associés à l'Empereur : Il y a des contraintes lourdes, des règles pesantes, des règles contestables, des structures défaillantes, des problèmes d'équipement ou de matériaux, un manque de structure et de solidité, une charge de travail excessive, une situation étouffante ou difficilement gérable, une rigidité synonyme d'inadaptation, des blocages matériels et la nécessité de fournir des efforts titanesques pour peu de résultats. Il y a un blocage de la situation du à un gros obstacle, à une autorité extérieure ou à un manque de moyens matériels. Il y a un enlisement d'une situation pesante devenue difficile à changer, une fixité épuisante, des problèmes de gestion, un problème de pouvoir, un conflit d'autorité avec un subordonné ou un supérieur, des choses qui ne se concrétisent pas, une gestion de projet qui ne se passe pas bien où une situation qui ne s'améliore pas. Un homme plus ou moins tyrannique utilise son autorité pour bloquer l'évolution de la situation. Vous butez contre un mur ou sur des obstacles difficiles à surmonter. Il y a une interdiction ou une sanction disciplinaire. Vous perdez votre place.

5-LE GRAND PRETRE OU LE PAPE

Les faiblesses du Grand-Prêtre : Quand l'arcane est inversé, mal intégré et exprimé de façon disharmonieuse :

- Vos difficultés : Si votre volonté n'est plus reliée à la volonté divine, vos paroles, les conseils ou les enseignements que vous choisissez, que vous recevez ou que vous dispensez sont déséquilibrés et arbitraires. Vous avez alors des difficultés à vous orienter correctement, à trouver les formations qu'il vous faut, à apprendre ou à désapprendre, à gérer des systèmes d'information, à voir le sens de ce qui est, à approfondir, à donner du sens à ce que vous vivez, à tirer des enseignements de vos expériences, à mener une vie qui a du sens et à avoir la foi en ce que vous faîtes.

- Vos peurs : Le Grand-Prêtre peut vous conférer la peur de ne pas être protégé, d'être en désaccord avec le ciel, d'être mal conseillé et mal guidé ou mal soigné, de vous tromper d'orientation, d'être endoctriné, de ne pas avoir de chance et d'être inadapté.

- Vos manques : Si l'énergie positive du Grand-Prêtre est absente, vous manquez alors de conscience, de sens pédagogique, d'envergure, de justesse, d'éthique, de morale, de philosophie, de bienveillance, de tolérance, d'autorisation, de légitimité, de foi, de compréhension des lois spirituelles, de protection et de joie.

- Les excès à éviter : Il y a une tendance à utiliser des règles et des croyances pour manipuler autrui, un côté « je sais tout », conformiste, hypocrite, menteur, corrompu, moralisateur, sectaire, intolérant et raciste, une sévérité excessive, un côté envahissant et étouffant, un aveuglement de la conscience, du fanatisme, du bigotisme, du prosélytisme, du dogmatisme, du fondamentalisme religieux et une tendance à remplacer la réalité par la fiction.

Les événements difficiles associés au Grand-Prêtre : Vous n'avez pas toutes les autorisations, les cartes, les informations, les enseignements, les conseils ou les protections disponibles pour réussir à atteindre vos objectifs. Vous êtes trop influencé par le système ou par votre environnement extérieur. Vous n'avez pas choisi la bonne orientation. Il y a un engagement, un enseignement ou un contrat qui s'avère néfaste. Il y a une rupture de contrat.

Il y a une nécessité de vous conformer à des contraintes légales pesantes, à un dogme, à un enseignement enfermant ou à une situation qui est en désaccord avec votre philosophie de vie et vos valeurs.

Il y a une dépendance vis-à-vis d'un responsable, d'une situation, d'un système d'information, d'une famille ou d'une autorité controversée. Vous recevez de mauvais conseils. Il y a un conflit intérieur lié à des croyances religieuses, à des enseignements ou à un système d'information. Des enseignements ou des personnes sectaires détenant de l'autorité vous étouffent et vous empêchent d'évoluer. Un supérieur hiérarchique, un guide, un gourou, le groupe auquel vous appartenez, la famille, un patriarche ou le « papa » exercent une influence néfaste. Une personne croyant détenir la vérité cherche à vous manipuler. Il n'est pas possible de parvenir à une conciliation ou à un accord. Il y a une interdiction ou un empêchement. Vous perdez votre protection. Ce que vous croyez n'est pas le reflet de la réalité.

6-L'AMOUREUX, LES AMOUREUX OU LES DEUX ROUTES

Les faiblesses de l'Amoureux: Quand l'arcane est inversé, mal intégré et pas exprimé de façon disharmonieuse :

- **Vos difficultés :** Si votre volonté n'est pas centrée dans votre cœur, une confusion intérieure provoque des doutes, de l'hésitation, un déséquilibre intérieur, une instabilité et un conflit intérieur nécessitant un recentrage et une réconciliation. Vous avez alors une difficulté à résister à la tentation, à écouter vos vrais désirs et à faire les choix qui font de vous une personne heureuse, à vous engager dans une relation ou à alterner entre plusieurs sollicitations, à attirer, à plaire, à séduire et à générer des situations joyeuses et équilibrées. Il y a un décalage entre le cœur et la raison.
- **Vos peurs :** L'Amoureux peut vous alerter sur la peur de faire le mauvais choix ou de ne pas pouvoir choisir librement, sur la peur d'avoir mal et d'être une personne en souffrance. Il peut générer une tendance à redouter tout conflit.
- **Vos manques :** Si l'énergie de l'Amoureux manque à l'appel, vous manquez alors de joie, de bonheur, de couleurs, de diplomatie, de douceur, d'humilité, de tolérance, de maturité affective et sexuelle, de gentillesse, d'équilibre, de curiosité, d'intelligence relationnelle et d'harmonie. Sans doute avez-vous un sentiment d'abandon affectif ou un manque affectif.
- **Les excès à éviter :** Il y a une tendance à consacrer trop de temps aux autres et pas assez à vous-même ou trop de temps aux plaisirs et pas assez aux responsabilités.

Il y a une tendance à vous positionner en fonction des choix d'autrui ou à nourrir un sentiment d'insécurité, d'inquiétude, d'incertitude et une peur du monde extérieur. Il y a beaucoup de confusion, une certaine fragilité, une timidité de façade, une superficialité, une légèreté, un voile de belles illusions, une difficulté à prendre des décisions et à sortir de votre zone de confort, un manque d'initiatives, une immaturité face aux responsabilités, de la lâcheté, un côté hypocrite à force de trop vouloir respecter les formes, un esprit crédule ainsi qu'un côté naïf et facile à manipuler.

Vous avez parfois tendance à vous laisser dicter votre conduite par les désirs d'autrui, à faire dépendre votre bonheur de celui des autres, à étouffer l'autre par un amour possessif où à rester enfermé(e) dans une relation déséquilibrante. Une tendance à être esclave de vos désirs, de vos caprices et de vos sens, un excès de sensualité ou d'émotions, une tendance à l'infidélité ou un besoin de séduire à tout prix génère des problèmes relationnels ou des conséquences déséquilibrantes.

Les événements difficiles associés à l'Amoureux : Vous êtes dans une situation où vous n'avez pas le choix et où certaines choses ne sont tout simplement pas possibles. Vous voulez choisir à tout prix alors qu'il n'y a pas lieu de faire un choix ou alors ce n'est pas le moment. Vous risquez d'effectuer un mauvais choix parce que vous n'entendez pas vos vrais désirs. Vous imposez votre choix à l'autre et le déséquilibrez. Aucun des choix qui s'offrent à vous ne vous convient vraiment. Il y a un événement désagréable ou un problème relationnel. Il y a une difficulté à gérer vos sens, vos sentiments, vos désirs ou ceux d'autrui.

Une difficulté à résister à la tentation vous met dans l'embarras ou vous fait tomber dans le libertinage. Une relation ou une tentative pour séduire une personne a une influence néfaste. Vous aimez deux personnes à la fois. La personne rencontrée n'est ni fiable ni sérieuse. Il y a une séparation. Vous hésitez entre deux possibilités et vous restez enfermé(e) dans vos hésitations. Il y a une situation indécise dont vous ne maîtrisez pas tous les éléments. Vous vous retrouvez dans une situation où vous êtes tributaire des désirs, des choix et des décisions d'autrui. On vous impose un choix. Vous n'obtenez qu'une partie de ce que vous voulez. Ce qui vous rendait heureux(se) vous est retiré.

7-LE CHARIOT

Les faiblesses du Chariot: Quand l'arcane est inversé, mal intégré et exprimé de façon disharmonieuse :

- **Vos difficultés :** Si l'énergie du Chariot n'est pas équilibrée, vous avez alors des difficultés à définir des objectifs qui sont justes pour vous, à trouver votre chemin, à vous mettre en route, à vous organiser efficacement, à évaluer les conséquences de vos prises de risques, à avancer, à aller à la bonne vitesse, à déléguer, à voir toutes les parties d'un ensemble ou tous les paramètres d'une situation et à atteindre votre destination.

- **Vos peurs :** Le Chariot peut vous conférer la peur de vous tromper de route, de ne pas pouvoir atteindre vos objectifs ou votre destination, de ne pas y arriver, de perdre le contrôle ou de tomber en panne

- **Vos manques :** Si l'énergie positive du Chariot est absente, vous manquez alors d'énergie, de volonté, de motivation, de carburant, de compétence, d'efficacité, d'assurance, de confiance en vous, d'organisation, de maîtrise, de rapidité, d'autonomie, d'indépendance, d'initiatives permettant d'obtenir des résultats, des victoires et du succès.

- **Les excès à éviter :** Il y a de l'impulsivité, de la colère, de l'impatience, de l'agressivité, de la violence, de l'égoïsme, de l'égocentrisme, un refus de prendre en compte les besoins de l'autre et de partager, une tendance à avancer trop vite, des luttes intérieures, une superficialité, de l'orgueil, une prise de risque excessive, des décisions génératrices de déséquilibres, un besoin de tout contrôler, un côté envahissant, une tendance à faire un mauvais usage de l'autorité, de l'abus de pouvoir et parfois un risque d'épuisement à vouloir faire trop de choses.

Les événements difficiles associés au Chariot : La situation n'avance pas ou est difficile à maitriser. Une personne vous met des bâtons dans les roues. Il y a des bouchons, des obstacles, un objectif irréaliste, une logistique mal adaptée aux possibilités de la situation, des problèmes d'organisation, des risques lors de déplacements, un enlisement, un échec, une panne et donc une perte de temps, d'énergie ou d'argent. Vous ne parvenez pas à vous orienter correctement. Vous perdez votre chemin ou autre chose. Vous vous trompez de route ou prenez un chemin sans issue. Vous calez. Vous n'obtenez pas la victoire escomptée.

Le voyage est difficile et stressant. Vous ne parvenez pas à réussir seul par vos propres moyens et à prendre en main les rennes de votre vie ou de la situation. Il y a trop de choses à faire et un risque de surchauffe. Il y a un échec, une défaite, de mauvais résultats ou une absence de résultats. Une personne se comporte comme un dictateur. La précipitation, l'imprudence et la colère provoquent une situation tendue, un conflit ou un accident.

8-LA JUSTICE

Les faiblesses de la Justice : Quand l'arcane est inversé, mal intégré et exprimé de façon disharmonieuse :

- **Vos difficultés** : Si l'énergie de la Justice n'est pas équilibrée, vous avez alors des difficultés à voir la vérité en face, à comprendre ce qu'il se passe, à comprendre les structures et les nuances d'une situation, à faire preuve de finesse, à être juste, à faire preuve d'harmonie et d'équilibre, à être normal, à respecter des règles, des procédures ou la loi, à vous organiser, à remettre les choses en ordre, à gérer vos papiers, à régulariser la situation, à être en règle, à trancher et à vous intégrer dans la société. Vous fonctionnez dans une logique du « on doit » et du « il faut » qui n'est pas juste.
- **Vos peurs** : La Justice peut vous conférer la peur de vous tromper, d'être en faute, d'être poursuivi(e) par la Justice, d'être condamné, de ne pas être en règle, d'être coupable, de subir une injustice et d'être une victime.
- **Vos manques** : Si l'énergie positive de la Justice est absente, vous manquez alors de précision, d'exactitude, de finesse, de discernement, d'organisation, d'ordre, de discipline, de patience, de rigueur, d'impartialité, de responsabilité, de moralité, de fidélité, de justesse, d'équité, de vérité, de couleurs, d'équilibre et d'harmonie.

- **Les excès à éviter** : Il y a une blessure d'injustice, une mauvaise gestion de vous-même et de votre vie parce que vous êtes persuadé(e) d'avoir raison alors que vous avez tort. Il y a de la mauvaise foi, un sens excessif du détail et de la précision, un côté procédurier, bureaucratique, routinier, monotone et ennuyeux, une sévérité excessive, une tendance à juger et condamner autrui, une tendance à nourrir un sentiment de culpabilité, un perfectionnisme excessif qui confond évolution et perfection, une intransigeance, une lourdeur pénalisante, une rigidité qui empêche d'avancer, un excès de détachement, une froideur, une tendance à tout rationaliser, une tendance à nourrir un dialogue intérieur permanent, une absence de sentiments, d'humanité, de compassion et d'émotions, une tendance à l'obsession, une intolérance, une incitation à créer des conflits et une difficulté à vous faire apprécier.

Les événements difficiles associés à la Justice : Quelque chose ou quelqu'un est déséquilibré, déréglé, corrompu, pas en règle ou pas juste. Il y a une mauvaise gestion de la situation parce que les objectifs, les priorités, les règles et l'organisation sont mal définis. Il y a un déséquilibre, un conflit, un complot, un manque d'harmonie, un bilan insatisfaisant, un mauvais contrat ou un désaccord avec une administration, avec une procédure, avec un règlement ou une loi.

Il y a une imperfection, une tare, une tricherie, un problème de papiers, une association source d'ennuis, des restrictions, des contraintes administratives lourdes, un refus administratif, un litige, une amende, une sanction, une personne qui tranche en votre défaveur ou une loi qui vous empêche de faire ce que vous voulez. Il y a une rupture de contrat, un échec à un concours ou à un entretien, une intervention de la loi ou des administrations, un procès qui est perdu, un divorce en votre défaveur, une condamnation, une injustice ou un problème juridique. La loi joue contre vous. Vous êtes obligé de respecter une loi qui ne vous convient pas. La balance penche en votre défaveur. Vous perdez. Il n'est pas judicieux d'entamer des procédures judiciaires. Ce n'est pas le moment de signer ou de s'associer. Il est judicieux d'analyser et de comprendre les causes profondes de la situation actuelle et de rééquilibrer ce qui doit l'être.

9-L'HERMITE

Les faiblesses de l'Hermite: Quand l'arcane est inversé, mal intégré et pas exprimé de façon disharmonieuse :

- Vos difficultés : Si l'énergie de l'Hermite n'est pas équilibrée, vous avez alors des difficultés à voir la vérité en face, à voir les choses en profondeur, à comprendre les structures et les plans, à faire des recherches, à attendre, à faire preuve de patience et de prudence, à cheminer, à murir, à évoluer, à faire preuve de sagesse, à vous respecter et à respecter autrui, à abandonner votre passé, à être à l'heure ou à vous retirer quand c'est le moment.

- **Vos peurs :** L'Hermite peut vous conférer la peur du silence, de la vérité, du temps qui passe, d'être en retard, de vieillir, de murir, d'être dépassé, de souffrir de solitude, de ne pas être respecté, d'être plombé ou de ne pas être en paix intérieurement.

- **Vos manques :** Si l'énergie positive de l'Hermite est absente, vous manquez alors de conscience, de profondeur, de vérité, de sagesse, de simplicité, d'organisation, de bonne gestion des contraintes, de structures, de capacité à planifier à long terme, de temps, de sérénité, de maturité, d'évolution et de joie intérieure.

- **Les excès à éviter :** Il y a une tendance à être déconnecté de votre environnement et du monde extérieur, à rester enfermé et en retrait, à fuir le monde soit par peur soit pour de mauvaises raisons, à être paralysé par les doutes ou par un excès de prudence, à vous poser tout le temps trop de questions, à trop analyser, ruminer et contrôler, à être en permanence en train de résister, à être lourd et à ne rien faire pour que les choses avancent.

Il y a une solitude mal vécue, une lenteur excessive, une errance, une pauvreté, un repli sur vous-même, une austérité, un côté asocial et misanthrope, un isolement, une tendance à vous dévaloriser, un complexe d'infériorité, une timidité due à un manque de conscience de votre valeur et à un manque confiance en vous, une tendance à être bloqué dans les habitudes ou dans le passé, un entêtement, une rigidité, une immobilité, une dureté, une froideur, une tristesse, une sévérité excessive, un côté misanthrope, une avarice ainsi qu'une tendance à renier la forme et la modernité.

Les événements difficiles associés à l'Hermite : Il y a une période de solitude mal vécue, des limitations, des restrictions, un ralentissement, un blocage, une récession, des difficultés financières, une longue attente, un important questionnement, d'importantes remises en question, une période d'inactivité ou un chantier plombant et très lourd à gérer. Il y a une traversée du désert, une inertie, un déroulement excessivement lent, des obstacles infranchissables, des retards, des contraintes, des difficultés, des travaux longs et difficiles, des recherches qui ne donnent aucun résultat, une vie austère et désagréable ou un facteur de malchance. Une personne âgée créée des difficultés. Un passé lourd ou une peur de l'échec empêche d'avancer. La situation est précaire, plombée ou interminable. Il y a des retards, des problèmes architecturaux, géobiologiques, liés à un terrain, à un plan ou à des structures. La situation n'avance pas, n'évolue pas, ne débouche sur aucune réalisation pratique ou n'est pas sereine.

10-LA ROUE DE FORTUNE

Les faiblesses de la Roue de Fortune: Quand l'arcane est inversé, mal intégré et pas exprimé de façon disharmonieuse :

- **Vos difficultés :** Si l'énergie de la Roue de Fortune n'est pas équilibrée, vous avez alors des difficultés à comprendre ce qu'il faut faire, à comprendre et à saisir les signes du destin et les opportunités qui se présentent, à vous adapter aux contraintes, à vous mettre en mouvement ou à choisir dans quel sens aller, à faire marcher les choses et à changer, à sortir de vos limites et de celles du mental, à terminer vos cycles et vous libérer de vos schémas répétitifs.
- **Vos peurs :** La Roue de Fortune peut vous conférer la peur de laisser passer votre chance, de tout gagner ou de tout perdre, d'être en mouvement, de répéter quelque chose, d'être inadapté ou de manquer de chance.
- **Vos manques :** Si l'énergie positive de la Roue de Fortune est absente, vous manquez alors d'informations, de précision, d'outillage, de compréhension, d'intelligence, de solutions techniques, de capacités à saisir les opportunités, de souplesse, de sens du service, d'hygiène, d'adaptation, de changement ou de chance.
- **Les excès à éviter :** Il y a une tendance à faire tourner la roue trop vite ou dans le mauvais sens, à trop réfléchir, à tourner en rond dans votre tête comme un hamster dans sa roue, à répéter les mêmes erreurs et à blâmer les événements pour justifier vos propres erreurs. Il y a un sens critique malsain nourri par la peur, une tendance à alimenter des conditionnements inconscients et des schémas répétitifs, des prises de risques mal calculées, un opportunisme excessif ou malheureux, des blocages techniques, une instabilité, une dispersion, des étourderies, une imprudence, une tendance à être en réaction et donc un manque d'action et une tendance à être en mouvement quand il faudrait être immobile ou à être immobile quand il faudrait vous mettre en mouvement. Cela génère un état craintif, un état d'insécurité, de la nervosité et du stress.

Les événements difficiles associés à la Roue de Fortune : Il y a des événements difficiles qui jouent en votre défaveur ou qui se répètent sans arrêt parce que quelque chose n'a pas été accepté, digéré et transformé, parce qu'une mémoire n'a pas été nettoyée ou parce qu'il y a un problème technique ou d'hygiène physique ou mentale. Quelque chose ne tourne pas rond ou ne fonctionne pas normalement, techniquement parlant.

Un travail est à effectuer pour réparer la panne ou pour refaire tourner la roue dans le bon sens. Vous subissez les conséquences de vos schémas, de votre manque d'adaptation ou du fait d'être au mauvais moment au mauvais endroit. Rien ne bouge. La situation est à l'arrêt. Vous omettez de saisir une opportunité ou ce qui apparait comme une aubaine est finalement une très mauvaise idée. La roue tourne dans le mauvais sens. Il y a un manque de chance.

11-LA FORCE OU LE LION DOMPTE

Les faiblesses de la Force : **Quand l'arcane est inversé, mal intégré et exprimé de façon disharmonieuse :**

- **Vos difficultés :** Si l'énergie de la Force n'est pas équilibrée, vous avez alors des difficultés à être à l'écoute de votre inconscient, à laisser la vie s'écouler en vous, à guérir vos blessures éventuelles, à déposer les armes, à y voir clair, à vous fixer des objectifs justes, à utiliser votre pouvoir créateur et vos capacités d'organisation pour atteindre vos objectifs, à vous maîtriser et à dominer votre vie, à réaliser des choses et à réussir.

- **Vos peurs :** La Force peut vous conférer la peur d'aimer, d'être aimé ou de manquer d'amour, une peur de mal faire ou de faire du mal, une peur de la réussite ou de l'échec, la peur de perdre le contrôle de vous-même ou de la situation, la peur de blesser ou d'être blessé(e) et une peur du conflit et de la violence.

- **Vos manques :** Si l'énergie positive de la Force est absente, vous avez tendance à renier vos désirs instinctifs, vos peurs, votre propre pouvoir et votre puissance et à les donner aux autres. Vous manquez alors d'énergie, de force, de motivation, de puissance, de courage, de centrage, d'objectifs, de patience, de clarté, de confiance en vous, d'amour, de discipline, de maîtrise de vous-même ou de votre vie, de créativité, d'organisation, de réalisation et de réussite.

- **Les excès à éviter :** Il y a une tendance à nourrir une surcharge émotionnelle, vos propres blessures, votre dualité, un refoulement de l'énergie sexuelle, vos conflits et un manque d'harmonie, à faire un mauvais usage de la force, à être une personne excessive, rebelle et révoltée, à être un vrai « fauve » ou un tyran, à vivre dans un état de colère et de conflit permanent, à exprimer votre force d'une façon brutale, à être aveuglé par votre propre puissance et à exprimer un complexe de supériorité.

Un décentrage peut amener de l'égoïsme et de l'égocentrisme, une façon inadaptée d'agir, de la paresse ou au contraire trop de «je veux», de l'agressivité, de la véhémence, de l'emportement, des tensions, de la jalousie, de la cruauté, de la vantardise, de la dureté, de la nervosité, de l'agitation intérieure due à un manque de maîtrise, un risque de fatigue physique/psychologique, une tendance à vous sentir dépassé par les événements et des blessures d'amour propre. Un excès de force génère des rapports de force permanents, une tendance à vouloir systématiquement forcer le passage, de l'autoritarisme, de l'abus de pouvoir et de la violence.

Les événements difficiles associés à la Force : Il y a de gros obstacles à votre réussite, un problème d'énergie ou de rapports de force, de l'impatience, de la colère, de l'agressivité, des événements insaisissables, des conflits, des tensions, des luttes, une tendance à forcer les choses, des excès, une révolte, une rébellion, une situation violente, épuisante ou simplement de grosses difficultés à maitriser la situation voir un blocage. Vous devez fournir des efforts épuisants pour vous maîtriser, pour surmonter des obstacles et pour réussir. Il y a un manque d'harmonie et de fluidité.

12-LE PENDU

Les faiblesses du Pendu : Quand l'arcane est inversé, mal intégré et exprimé de façon disharmonieuse :

- **Vos difficultés :** Si l'énergie du Pendu n'est pas équilibrée, vous avez alors une tendance à voir les choses à l'envers ou des difficultés à voir les choses autrement, à inverser vos croyances, à vous insérer dans le courant de la vie, à influencer les événements extérieurs, à créer des liens ou à couper les liens avec une situation difficile ou qui ne mène nulle part, à avoir la foi, à donner du sens à votre vie, à vivre selon vos rêves et vos aspirations, à trouver les bons compromis, à vous évader et à accéder à la transcendance.
- **Vos peurs :** Le Pendu peut vous conférer la peur de la maladie, du chaos, du lâcher prise, de vous noyer ou d'être emporté par les courants.
- **Vos manques :** Si l'énergie positive du Pendu est absente, vous manquez alors d'attachements, de compassion, de conscience spirituelle, de vision du sens de ce qui se passe, d'amour inconditionnel, de dévouement, de fluidité, de foi, de lâcher-prise, de magie, d'enchantement et de transcendance.

- **Les excès à éviter :** Il y a une passivité, une fragilité, un immobilisme, une impuissance, un dépouillement, un abandon, un repli sur soi, des blocages psychologiques, une tendance à fuir les réalités du monde, à subir les événements, à déformer la réalité, à nourrir des illusions en confondant hypothèses et certitudes ou à perdre votre temps en étant captivé par des distractions (comme par exemple internet ou la télévision) au lieu de créer votre vie et de vous accomplir. Il y a un côté désordonné, confus et parfois chaotique, une tendance au sacrifice et à être esclave d'un lien ou d'une situation, à jouer un rôle de victime résignée, à vous laisser embrigader dans une secte, à rester noué et comme emprisonné dans des schémas répétitifs ancestraux ou à accorder trop d'importance à l'opinion des autres. Il y a des problèmes de mémoires généalogiques, une santé fragile, de la schizophrénie, une tendance à la déprime et parfois à la folie, un manque d'énergie, de décision, de dynamisme, de sens pratique, de réalisme, d'adaptation et d'intérêt pour la vie. Il y a un besoin excessif de rêve, d'évasion, de mysticisme et de spiritualité qui conduit à une fuite de la réalité et à des situations de dépendance.

Les événements difficiles associés au Pendu : La situation est brumeuse, floue, embrouillée, chaotique, en attente, bloquée, arrêtée, suspendue, paralysée, enlisée dans un état de stagnation ou influencée par des mémoires généalogiques négatives. Il y a un manque d'action, une perte de temps, une lenteur excessive ou une non-réalisation. Vous êtes lié à une personne ou à quelque chose (une mémoire, une croyance, un engagement) qui vous empêche d'avancer. Vous vivez dans la dépendance. Vous ne parvenez pas à lâcher prise, à dénouer un nœud ou à couper des liens. Vous avez un sentiment d'impuissance qui vous fragilise ou vous déprime. Il y a une perte, un empêchement, un abandon, une trahison et parfois un emprisonnement réel ou symbolique. Il y a une épreuve, un sacrifice douloureux, un compromis inacceptable et une souffrance à surmonter. Il y a une situation d'attente qui est défavorable. Il n'est pas conseillé de resté accroché à la situation actuelle ou de rester lié à la personne objet de la question. C'est le monde à l'envers. Il ne se passe rien.

13-L'ARCANE SANS NOM OU LE SQUELETTE FAUCHEUR

Les faiblesses de l'Arcane sans nom : Quand l'arcane est inversé, mal intégré et exprimé de façon disharmonieuse :

- **Vos difficultés :** Si l'énergie de l'Arcane sans Nom n'est pas équilibrée, vous avez alors des difficultés à intégrer l'au-delà et l'invisible, à voir derrière les apparences, à être lucide et authentique, à nommer les choses, à mémoriser, à avoir conscience de la valeur des choses, à vous sentir en sécurité, à couper avec le passé, à faire le deuil, à tourner la page et à passer à autre chose, à éliminer, à gérer les changements, à terminer quelque chose, à vous transformer, à renaître de vos cendres ou à apprendre l'art de mourir en conscience à travers les Sorties hors du corps.

- **Vos peurs :** L'Arcane sans Nom peut vous conférer de la terreur, une peur de la mort ou de la douleur, une peur de perdre la mémoire, une angoisse existentielle, une peur d'être démuni(e) et de vous retrouver sans rien ou une peur du noir et du vide.

- **Vos manques :** Si l'énergie positive de l'Arcane sans Nom est absente, vous manquez alors de combativité, de courage, de qualité, de lucidité, d'authenticité, de profondeur et de capacités à changer ou à vous adapter aux transformations.

- **Les excès à éviter :** Il y a une tendance à être une personne désabusée, désenchantée, pessimiste et fataliste, une tendance à vivre comme si vous étiez mort(e), à exprimer un côté agressif, mordant, sadomasochiste, morbide, toxique et destructeur, à dramatiser et à systématiquement condamner, à vous complaire dans le sabotage, la souffrance, la misère et la douleur et à les nourrir. Il y a parfois une laideur, un côté extrémiste ou encore un état dépressif (avec la lune).

Les événements difficiles associés à l'Arcane sans Nom : La fin de quelque chose est douloureuse et vous bouleverse émotionnellement. Vous ne parvenez pas à mettre fin à quelque chose, à éliminer ou à couper des liens qui n'ont plus lieu d'être ou à faire un deuil. Il y a un oubli, une perte, un changement radical déstabilisant, une situation angoissante, une disparition, une séparation, une fin difficile voire brutale, une mauvaise nouvelle inattendue, un accident, une rencontre avec la mort, un avertissement, un rejet, un refus catégorique, une coupure, quelque chose qui pourrit ou qui casse, un traumatisme, une agression ou une annulation. Il y a une tragédie, un échec ou une situation stressante et angoissante.

C'est parfois la misère noire. Vos illusions volent en éclats et révèlent la vérité que vous ne vouliez pas voir. Une crise ou une transformation a un effet néfaste. Quelque chose éclate, se désagrège, se décompose et disparait.

14- LA TEMPERANCE OU L'ANGE

Les faiblesses de la Tempérance : Quand la Tempérance est inversée, mal intégrée et exprimée de façon disharmonieuse :

- Vos difficultés : Si l'énergie de la Tempérance n'est pas équilibrée, vous avez alors des difficultés à rétablir le courant, à être connecté, à communiquer, à travailler en réseau, à vous déplacer dans l'espace, à vous faire des ami(e)s, à vous positionner autrement qu'en dominant tendant la main à un dominé ou au contraire à aider autrui, à respecter la liberté d'autrui et à être libre, à faire usage de votre libre arbitre, à être relié au cosmos, à incarner la Nécessité et les lois de l'univers, à écouter les synchronicités, à utiliser une intelligence psychologique et technologique, à trouver des solutions,   à progresser, à vous régénérer, à guérir, à exprimer votre spécificité, à vous renouveler, à vous libérer, à aller vers l'avenir, à prendre un nouveau départ et à créer le meilleur futur possible.

- Vos peurs : La Tempérance peut vous conférer la peur de ne pas être aidé, de ne pas trouver de solution, de ne pas guérir, de perdre votre libre arbitre et cette idée d'être libre ou de ne pas être libre ou la peur de l'imprévu ou que le ciel vous tombe sur la tête.

- Vos manques : Si l'énergie positive de la Tempérance est absente, vous manquez alors d'engagement, de présence, de pureté, de conscience, de maîtrise, de fluidité, de continuité, de communication, de connexion, d'harmonie, de solutions, de valeurs humaines, de bonté, d'humanité, de Tempérance, d'intelligence technologique ou psychologique, d'organisation, de sérénité, de plan de vol, de prévoyance, d'inventivité, d'adaptation à la modernité, d'espace, de liberté et de guérison.

- Les excès à éviter : Il y a une tendance à l'abandon, à la passivité, à l'indifférence, au laisser-aller, à planer, à être déconnecté(e) des réalités, à vivre dans la virtualité et la passivité, à l'insouciance, à être trop préoccupé(e) par vos amitiés et pas assez par vous-même où à faire preuve d'un bavardage excessif qui empêche l'autre d'avoir un espace de communication.

Il y a une passivité, une stérilité, une paresse, un manque d'ambition, un côté influençable, un état de dépendance (alcool, drogue, dépendances affectives, boulimie), une tranquillité excessive des gens qui ne se posent aucune question, une absence de désirs, un côté superficiel et artificiel ou encore un excès de restrictions de toutes sortes.

Les événements difficiles associés à l'Ange : Il y a une distance, une indifférence, des problèmes de connexion, de communication, de compréhension ou de fluidité. Il y a des problèmes psychologiques ou technologiques, une tendance à rester dans une situation virtuelle, une tendance à être coincé entre deux mondes, une complexité excessive, une lenteur exaspérante, une intuition qui oriente sur des pistes irréalistes, une difficulté à trouver la bonne solution, une mauvaise solution ou une aide qui crée plus de difficultés qu'autre chose. La situation ne se passe pas comme on l'espérait. L'énergie ne circule pas parce que les choses ne sont pas connectées ou pas synchronisées comme elles devraient l'être. Il y a une situation stérile ou une période de transition difficile Il y a une absence de continuité dans le flux des événements et on passe à une nouvelle situation. Il y a un manque d'équilibre et d'harmonie.

15-LE DIABLE

Les faiblesses de : Quand l'arcane est inversé, mal intégré et pas exprimé façon disharmonieuse :

- **Vos difficultés :** Dans le cas de cet arcane, il est souvent indispensable d'effectuer un travail de deuil, de guérir une blessure et de vous réapproprier votre énergie de vie, votre sexualité, vos passions et votre joie. Si votre Diable n'est pas correctement intégré et vécu d'une façon positive, en conscience, un instinct de conservation dégénéré provoque des déséquilibres. Vous avez alors des difficultés à voir derrière les apparences, à voir le côté obscur des gens et de la vie, à vous nourrir de façon équilibrée, à exprimer votre combativité et votre pouvoir personnel, à vivre pleinement votre sexualité, à gagner de l'argent et à faire ce qui vous passionne.
- **Vos peurs :** Le Diable peut vous conférer la peur d'être manipulé ou instrumentalisé, la peur d'être blessé, la peur de perdre votre pouvoir ou la peur de l'exprimer au lieu de le donner aux autres.

- Vos manques : Si l'énergie du Diable manque à l'appel, vous manquez alors de lucidité, de flair, de sens stratégique, de détermination, d'énergie,   de passion, de désir et d'aptitudes à satisfaire vos désirs, de combativité, d'audace, d'argent, de solutions financières et de maîtrise de la matière.

- Les excès à éviter : Votre Diable ou saboteur peut parfois vous entrainer dans des émotions violentes et dans des situations compliquées, stressantes, douloureuses, misérables voire glauques.

Cela peut se traduire par une sensation permanente d'insécurité, par un égoïsme méprisant, par une recherche effrénée de plaisir et de jouissance à n'importe quel prix, par un besoin de tout contrôler et par de la possessivité, des obsessions, de l'avidité et de la gloutonnerie.

Votre puissante agressivité vous permet certes de lutter dans l'invisible et peut vous rendre expert dans l'art des guerres psychologiques mais elle finit toujours par se retourner contre vous. Vos faiblesses éventuelles peuvent être une tendance à vous complaire dans le secret, la clandestinité, l'illégitime, la négativité, l'agressivité, l'ignorance, l'aveuglement et la stupidité, le rejet, l'exclusion, les blessures, la misère, la douleur et un refus d'être en vie.

Vous pouvez parfois apparaître, par exemple, comme une personne toujours en guerre, angoissée, tourmentée, torturée, compliquée, louche, malsaine, insipide, perverse, sadique, machiavélique, enchainée à ses mensonges, bloquée dans des schémas destructeurs que vous devez désamorcer, dans des habitudes néfastes que vous devez éliminer, dans des toxines physiologiques ou psychologiques que vous devez évacuer ou dans une tendance à nourrir des tensions, du désespoir, de la haine et des crises plus ou moins violentes. Il ne dépend alors que de vous pour effectuer un travail sur vous-même afin de briser vos chaines de l'esclavage pour laisser s'exprimer uniquement ce qu'il y a de meilleur en vous.

Pour dépasser les difficultés en lien avec le Diable et pour avancer sur votre chemin, vous pouvez effectuer des prises de conscience sur la nature et le rôle du monde de la matière, de l'argent, de la sexualité, des pulsions de vie et de mort, du saboteur, des forces de destruction, de la spiritualité, du rejet et des mécanismes de transformation, de l'instinct de survie et de ce qui se passe quand il dégénère, des réalités invisibles du monde physique et des énergies subtiles.

Mal intégré, le Diable se traduit par un besoin excessif de pouvoir et de domination, par une tendance à imposer votre volonté sans laisser à l'autre la liberté de choix, par une tendance à vous dévaloriser et à vous mettre dans des situations d'esclavage, ou à dévaloriser l'autre et à le mettre dans une posture de dominé, par des excès de toutes sortes, de l'avidité, des besoins sexuels excessifs, un penchant pour la pornographie, de l'agressivité, des passions destructrices, une tendance au sabotage et à l'autosabotage, une tendance à céder aux tentations, de l'égoïsme et par un manque de scrupules.

Il vous confère alors un côté manipulateur pervers, totalitaire, dégénéré, dépendant à l'argent, au sexe, à l'alcool et aux vices, une tendance à vivre dans le mensonge, un côté tyrannique, violent, perfide, jaloux et une tendance à avoir recours au chantage affectif. Il génère enfin une tendance à nourrir la haine et la vengeance, des soucis d'argent, des dangers réels ou virtuels et un état de détresse psychologique.

Les événements difficiles associés au Diable : Faire ce que vous voulez faire serait une grave erreur génératrice de crise, de problème et de misère. Il y a une situation angoissante, une tentation, une situation qui n'est pas légale, un risque, un problème en lien avec l'argent ou la sexualité, un piège, un loup, un vice caché ou un danger qui peut être réel, psychologique ou virtuel. Il y a une situation clandestine, occulte, passionnelle, sournoise et trouble.

Il y a un obstacle insidieux, un adversaire redoutable, une machination, une intrigue, une personne qui tente de vous manipuler et de vous tromper, une emprise psychologique, occulte, physique ou financière ou quelque chose de pervers. Il y a une tentative de déstabilisation, d'arnaque, de vol, de destruction ou du vandalisme. On vous met la pression.

Il y a une crise de jalousie. La situation dégénère. Il y a une situation désordonnée, chaotique, excessive, glauque, traumatique et grave ou simplement une situation comportant un risque malsain de dépendance, un environnement négatif, un climat de peur et de méfiance dans un contexte défavorable. Une erreur, un acte de sabotage ou une manipulation doit être reconnu et nommé afin de ne pas être répété. Vous ne maîtrisez pas la situation.

Dans quelques rares cas, il y a une tentative d'influence occulte, aussi nommée envoutement, à travers des rituels visant à générer des déséquilibres dans la vie d'une personne, en contractant un partenariat avec des entités avides de destruction dont elles deviennent les esclaves d'un point de vue énergétique.

Ces tentatives d'influences peuvent être neutralisées par des personnes qualifiées et par la puissance de l'amour. Les personnes à l'origine de ces manipulations sont déconnectées de la Réalité et des conséquences de ce qu'elles font. Elles sont sévèrement punies par la loi de l'équilibre, soit durant leur vie sur Terre, soit lorsqu'elles vont dans l'au-delà, en étant confinées dans une prison astrale et en subissant un « choc en retour » teinté de culpabilité étouffante. Elles risquent à terme l'anéantissement complet de leur âme. Il s'agit ici du côté le plus sombre et grave de l'énergie du Diable.

16-LA MAISON DIEU OU LE FEU DU CIEL

Les faiblesses de la Maison Dieu : Quand l'arcane est inversé, mal intégré et exprimé de façon disharmonieuse :

- **Vos difficultés :** Si l'énergie de la Maison Dieu n'est pas équilibrée, vous avez alors des difficultés à être en silence, à vous intérioriser, à être connecté au ciel et à la vie, à avoir conscience de la Nécessité et de ce qui est juste pour votre évolution, à faire des prises de conscience libératrices, à vous remettre en question, à adopter une vision nouvelle, à saisir les opportunités de croissance, à vous élever vers les sommets, à vous libérer, à sortir d'un enfermement ou des fictions de l'ego et des peurs qui vont avec, à structurer les choses, à vous exprimer par la parole, à voir ce qui s'écroule ou à faire en sorte que les structures intellectuelles inadaptées s'écroulent.

- **Vos peurs :** La Maison Dieu peut vous conférer la peur de la foudre, la peur que le ciel vous tombe sur la tête, la peur de créer des catastrophes si vous vous exprimez librement, la peur d'un choc ou d'une catastrophe, la peur que tout s'effondre ou la peur de vous sentir abandonné(e).

- **Vos manques :** Si l'énergie positive de la Maison Dieu est absente, vous manquez alors d'électricité, de prises électriques, de connexions, de structures, d'intuition, d'organisation, d'ambition, de conscience, d'autonomie, de vision spirituelle, d'intelligence technologique ou psychologique ou encore d'adaptation à la nouveauté et à l'imprévu.

- **Les excès à éviter :** Si cet arcane est mal intégré, vous apparaissez tantôt comme une personne enfermée dans ses constructions, dans un sentiment de culpabilité ou d'abandon, dans ses cuirasses, dans son monde ou dans une prison mentale, manquant d'enthousiasme, aveuglée par ses illusions et déconnectée des réalités matérielles, tantôt comme une personne détachée des réalités, utopiste, cérébrale, artificielle, imprévisible, asexuée, indifférente, effacée, impersonnelle, rigide, ou bien alors excessivement ambitieuse, nerveuse, stressée, survoltée, arrogante, explosive comme un bâton de dynamite à la moindre contrariété, ayant tendance à provoquer, choquer autrui et secouer les gens d'une façon plus ou moins maladroite, totalement dépendante de ses pensées, de son cerveau et de ses programmes intérieurs. Vous avez peut-être un besoin excessif de liberté nourri par une peur d'être abandonné(e). Vos faiblesses éventuelles peuvent provenir d'une tendance à être trop préoccupé par vos relations amicales, votre groupe ou votre réseau, au point de négliger votre bien-être personnel, d'une tendance à manquer de fluidité, d'énergie et de réalisme, à être déconnecté(e) de votre corps, de vos désirs et des réalités matérielles, à être victime du fantôme de la liberté, à vous comporter comme un Saint-bernard qui veut à tout prix sauver le monde ou comme un ouragan qui balaie et foudroie tout sur son passage, à provoquer des catastrophes ou enfin de problèmes de langage et de communication. Vous risquez d'avoir recours à de la violence verbale ou d'attirer des personnes agressives tant que vous ne voyez pas et ne canalisez pas la violence qu'il y a en vous.

Les événements difficiles associés à la Maison Dieu: Il y a une dure confrontation avec la réalité à travers un événement difficile, un rééquilibrage violent, un choc, une secousse, un séisme réel ou psychologique, une punition, un avertissement, une démolition, un accident de parcours, une nouvelle déstabilisante, un bouleversement, un déraillement, la rupture soudaine d'une liaison, d'un contrat où d'un accord, un risque mal calculé, une dispute, un coup de colère, l'écroulement d'une structure, un effondrement, des ennuis, une catastrophe naturelle, une destruction, un désastre, une guerre, un attentat, une révolution, la ruine, une restructuration douloureuse, une situation techniquement très complexe et stressante, une réponse négative, un refus catégorique ou un échec. Il est ici judicieux de changer votre vision des choses et de vous remettre en question.

17-L'ETOILE OU L'ETOILE DE VENUS OU LES DEUX SOURCES

Les faiblesses de l'Etoile : Quand l'arcane est inversé, mal intégré et exprimé de façon disharmonieuse :

- **Vos difficultés :** Si l'énergie de l'Etoile n'est pas équilibrée, vous avez alors des difficultés à écouter votre corps et vos vrais désirs, à être bien dans votre corps féminin ou avec les femmes, à réguler votre énergie, à ressentir les besoins et les désirs d'autrui, à voir l'aspect positif des valeurs féminines,   à bien vivre le plaisir, à consacrer du temps à des loisirs, à trouver votre équilibre ou à le préserver, à donner tout ce que vous pouvez, à savoir pardonner, à aimer et à vous dévouer, à vous sentir beau ou belle, à voir la beauté en tout être, à créer des formes et à décorer, à exprimer votre sens de l'harmonie, votre sens esthétique et vos capacités artistiques, à avoir foi en la vie et à garder espoir, à croire en votre bonne étoile et à faire confiance au destin, à vous sentir proche de la nature et des étoiles, à apporter la paix, à vous relier aux autres et à créer des liens avec autrui, à construire des relations sociales et à utiliser votre intelligence sensorielle et relationnelle.

Vous avez des difficultés à faire preuve de douceur et de gentillesse, à attirer, plaire et séduire, à fonder un couple, à coopérer et à partager, à générer de la fluidité, à approvisionner les ressources nécessaires, à gérer intelligemment les ressources présentes, à être dans la joie, à générer l'abondance dans votre vie, à embellir et harmoniser chaque situation voire à y apporter une touche de magie et de grâce, à apporter votre contribution à la vie et à créer votre bonheur sur Terre.

- **Vos peurs :** L'Etoile peut vous conférer la peur de déplaire, d'être privé(e) de bonheur, de nature ou de verdure, de ne pas pouvoir fleurir, vous épanouir et être aimé(e).

- **Vos manques :** Si l'énergie de l'Etoile manque à l'appel, vous manquez alors de direction, d'intuition, d'une étoile qui vous guide, de joie, d'harmonie, d'équilibre, de fluidité, de beauté, d'humilité, de croissance ou de chance.

- **Les excès à éviter :** Si cet arcane est mal intégré, vous avez tendance à embellir la réalité au point de vivre dans un monde illusoire. Vous apparaissez peut être comme une personne soumise, molle, paresseuse, naïve, lente, incohérente, ignorante, irréaliste, excessivement sensible, fragile et esclave de vos peurs et de vos sens. Vous avez des difficultés à faire circuler l'énergie dans votre corps et à vous orienter dans la vie. Vous manquez d'énergie, de courage et d'enthousiasme. Vous êtes une personne hyperémotive, trop décontractée, négligente, insouciante, dilettante et désorientée. Vous abusez des plaisirs terrestres, accordez trop d'importance à la forme, au corps ou aux relations, êtes totalement dépendante d'autrui et avez des difficultés à vous adapter à la nouveauté, aux changements, à l'inconnu et à l'évolution.

Les événements difficiles associés à l'Etoile : Votre timidité, une certaine paresse ou vos peurs vous empêchent d'exprimer votre intelligence relationnelle. L'énergie ne circule pas harmonieusement. Votre situation n'est pas fluide. Il y a des retards. Il y a un manque d'énergie, d'efficacité et de réalisme. Il y a un manque de beauté, d'harmonie, de plaisir et de joie.

Il y a des difficultés en lien avec votre corps, des freins à la concrétisation, des illusions, une soumission qui n'est pas juste, un problème en lien avec une femme, des circonstances disharmonieuses ou un manque de chance. La situation astrologique ou astrale est défavorable et n'est pas productive en ce moment. Une graine, c'est-à-dire un projet ou un potentiel, a des difficultés à fleurir et à devenir une belle plante. Votre situation n'évolue pas harmonieusement.

18-LA LUNE

Les faiblesses de la Lune : Quand l'arcane est inversé, mal intégré et exprimé de façon disharmonieuse :

- Vos difficultés : Si l'énergie de la Lune n'est pas équilibrée, vous avez alors des difficultés à vous sentir en vie, à prendre soin de vous et de la vie, à rêver et à réaliser vos rêves, à établir une relation harmonieuse avec votre mère, votre famille ou avec vos enfants, à créer un foyer, à vous nourrir correctement, à vous habituer, à faire aboutir et éclore les choses et les situations, à exprimer vos émotions et à trouver le bien-être.

- Vos peurs : La Lune peut vous conférer la peur de ne pas avoir assez   à manger, d'être sans foyer ou de faire des cauchemars

- Vos manques : Si l'énergie positive de la Lune est absente, vous manquez alors de réceptivité, d'écoute, de sensibilité, d'imagination, d'intuition,   de créativité, de fluidité, de vie, d'eau, de naturel, d'intimité, de sympathie, de popularité, de nourritures positives et de bien-être.

- Les excès à éviter : Si cet arcane est mal intégré, vous avez alors parfois tendance à être stressé(e) émotionnellement, à douter de tout, à être facilement submergé(e) par vos émotions et vos peurs, à être lunatique, superstitieux(se), inconscient(e), souvent   perturbé(e), dépressif(ve)   et   instable   parce qu'excessivement gouverné(e) par votre inconscient ou votre passé, à paniquer facilement et de façon irrationnelle à la moindre tension ou dès un qu'élément nouveau et inconnu vient troubler votre quiétude, à fuir la réalité et à vivre dans un état de rêverie tel un(e) somnambule à moitié éveillé(e), à prendre vos rêves ou vos cauchemars pour des réalités, à être une personne excessivement sensible et hyperémotive. Cela peut parfois vous transformer en personne vorace et gloutonne.

Vous avez parfois tendance à être une personne naïve, crédule et pleine d'illusions, à voir le monde d'une façon subjective en fonction de l'image que vous vous en faites, à vous laisser égarer par des mensonges, des illusions, des désillusions, des images trompeuses et des hallucinations, à vivre dans la nuit et dans un état de confusion avec une peur permanente du lendemain, à recourir systématiquement au chantage affectif, à être lente, incohérente, ignorante, esclave de vos peurs et de vos sens et soumise à la volonté des uns et des autres.

Vous avez parfois des difficultés à faire circuler l'énergie et l'eau dans votre corps et manquer alors d'énergie, d'autonomie, de courage et d'enthousiasme. Vous avez tendance à être une personne excessivement décontractée, dilettante et peut-être paresseuse, à abuser des plaisirs terrestres, d'alcool ou de médicaments, à maintenir des situations de dépendance ou à accorder trop d'importance aux relations émotionnelles, aux mémoires, à la relation avec votre mère ou votre famille au point d'avoir des difficultés à sortir du cocon familial, à être vous-même et à vivre votre propre vie.

Les événements difficiles associés à la Lune : Il y a un environnement trouble, négatif et synonyme d'insécurité. Il y a une situation qui fait revenir dans le présent des choses désagréables du passé. Il y a une situation angoissante, perturbante émotionnellement, chaotique, cauchemardesque ou qui n'avance pas pour des raisons mystérieuses qui n'ont aucun sens. Il y a une personne lunatique qui vous perturbe ou qui a recours au chantage affectif et à la tromperie. Il y a une situation où quelque chose est dissimulé et éclipsé. Il y a une éclipse de Soleil. Il y a une fuite, un vice caché, une tromperie, une rivalité cachée, un mensonge, un élément corrompu ou quelque chose qui est en train de pourrir.

Il y a une illusion, un mirage, une vision déformée de la réalité, un miroir qui déforme et des croyances qui sont fausses. La préparation de quelque chose ne se passe pas bien. Le lieu d'habitation est déséquilibré et a une influence néfaste. L'eau ou la nourriture sont contaminés.

Il y a un manque de fluidité, de quiétude et de vie. Quelqu'un ou quelque chose est énergétiquement affaiblie par quelque chose. On cherche à vous mettre dans une situation de dépendance.

19-LE SOLEIL

Les faiblesses du Soleil : Quand l'arcane est inversé, mal intégré et exprimé de façon disharmonieuse :

- **Vos difficultés :** Si l'énergie du Soleil n'est pas équilibrée, vous avez alors des difficultés à vous connecter à votre cœur, à avoir conscience de votre valeur, à vous aimer et à aimer, à avoir confiance en vous et en la vie, à partager et à créer des relations privilégiées, à avoir une vision et des objectifs, à exprimer votre volonté, votre créativité et vos talents, à vous donner les moyens d'atteindre vos objectifs, à saisir les opportunités, à bénéficier de l'aide et de la générosité nécessaires, à créer une relation de couple heureuse et à réussir.
- **Vos peurs :** Le Soleil peut vous conférer la peur de vous brûler, d'aimer ou d'être aimé(e), de manquer de lumière, d'amour et de chaleur, de vivre dans l'anonymat, l'échec ou l'absence de réussite.
- **Vos manques :** Si l'énergie du Soleil manque à l'appel, vous manquez alors de clarté, de vision, de lumière, d'idéaux, de valeurs, de repères, de certitudes, d'objectifs, de grandes lignes directrices qui structurent votre vie, de cœur, d'amour, de conscience, de chaleur, de capacité à partager, de générosité, de volonté, de créativité, de confiance en vous, de puissance, d'organisation, de moyens, de chance, de joie, de bonheur et de réussite.
- **Les excès à éviter :** Si cet arcane n'est pas correctement intégré, vous pouvez alors parfois apparaître, par exemple, comme une personne qui accorde de la valeur à ce qui n'en a pas, qui est orgueilleuse et arrogante, égocentrique et mégalomane, rigide et susceptible, qui manque de vision, qui a un complexe de supériorité ou d'infériorité, qui a une tendance à la vantardise ou a toujours se situer en dominant exerçant une autorité sur un dominé.

Vous avez alors peut-être aussi tendance à renier vos ombres et les problèmes, à croire que tout vous est dû, à vous servir des autres pour atteindre vos objectifs, à adhérer à des modèles et des objectifs contraires à votre évolution, à être une personne trop transparente dans vos intentions et décisions, à être excessivement ambitieuse ou centrée sur l'image et la parure, à vouloir systématiquement définir les règles, à prendre position de façon théâtrale dans toute situation nouvelle au point d'empêcher les autres de s'exprimer, à avoir des réactions autoritaires, à vouloir toujours tout contrôler, à être toujours en train de réclamer, à vous comporter en dictateur, à croire que vous êtes le centre du monde, à toujours vouloir que les choses soient faites selon ce que vous voulez, à construire des murs partout afin de vous sentir protégé(e), à vivre dans un monde idéal, décalée des réalités quotidiennes et à faire preuve d'un amour-propre démesuré.

Les événements difficiles associés au Soleil : La situation manque de clarté, de moyens matériels, d'objectifs, de direction ou d'organisation. Il y a un conflit d'objectifs, de vision, de valeurs, d'autorité ou d'image avec votre père, votre patron, votre responsable ou votre partenaire. Vous êtes ébloui(e) et aveuglé(e) par les flatteries d'autrui, par votre idéal, par de l'orgueil ou par des apparences qui ne reflètent pas la réalité. Vous tombez de votre piédestal, êtes détrôné(e) ou subissez les conséquences de votre naïveté, de votre égoïsme, de votre superficialité ou de votre réussite. Il est nécessaire de cacher votre lumière, de cesser de vous accorder autant d'importance et d'être humble. La situation n'est ni idéale ni lumineuse et les choses ne se passent pas comme vous voulez. L'amour est contrarié et la lumière est obscurcie.

Il y a un manque de conscience, de lumière, de partage, de générosité, d'aide, d'appuis ou de joie. La situation va vers un échec. Vous manquez de réussite ou traversez une période de sécheresse.

20- LE JUGEMENT OU LA RESURECTION OU L'ARCHANGE OU LE REVEIL DES MORTS.

Les faiblesses du Jugement : Quand l'arcane est inversé, mal intégré et exprimé de façon disharmonieuse :

- **Vos difficultés :** Si l'énergie du Jugement n'est pas équilibrée, vous avez alors des difficultés à voir les signes annonciateurs d'une dégradation, à écouter, à entendre, à communiquer, à accepter le changement et la nouveauté, à vous transformer, à vous régénérer et à vous libérer.
- **Vos peurs :** Le Jugement peut vous conférer la peur de vous sentir coupable, de mourir, de l'inconnu ou du changement.
- **Vos manques :** Si l'énergie positive du Jugement manque à l'appel, vous manquez alors d'écoute, d'informations, de conseils, d'énergie, de notoriété, de conscience et de solutions pour vous libérer et pour réussir.
- **Les excès à éviter :** Si cet arcane est mal intégré, vous pouvez alors parfois apparaître comme une personne enfermée dans sa tombe, qui fait la morte, qui est engluée dans des mémoires généalogiques ou des mémoires de vies passées, qui ne parvient pas à accoucher d'elle-même et à se libérer, qui n'est pas

totalement incarnée, qui ne croit en rien, qui veut au contraire tout le temps tout changer, qui est inadaptée et stressée, qui a tendance à croire qu'elle est la seule personne à détenir la vérité et qui impose ses idées comme des vérités suprêmes, qui a tendance aux commérages et à propager de fausses informations, qui étouffe les autres ou qui se sent tout le temps étouffée, qui ment qui est toujours en train de critiquer et de juger les autres selon ses propres critères limités, qui attise les conflits, qui nourrit un profond sentiment de culpabilité, du stress et du désespoir, qui culpabilise les gens pour mieux les manipuler, qui est machiavélique, propagandiste, prosélyte, qui commet des erreurs de jugement, qui brûle la chandelle par les deux bouts jusqu'à l'épuisement et qui vit toujours dans la précipitation.

Les événements difficiles associés au Jugement : Il y a un échec, une mauvaise nouvelle, un jugement défavorable, un manque de communication ou de nouveauté, de fausses informations, un imprévu désagréable, une mauvaise publicité qui est faite en votre défaveur, une personne qui manipule les foules, une dénonciation, une intervention extérieure négative, un problème avec la justice, une erreur de jugement, une accélération excessive des événements, une situation trop compliquée, un changement forcé ou un manque de chance. Il y a un problème en lien avec une naissance, avec l'accouchement de quelque chose ou de quelqu'un. Cela a des conséquences difficiles. Vous traversez une zone de turbulences où vous devez faire de gros efforts pour vous adapter. Il est nécessaire de sortir du trou, du tombeau, de l'impasse ou d'un lieu trop bruyant et de créer une situation entièrement nouvelle afin de renaitre de vos cendres.

21-LE MONDE OU L'AME QUI DANSE

Les faiblesses du Monde : Quand l'arcane est inversé, mal intégré et pas exprimé de façon harmonieuse :

- **Vos difficultés :** Si l'énergie du Monde n'est pas équilibrée, vous avez alors des difficultés à terminer ce que vous avez commencé, à aller au bout de vous-même, à concrétiser votre idéal, à vous réaliser et à vous épanouir, à synthétiser et à conclure, à faire preuve d'ouverture d'esprit, à avoir une vision globale de la situation, à discerner clairement l'illusion et la vérité, à comprendre votre environnement économique et législatif, à trouver et occuper votre espace dans le monde, à vous intégrer socialement, à vous sentir à votre place, à explorer le monde, à vous adapter au monde extérieur et à la société, à ne pas être happé et submergé par le monde, à travailler avec l'étranger, à avoir une envergure internationale, à équilibrer votre masculin et votre féminin, à transcender les oppositions, à agir en harmonie avec l'univers et avec votre évolution, à exprimer une intelligence globale et synthétique, à gérer votre vie et vos affaires efficacement et à triompher.

- Vos peurs : Le Monde peut vous conférer la peur du monde, la peur de réussir, la peur de l'étranger et des étrangers, la peur d'étouffer, la peur de ne pas avoir votre espace ou votre place ou la peur de ne pas réussir à aller jusqu'au bout.

- Vos manques : Si l'énergie du Monde manque à l'appel, vous manquez alors de vision, de grandeur, d'envergure, d'éducation, d'esprit de synthèse, de confiance en vous, d'objectifs, de liens avec l'extérieur, de générosité, d'espace, d'organisation, de qualité, de perfection, de soutien, de chance, de réussite et de triomphe. Peut-être donnez-vous trop de pouvoir à des personnes ou des éléments extérieurs.

- Les excès à éviter : Si cet arcane est mal intégré, vous pouvez alors parfois apparaître comme une personne enfermée dans son cocon, ses carcans, son ordinateur, sa télévision et sa petitesse, déséquilibrée dans son masculin ou son féminin, isolée socialement et déconnectée de la réalité, qui au contraire manque de vie privée par excès de vie extérieure, happée et submergé par le monde, qui se perd dans le monde extérieur et dans les mondanités, qui accorde de l'importance à des choses qui n'en ont aucune, qui amplifie des détails en oubliant l'essentiel, qui est prisonnière de ses rôles ou d'une suffisance qui empêche toute remise en question et qui l'incite à croire que tout est de la faute des autres.

Vous semblez alors être une personne souvent dans le contrôle, le calcul, l'influence et la manipulation derrière une façade angélique, qui veut des résultats sans vouloir faire les efforts nécessaires, qui en fait trop, qui a trop d'exigences, qui confond évolution et perfection, qui focalise trop sur les imperfections au point de bloquer toute évolution, qui est dans la toute puissance ou qui au contraire n'exprime plus aucune créativité, qui est dans la prétention, le snobisme, l'égocentrisme, la vanité, la mégalomanie, le racisme, l'utopie, la théorie et la virtualité, qui est envahissante, colonialiste et étouffante et qui vit dans le mensonge et dans la fiction.

Les événements difficiles associés au Monde : Vous rencontrez un obstacle lié au monde extérieur. L'environnement est perturbé, déséquilibrant, basé sur des illusions et des mirages. Le contexte est défavorable. Quelque chose est inachevé, incomplet ou rempli d'imperfections.

Il est défavorable d'effectuer un voyage ou d'être en lien avec l'étranger ou avec des étrangers. Un voyage ne se passe pas bien. Il y a une personne qui est de très mauvais conseil. Vous êtes envahi et étouffé par le monde et sa folie, par vos activités professionnelles, par vos responsabilités ou par vos illusions, vos fictions ou par le serpent du paradis. Les réactions de l'entourage sont défavorables. Il y a un manque de reconnaissance et de soutien social.

Vous n'arrivez pas à sortir de votre bulle. Vous vous retrouvez isolé(e) socialement. Vous subissez un échec, un éloignement ou une réponse défavorable. Vous ratez quelque chose (votre examen, votre avion etc). Vous ne parvenez pas à terminer quelque chose. Vous êtes dépendant(e) de votre environnement extérieur qui perturbe votre situation.

0 ou 22 ou pas de nombre - LE MAT OU LE FOU

Les faiblesses du Mat : Quand l'arcane est inversé, mal intégré et pas exprimé de façon harmonieuse :

- **Vos difficultés :** Si l'énergie du Mat n'est pas équilibrée, vous avez alors des difficultés à être une personne sympathique, naturelle et spontanée, souple et fluide, à vous adapter avec une grande intelligence, à imiter ce qui permet la réussite, à être totalement autonome, à faire preuve de légèreté et de fantaisie, à exprimer un sens de l'humour et de la répartie, à gérer la forme avec talent, à aller de l'avant vers l'inconnu avec la foi même si vous ne savez pas où vous allez, à optimiser vos ressources et à vivre avec peu, à être sans cadres et en dehors des normes, à ne pas être enfermé(e) dans une structure ou un système, à sortir des sentiers battus, à vous mettre en mouvement, à avancer, à partir à l'aventure avec votre baluchon pour explorer de nouveaux horizons, à expérimenter l'inconnu, à voir les choses telles qu'elles sont, à totalement changer votre vision de vous-même et des choses, à vivre votre propre vérité et à affirmer votre propre spécificité et votre vérité en vous démarquant des autres et à être une personne libre et heureuse.

- **Vos peurs :** Le Mat peut vous conférer la peur d'être libre ou de ne pas être libre, de sortir des cadres, la peur du vide, la peur de l'abandon, la peur de la folie ou la peur d'être une personne nulle.

- **Vos manques :** Si l'énergie du Mat manque à l'appel, vous manquez alors de naturel, de spontanéité, de légèreté, d'autonomie, de mouvement, de foi, de génie et de liberté. Vous ne réfléchissez pas assez ou pas comme il faudrait.

- Les excès à éviter : Si cet arcane est mal intégré, vous pouvez alors parfois apparaître comme une âme errante dans les labyrinthes du monde et du mental, comme une personne sans identité, ignorante, étourdie, écervelée, incohérente, désorganisée, égarée, fragile, décalée, chaotique, immature, irréaliste, irresponsable, stupide, excentrique, extravagante, bizarre, étrange, délirante, utopiste, vivant dans la confusion, nourrissant sans cesse ses illusions et ses souffrances, manquant de repères, perturbée par des problèmes psychologiques, sans conscience ni but, ni structure ni sens ni toit ni loi, déséquilibrée, enfermée dans ses pensées et dans un bavardage incessant, marginale, perdue dans les méandres de mémoires généalogiques ou de mémoires de vies passées, égarée et entêtée dans ses erreurs, totalement imprévisible, irrationnelle, déprimée et tournant en rond dans un état de folie. Il ne tient alors qu'à vous de faire le choix d'incarner le côté positif du Mat, de trouver votre spécificité, votre centre, votre identité, de cesser de vous dévaloriser et d'exprimer qui vous êtes en vous mettant au service de la vie.

Les événements difficiles associés au Mat : Une personne ou une situation vous empêche d'être libre. Un événement imprévu et complètement indépendant de votre volonté génère une difficulté. Vous ne savez pas du tout où vous allez. Il y a une personne ou une situation déprimante, incohérente, compliquée ou qui n'a aucun sens. Il y a du gaspillage ou une fuite. Quelque chose se dérègle. La situation vous échappe. Ce n'est vraiment pas le moment d'être l'insouciant(e) ou de partir dans l'inconnu et de changer de voie. Vous vous trompez de route. Vous êtes perdu(e) et égaré(e). Vous faîtes une erreur ou commettez une maladresse. Il y a une période d'errance, de flou, d'absence de repères, d'incohérence et de manque de conscience. Il y a un échec ou la fin de quelque chose. C'est un faux, une copie, une imitation, un fantôme, une illusion. Vous perdez la tête. Vous perdez votre liberté. Une personne qui observe cela de l'extérieur pourrait alors s'exclamer « C'est « n'importe quoi ! C'est le chaos ! C'est zéro ! ». Vous devez repartir à zéro.

Arcane 3 : L'intervenant : Il représente ce qui intervient, ce qui domine la situation, les préoccupations profondes du consultant, le temps, la météo, ce qui est dans l'air, le message du ciel, les faits actuels, le destin actuel et ses possibilités, l'influence extérieure, l'environnement tel qu'il est et son impact dans la vie du consultant. Il indique aussi un événement à venir, une solution possible pour s'adapter. Il révèle donc le chemin que prennent les choses ou celui qu'elles doivent prendre, un conseil à suivre pour aider à l'adaptation, à la réalisation, à l'évolution et pour avancer. Cela peut par exemple s'interpréter ainsi « Actuellement, l'environnement dans lequel vous vous trouvez est le suivant et pour vous adapter et pour évoluer, il est judicieux de … » ou encore, « vous rencontrerez un événement en lien avec… et il est judicieux de »…

Interprétation des 22 arcanes en position 3

1-LE BATELEUR OU LE MAGICIEN

Les questions du Bateleur : Quelle est mon intention ? Quels sont mes objectifs et mes motivations ? Sur quoi est ce que je fixe mon attention ? Comment être Magicien ou Magicienne ? Que suis-je en train de démarrer ? Qu'est ce que j'ai entre les mains et pour aller où ?

Quel est le monde auquel j'aspire aujourd'hui ? Qu'ai-je envie de faire apparaitre dans ma réalité ? Quels sont les moyens dont je dispose pour cela? Comment suis-je compétent(e) ?

Le sens à donner quand cette lame est choisie :

• Il est judicieux de prendre conscience que vous avez l'énergie, la motivation, les ressources, le potentiel, les capacités et tous les outils pour réussir dans une entreprise, mais dans le désordre. Tout cela nécessite alors d'être organisé. Vous n'avez par contre sans doute pas encore forcément l'expérience et la maturité idéale. Il vous faut donc passer à l'action, agir, vous lancer et mettre en pratique. L'évolution de la situation dépend surtout de vous, de ce que vous décidez et de ce que vous faîtes.

• Il est nécessaire d'apprendre à agir en silence, de façon naturelle et sans efforts, de bien gérer vos pensées, vos paroles et votre énergie, de vous fixer un nouvel objectif, de penser et d'agir en pleine conscience, de trouver de nouveaux outils, une nouvelle motivation, une nouvelle source d'énergie, de démarrer quelque chose de nouveau, d'innover et de créer un nouvel événement ou quelque chose à partir de rien. Cela implique d'être conscient, naturel et présent à ce qui est, de décider, de croire et d'agir efficacement.

• Il est nécessaire de sortir de votre monde, d'être ouvert à la vie et à ce qui se présente, de vous affirmer, d'exprimer votre volonté et votre pouvoir créateur afin d'atteindre vos objectifs, d'expérimenter en sachant que tout est possible, de partir à l'aventure, d'oser, d'envisager de nouvelles possibilités, de tenter votre chance, de vous mettre au travail, de vous investir dans une activité et de suivre le chemin de la vie et de l'action.

• Il est nécessaire de vous relier à la « Source de toute vie », d'écouter votre enfant intérieur, de le laisser s'exprimer, d'être libre et autonome, de lâcher le passé, de vivre dans l'instant présent et de faire ce que vous voulez vraiment faire.

• Il est nécessaire de trouver et d'utiliser vos compétences, de développer des savoirs-faire, d'utiliser des outils, de faire de la magie et de trouver le plaisir, l'émerveillement et la joie dans ce que vous faites. Vous êtes libre et outillé pour faire ce qui doit être fait.

• Il est nécessaire de démarrer ou de prendre un nouveau départ. Quelque chose nait, démarre et se met en action.

2-LA PAPESSE OU LA GRANDE PRETRESSE

Les questions de la Papesse : Quelle relation ai-je avec ma grand-mère ou ma mère ? Qu'est ce que je ressens ? Quels sont mes souvenirs, mes croyances et les écrans qui m'empêchent de voir la réalité telle qu'elle est ? Qu'y a-t-il dans mon inconscient et dans les profondeurs de mon âme?

Quel moule dois-je fabriquer ou quelles informations dois-je trouver ou voir pour faire évoluer la situation ? Que dois-je approfondir ? Quel est mon système d'information, mon système de croyances ? Reflète-t-il la réalité ou la déforme-t-elle et si oui comment ? A quoi dois-je donner naissance ? Que suis-je en train de préparer ?

Le sens à donner quand cette lame est choisie :

• Il est nécessaire de trouver ou de dévoiler les « bonnes » informations, les bonnes clefs, les ressources émotionnelles nécessaires, un système de connaissances adapté, et des informations qui sont actuellement inconnues ou enfouies dans une mémoire, dans l'inconscient. Il y a un écran à enlever ou à mettre en place, un secret à dévoiler ou à protéger, un mystère à percer, une énigme à résoudre, un potentiel inexploité à révéler, un désir inavoué à assouvir ou quelque chose à approfondir.

• Il est nécessaire d'organiser des informations stockées sous forme de papiers, de billets, de contrats, de documents ou de livres. Il est nécessaire d'effectuer une étude ou d'apporter une expertise, peut-être en lien avec l'âme humaine. La situation prend forme petit à petit grâce aux conseils d'une femme.

• En ce moment, les choses se passent surtout dans l'invisible. Il est nécessaire de préparer, d'attendre, de patienter et de voir ce qui va en sortir. La situation est en gestation, en phase de murissement, en préparation et en lente structuration.

• Il est nécessaire de chercher une personne qui détient des informations et d'écouter cette personne, de solliciter l'aide d'une femme sage, dotée de connaissances, « voyante dans l'invisible » et capable de donner des clefs et d'apporter des réponses.

•Il est nécessaire de suivre vos bonnes intuitions et faire appel aux qualités féminines de réceptivité et d'imagination, de développer un meilleur équilibre émotionnel, de prendre soin de vous et de la vie, de vous ressourcer, de vous nourrir correctement sur tous les plans et de prendre en compte votre passé, vos rêves, votre inconscient et vos mémoires.

3-L'IMPERATRICE

Cet arcane apporte du mouvement, des échanges, de la vie et une touche de beauté et de joie. Il demande de s'adapter et d'utiliser son intelligence.

Les questions de l'Impératrice : Quelle relation ai-je avec ma mère ? Comment ai-je envie de m'adapter ? De quoi ai-je besoin pour m'adapter ? De quoi ai-je envie de prendre soin ? Qu'ai-je envie de communiquer et d'exprimer ? Que dois-je comprendre ? Que dois-je entendre ? Qu'est ce qui prend forme ? Que dois-je coordonner et gérer ? Que dois-je faire pour gérer efficacement la situation ?

Le sens à donner quand cette lame est choisie :

• Une nouvelle situation émerge, prend forme, fleurit et se développe, grâce à l'énergie, au mouvement, à la créativité, aux idées, aux bonnes informations, à l'intelligence en action et à la capacité de prendre soin de la situation.

- Il y a des nouvelles rencontres, des discussions, des messages, des échanges, des nouvelles, des lettres, des courriers électroniques, des déplacements, du mouvement et une intense activité intellectuelle.

- Il est nécessaire de communiquer, de respirer, de vous exprimer, d'échanger des biens ou des services, de prospecter, de développer votre carnet d'adresses, de vous mettre en mouvement, de suivre votre curiosité, de vous adapter intelligemment, avec joie et plaisir, en synchronisant votre énergie, vos désirs, vos pensées, vos paroles et vos actions, d'adopter une mentalité positive, de servir l'empire et d'aimer la vie.

- La beauté, le charme, l'élégance, la joie, le plaisir, le désir, le pouvoir de séduction et la féminité s'expriment efficacement et font évoluer la situation.

- Il est nécessaire d'être souple et de trouver des solutions efficaces et intelligentes aux difficultés qui se présentent, en considérant toutes les facettes de la situation, en abordant la situation sous différents angles d'approche.

- Une belle femme joue un rôle essentiel dans la situation.

- Il y a une expression juste, un dialogue productif, un mouvement fluide, une adaptation positive, une réussite, l'abondance, une création de richesses, une situation charmante et une réponse favorable. Les projets avancent grâce à une bonne communication et à une coordination intelligente des différents éléments présents dans la situation.

4-L'EMPEREUR

Les questions de l'Empereur : Quelle relation ai-je avec mon père, mon patron ou avec l'autorité ? Comment faire pour prendre ma place, pour être légitime, pour construire, pour bâtir mon empire ou pour participer à un empire existant ? Que faire pour protéger mon empire ? Quelle sont les règles présentes dans la situation ? Comment organiser, gérer et maîtriser la situation ? Que suis-je en train de bâtir ? Qu'est ce qui doit-être mis en ordre ? A qui ou quoi je donne mon pouvoir ? Comment est ce que je peux exprimer ma puissance ?

Le sens à donner quand cette lame est choisie :

- Vous avez la volonté, le réalisme, l'autorité, la légitimité, le pouvoir, le contrôle de vous-même, la puissance, les capacités d'organisation, le sens des responsabilités, la fermeté et la maîtrise nécessaires pour réaliser et construire quelque chose de durable, pour apporter de l'ordre au chaos, pour protéger un territoire existant (un empire) et pour maitriser la situation, la matière, les contraintes, les obligations, les événements ou l'aspect matériel de la situation.

• Il est nécessaire d'être légitime, d'exprimer votre autorité avec fermeté, de vous imposer, de prendre des décisions, de consolider vos bases, de cadrer et structurer, de vous organiser efficacement et de vous donner les moyens pour agir dans le monde, de concrétiser les choses, de maîtriser la situation, d'être réaliste et pragmatique, d'assumer vos responsabilités, de prendre votre place et de jouer votre rôle au sein de l'empire.

• La situation comporte des contraintes et des règles dont vous devez tenir compte. Les choses s'organisent, se concrétisent et se stabilisent dans la matière. Il est nécessaire de prendre position et de vous occuper d'un territoire en tenant compte des règles existantes ou en imposant vos propres règles.

• Un responsable, un dirigeant, un patron, un patriarche, un homme mûr, expérimenté, maître dans son art et ayant un rôle social important joue un rôle clef dans la situation. Il y a une énergie légitime et aboutie qui maîtrise la situation. Il est nécessaire de solliciter la personne qui a le pouvoir.

• L'issue de la situation est en lien avec les institutions, les lois, la vie professionnelle ou une autorité extérieure légitime.

• La maîtrise et la sécurisation d'une situation permettent de définir clairement les frontières et d'apporter une protection.

• Une quantité importante de travail et de gros efforts sont nécessaires pour obtenir des résultats. Il y a une réussite matérielle possible par le travail.

5-LE GRAND PRETRE OU LE PAPE

Les questions du Grand-Prêtre : Quelle est le sens de la situation ? Quelles sont les leçons à tirer de ce qui se passe ? De quels conseils ou enseignements ai-je besoin ? De quoi ai-je vraiment besoin pour être protégé et pour me sentir béni(e)? Qu'est ce qui me guide ? Quelle est ma philosophie de vie ? Quelles sont les valeurs en lesquelles j'ai foi ?

Le sens à donner quand cette lame est choisie :

• Il est nécessaire ou judicieux de vous exprimer, de débattre, de négocier, d'agir selon votre conscience, d'effectuer une formation, de recevoir un enseignement, de gérer un système d'informations, de trouver de bons conseils, de les écouter, de tenir compte des valeurs de la société ou encore de faire appel à un enseignant, à un guide ou à un expert.

•Il est nécessaire ou judicieux d'inspirer confiance, d'avoir confiance, de donner du sens, d'effectuer un rituel, de prendre en compte des valeurs religieuses, d'avoir la foi, d'exprimer votre sens du sacré, de voir les choses sous un angle spirituel, d'élever votre vision, de donner une dimension sacrée à la situation, d'être en harmonie avec l'ordre des choses, de faire preuve de bienveillance et de générosité et d'exprimer ce qu'il y a de plus positif en vous afin de promouvoir le bien.

• Il est nécessaire d'unir et de réunir des éléments séparés, de rassembler, de pacifier, de conclure une union, de rédiger et signer un contrat, d'officialiser, de légitimer et de vous réconcilier avec vous-même.

• Il y a une protection efficace. Il est nécessaire de bénéficier d'une protection, de protéger ce qui doit l'être, de rassurer, d'être rassuré(e) et de trouver la paix de l'esprit.

• Il y a une activité en lien avec un système d'information ou avec la religion. Il est nécessaire de porter et de gérer une équipe, un groupe ou une assemblée.

• Vous avez la conscience, l'intelligence, le bon sens, l'organisation, la bénédiction, la foi et la protection qui sont nécessaires pour donner le meilleur de vous-même et pour réussir.

6-L'AMOUREUX, LES AMOUREUX OU LES DEUX ROUTES

Les questions de l'Amoureux : Dans quel état est ma joie ou ma vie de couple ? Comment puis-je décrire mon côté masculin et mon côté féminin et de quoi ont-t-ils besoin pour s'exprimer harmonieusement ? Quelles sont les raisons conscientes qui m'ont motivé pour m'engager dans cette relation ? Quelles sont les raisons inconscientes qui m'ont motivé pour m'engager dans cette relation ? Qu'est ce que j'attends de mon ou de ma partenaire et qu'attend t'il ou elle de moi ? Qu'est ce que j'apporte et donne à l'autre et qu'est ce que mon ou ma partenaire m'apporte et me donne ? Qu'est ce que je reçois de l'autre et que reçoit-il ou elle de moi ? Qu'est ce que je ne reçois pas de l'autre et que ne reçoit-il ou elle pas de moi ? Qu'est ce qui est harmonieux dans la relation et qu'est ce qui ne l'est pas (exemples : domaine matériel, domaine sexuel, la communication, la vie au foyer, la famille, les enfants, l'amour et le partage, la santé, la vie sociale, l'évolution spirituelle, la vie professionnelle, la liberté, l'enchantement et la transcendance) ? Quel est le sens de cette relation ? Qu'est ce qui favorise ou freine cette relation ? Qu'est ce qui nous rassemble et qu'est ce qui nous sépare ? Comment va évoluer la relation à court et long terme ? Comment faire le bon choix ? Quel est le bon choix ? Qu'est ce qui m'apporte réellement de la joie et du plaisir ? Qu'est ce que j'aime et qu'est ce que je n'aime pas et pourquoi ? Qu'est ce qui nourrit mon envie de vivre et mon désir d'être heureux(se) ? Quel désir conscient ou inconscient influence mon choix ? Comment concilier les contraires ? Suis-je une personne heureuse ? Comment créer mon bonheur ?

Le sens à donner quand cette lame est choisie :

• La situation est plus complexe qu'elle ne semble l'être de prime abord. Il y a deux propositions voire des propositions multiples. Vous devez donc choisir et vous positionner en écoutant vos vrais désirs et non ceux des autres. Vous devez examiner les différentes possibilités, sélectionner une option, utiliser votre libre arbitre, écouter votre cœur et faire un choix, dans l'instant présent, en ayant conscience des conséquences de votre choix.

• Il est nécessaire d'aller à la rencontre des autres et de créer des liens, de focaliser votre attention sur vos désirs, vos sens, vos sentiments, vos relations, votre joie et sur l'amour qu'il y a dans votre cœur, de vous engager dans une relation sentimentale sur le chemin de l'amour, de pratiquer l'art d'aimer en cultivant la relation amoureuse comme on cultive une belle fleur dans un jardin et de développer votre expérience de la joie et du ravissement.

• Il y a une nécessité de choisir entre le désir et le besoin, entre la facilité et les efforts, entre ce qui est inférieur et ce qui est supérieur, entre une vie exclusivement réservée à la matière et une vie qui laisse une place à la vie spirituelle.

• Il y a une intense activité relationnelle, une rencontre, une relation sentimentale, une union ou une situation où les sentiments et l'affectif entrent en jeu.

• Il y a une situation très agréable, très harmonieuse et une période de joie et de fraîcheur, où vous vous laissez porter par la vie, par la joie du partage et par le plaisir.

- Il y a un désir de faire quelque chose et ce désir doit être pris en compte. Il y a une nécessité d'écouter vos vrais désirs, de résister à la tentation, d'aimer ce que vous faites et de faire ce que vous aimez.

- Il y a une nécessité de prendre soin de la forme, de vos relations, de votre couple, de vos vêtements et de votre joie, de faire preuve de douceur, de créer du bonheur et de générer de l'harmonie dans votre vie.

- Il est nécessaire d'associer l'effort à la grâce et de vous engager afin d'avancer de façon harmonieuse et équilibrée.

- Il n'y a qu'un demi-résultat. Il y a deux éléments en jeu.

7-LE CHARIOT

Cet arcane, qui dynamise un tirage, symbolise les missions, l'activité et le travail dans son ensemble. Il permet de prendre la situation en main.

Les questions du Chariot : Quel est mon objectif ? Est ce qu'il dépend de moi ? Qu'est ce que cela va m'apporter de l'atteindre ? Comment saurai-je que j'ai atteint mon objectif ? Qu'est ce qui m'empêche d'atteindre mon objectif ? Quels sont les inconvénients et les avantages à atteindre mon objectif ? Comment faire pour l'atteindre ? Quelle est ma mission? De quel véhicule et de quelles ressources ai-je besoin pour atteindre mon objectif ? Vers où aller ? Avec quelle organisation, quelle stratégie et quel plan de bataille ? De quelle victoire ai-je besoin ? Quelles sont les forces opposées que je dois concilier ?

Qu'est ce qui me motive, me stimule et me fait avancer ? Quel est mon moteur ? Quelle est ma victoire ? Comment dois-je diriger ma vie ? Dans quelle direction dois-je aller ? Quelle est ma destination ?

Le sens à donner quand cette lame est choisie :

- Vous entrez dans une période d'intense activité nécessitant de gérer des affaires, d'effectuer de nombreuses démarches, d'entreprendre des déplacements et d'organiser une multitude de rencontres.

- Vous avez fait un choix. Si vous ne savez pas trop dans quelle direction aller et si la situation peut paraître un peu chaotique ou désordonnée, il est alors judicieux d'observer s'il n'y a pas en vous un tiraillement entre des pulsions contraires, de trouver un équilibre entre deux forces opposées, de voir ce qui gêne votre fluidité et votre avancement, de vous fier à votre instinct et de faire la paix avec vous-même.

•Il est alors nécessaire de vous arrêter, de vous poser, de faire un bilan technique, de définir un objectif, des moyens et la direction que vous voulez prendre, de savoir où vous allez ou d'accepter d'avancer dans l'inconnu, de mettre au point une stratégie ou un plan de bataille et de préparer la suite de votre chemin ou une future expédition.

• Il est judicieux, nécessaire et possible d'avoir confiance en vous, de saisir une opportunité qui se présente, de croire en vous, d'être dynamique et audacieux, de vous lancer, de vous affirmer, de faire preuve de courage, de prendre votre vie en main, d'être maître de vos instincts (de diriger les chevaux et non l'inverse), d'utiliser vos compétences, de maîtriser la situation, d'être autonome, de lutter pour atteindre vos objectifs, de conquérir votre place dans le monde et de faire le nécessaire pour obtenir la victoire et pour triompher.

• Votre motivation, votre audace, votre élan, votre courage votre dynamisme, votre combativité, votre capacité à vous donner l'autorisation et les moyens d'avancer, votre énergie, votre fougue, votre enthousiasme, votre passion et des actions efficaces vous permettent d'avancer, de progresser, de conquérir de nouveaux territoires, de franchir un cap, d'atteindre les objectifs fixés et d'aller vers la victoire. Vous faites l'expérience d'un résultat, du succès, de la réussite, de la victoire, de la chance et du triomphe. Vous êtes dans une période de votre vie où vous avancez et où tout avance.

8-LA JUSTICE

Les questions de la Justice : Qu'est ce que je suis en train de juger et selon quelles lois ? Quel est le verdict ? Quelle est ma vérité ? Suis-je en règle ? Comment faire pour être en règle ? Pourquoi est ce que cela se produit ? Quelle est la loi qui est en cause ? Que dois-je harmoniser et rééquilibrer ? Comment trouver l'équilibre ? Qu'est ce que je dois trancher ? Qu'est ce qui est juste pour moi ?

Le sens à donner quand cette lame est choisie :

•Il y a une nécessité de faire preuve de discernement, d'effectuer une prise de conscience, de voir la vérité en face, de comprendre quelque chose, d'utiliser votre intelligence pour émettre une hypothèse, pour argumenter et pour trancher, d'avoir conscience des conséquences des choix et des actions, d'être en règle avec votre conscience.

• Il y a une nécessité de voir que ce qui se passe est juste et en harmonie avec l'ordre des choses. Vous récoltez le résultat de vos actions passées, de votre travail et de vos efforts. Vous assumez les conséquences de vos choix et actions passées. Les choses rentrent dans l'ordre.

•Il y a une nécessité de créer de l'équilibre, de rétablir l'équilibre si quelque chose est instable, d'équilibrer le donner et le recevoir, de faire des choix mesurés, justes et éclairés afin de créer le meilleur futur possible, d'être responsable, d'ajuster et de trancher.

• Il y a une nécessité de créer ou de maintenir un certain ordre, de remettre quelque chose en ordre, d'être en harmonie avec les lois de l'univers, d'appliquer les limites et le cadre définis par l'Empereur, de structurer, d'être rigoureux et impartial et de faire preuve d'éthique, de justesse et d'équité.

• Il y a une action qui s'effectue en plaine clarté mais aussi de manière officielle et légale. Il y a une nécessité de signer un contrat, de respecter les règles et les règlements, de tenir compte de la hiérarchie, de consulter un avocat, de passer devant un jury, d'engager un procès ou de consulter une personne qui fait respecter la loi.

• Il y a une nécessité de participer à la civilisation, de vous investir dans une association ou dans une structure, de travailler avec les structures administratives, de faire un bilan, de mettre vos papiers à jour ou de payer vos dettes karmiques. Il peut y avoir un sentiment de culpabilité que vous devez transformer.

• Il y a une intervention de la justice des hommes ou de la justice divine, c'est-à-dire du Karma, qui est la loi où chaque cause à sa conséquence. Il peut être nécessaire d'entamer une procédure judiciaire. Il y a une vision profonde de soi, de l'ordre des choses et des liens entre les événements ou entre les différents éléments qui composent la situation.

9-L'HERMITE

Les questions de l'Hermite : Ses questions sont les questions essentielles et existentielles. Que me dit le silence ? D'où est-ce que je viens? Qui suis-je ? Ou vais-je et que dois-je faire pour y aller ? Pourquoi? Quand ? Qu'est ce que cela signifie ? Est-ce que c'est réellement vrai quand je regarde les choses en profondeur ? Qui suis-je sans cette vérité ? Que reste-t-il quand j'ai retiré une chose après une autre ? Que dois-je abandonner ? Que suis-je en train d'abandonner ? Que dois-je approfondir ? Quel est mon objectif à long terme ? Comment puis-je accéder à la paix intérieure ? Comment faire pour méditer ?

Le sens à donner quand cette lame est choisie : Cet arcane ralentit le tirage.

•C'est le chantier! Vous êtes en chemin! Il faut faire preuve de patience et accepter que les choses prennent du temps! Les choses cheminent lentement mais surement. Il n'y a pas de résultats immédiats mais à long terme. Les efforts et le travail accompli aboutissent à terme à la construction de quelque chose et à des résultats.

• Il y a une nécessité de prendre du recul, de questionner et de trouver des réponses, de réfléchir, de chercher votre vérité, de trouver les informations nécessaires pour avancer, de vous remettre en question, de prendre votre temps, d'être prudent, de faire preuve de sagesse, d'éclairer, d'approfondir, de murir, de voir les choses en profondeur, de voir l'essence, de saisir l'unité derrière les opposés, de cheminer, de faire appel à votre expérience, de regarder votre passé, de faire un bilan, de construire, de travailler sur les fondations et sur les structures, de respecter l'ordre du temps et de chercher la sérénité.

• Il est nécessaire d'abandonner quelque chose, de laisser derrière vous ce qui n'a plus lieu d'être, de vous retirer, de faire une pause ou une retraite, d'apprendre à être seul et de murir.

•Il est nécessaire d'écouter et de vous écouter, de faire le vide pour vous libérer du trop plein, d'entendre l'appel à aller vers l'intérieur et de plonger dans le vide, d'aller à l'intérieur ou vers l'inconnu, d'être en silence et de trouver votre lumière au fond de votre cœur.

• Il y a une nécessité ou une opportunité de voir un guide, un éclaireur, un sage ou un Maître, (voir personnages) afin d'avancer sur votre chemin.

• Il y a une période où la vie intérieure, la réflexion, la recherche, la préparation et la réalisation de plans priment sur l'action.

10-LA ROUE DE FORTUNE

Les questions de la Roue de fortune : Quels sont mes schémas répétitifs et comment puis-je en sortir ? Quel événement à changé ma vie ? Qu'est ce qui m'élève et qu'est ce qui me fait descendre ? Comment faire tourner la roue dans le bon sens ? Quelle est la cause de ce que se produit ici maintenant ? Quel changement est ce que je souhaite apporter à ma vie ? Que faire pour m'adapter ? Comment puis-je tenter ma chance ? Qu'est ce qui change et qu'est ce qui demeure ? Quel cycle suis-je en train de démarrer ou de terminer ? Quelle est l'étape suivante ? Qu'est ce qui fonctionne et ne fonctionne pas? Comment cela fonctionne t'il ?

Le sens à donner quand cette lame est choisie :

• Il y a une intervention du « hasard ». Une opportunité se présente. Vous avez le choix de la saisir et la possibilité de tenter votre chance, en actionnant la manivelle, pour passer à une étape suivante, pour changer de vie ou pour vivre une vie libérée des schémas du passé.

• La situation est pleine d'opportunités. Vous avez le choix entre deux possibilités, deux solutions, deux situations ou deux lieux. Il y a une alternance entre deux situations. Vous pouvez aller dans un sens ou dans un autre. C'est à vous de tenter votre chance.

• Un cycle se termine et un nouveau cycle est sur le point de démarrer. La roue tourne. Il y a un changement. Il est nécessaire d'accepter le changement qui se présente. Vous redémarrez d'une nouvelle façon. Vous reprenez votre route avec une énergie nouvelle. Il y a un renouveau. La situation évolue rapidement selon un cycle logique en conséquence de vos actions antérieures. Vous vous remettez en mouvement. Il y a des déplacements.

• Vous êtes prisonnier de pensées répétitives, de schémas, de codes, de programmes dont il est nécessaire de vous libérer. La situation est bloquée ou tourne en rond. Vous répétez ce que vous avez fait dans le passé. Il est nécessaire d'aller jusqu'au bout de votre cycle puis de changer.

• Un ou des événements, fortunés ou difficiles, surviennent indépendamment de votre volonté. Vous êtes embarqué dans une histoire ou dans les courants de l'Histoire. Il est nécessaire de vous adapter grâce à une conduite juste et aux génies de l'intelligence.

• Il y a un apprentissage technique, la réalisation d'une œuvre faisant appel à un savoir-faire technique ou la nécessité d'effectuer une analyse avec des chiffres ou des symboles.

11-LA FORCE OU LE LION DOMPTE

Les questions de la Force : Quelle est ma vision de ce qui est ? Qu'est ce que j'aime ? Qu'est ce que j'honore ? Qu'est ce qui me fait vibrer ? Quelles sont mes forces et mes faiblesses ? Qu'est ce qui nourrit ma force ? Quels sont mes désirs les plus puissants ? Qu'est ce qui me passionne ? Quel est mon adversaire ? Que dois-je vaincre et à quoi dois-je me confronter? Qu'est ce qui doit être dompté et maîtrisé ? Comment exprimer le meilleur de   moi-même et réussir ? Comment puis-je incarner et exprimer la force de l'amour ? Quelle est la signification symbolique de ce qui se passe ?   Quels actes symboliques puis-je effectuer ? Que puis-je créer ?

Le sens à donner quand cette lame est choisie :

• La situation est vibrante et intense.

• La vie vous demande de faire appel à la puissance de l'amour pour dominer les obstacles qui se présentent, pou imposer vos conditions et pour maîtriser une situation difficile avec fermeté et douceur, en instaurant un échange harmonieux et efficace d'énergie.

• Vous avez la force et toutes les ressources nécessaires pour surmonter les défis qui risquent de se présenter et pour réussir par votre propre force et par vos propres moyens, par votre capacité à être autonome et par votre capacité à être bien relié aux autres. Il y a un succès personnel, un triomphe de votre volonté et une reconnaissance extérieure.

• Il est judicieux de vous centrer, d'être à l'écoute de votre corps et de votre cœur, d'avoir pleinement conscience de ce qui se passe en vous et à l'extérieur, de définir des objectifs clairs, de rassembler les ressources nécessaires à votre réussite, d'agir efficacement en prenant la situation en main, de batailler, de fournir des efforts, d'exprimer le meilleur de vous-même, de vous dépasser, de vaincre et de laisser la force de la vie s'exprimer à travers vous, en déployant l'énergie, la motivation et la force physique, psychique, intellectuelle et spirituelle qui sont nécessaires pour obtenir le résultat voulu et pour réussir.

• La maîtrise de vous-même et de votre énergie, la force de l'amour, la force, votre force intérieure, votre courage, votre confiance en vous, votre détermination et votre puissance vous permettent de surmonter l'adversité et de dominer vos peurs, vos désirs, votre nature animale, vos instincts, une situation, une tentation ou une personne.

12-LE PENDU

Les questions du Pendu : A quoi ou à qui suis-je accroché ? Par quelle force ou courant suis-je entrainé ? Qu'est ce qui limite ma liberté ? Que suis-je en train d'attendre ? Quelle mémoire généalogique dois-je transformer ? Quelle histoire dans mes vies passées dois-je régler ? Quel sens donner à la situation ? Que dois-je lâcher ? Quelle croyance ou perception dois-je inverser ? Que dois-je sacrifier au profit de quoi ? Comment dénouer la situation ? De quoi je souffre vraiment ? Comment passer de la souffrance à la béatitude ? Comment trouver Dieu ? Quelles sont mes aspirations secrètes ? Qu'est ce qui me permet de m'évader ? Qu'est ce qui nourrit ma foi ? Qu'est ce qui est pour moi une source d'inspiration ? Comment accéder à la transcendance ?

Le sens à donner quand cette lame est choisie : Cet arcane ralentit un tirage. Il invite à voir les liens entre les choses. Il montre parfois que vous êtes accroché à la situation ou que vous la fuyez.

• La situation est bloquée, nouée, floue, incertaine, brumeuse, en suspension et hypothétique jusqu'à ce que vous la clarifiez et la dénouiez.

• Il est nécessaire d'effectuer une pause, d'attendre, de rester là où vous êtes, de vous abstenir d'agir, d'accepter les gens et les situations comme ils se présentent, de lâcher prise et de ne rien attendre dans l'immédiat.

• Il est nécessaire d'être inspiré(e), de donner du sens à la situation, d'élever votre vision avec des valeurs spirituelles, de changer de vision, d'inverser vos croyances, de renoncer à votre volonté personnelle et de vous laisser guider par la foi et par la volonté divine.

• Il est nécessaire de dénouer des nœuds psychologiques ou généalogiques et les liens de dépendance qui vous entravent et vous empêchent d'avancer, de vous libérer de vos mémoires ancestrales ou de vos mémoires de vies passées ou d'abandonner tout ce qui vous lie à votre vie passée.

- Il est nécessaire d'observer en profondeur, de méditer, de prier, de soulager une souffrance, de faire preuve de compassion et de pardonner.

- Il y a une épreuve à traverser et à surmonter ou un sacrifice à effectuer.

13-L'ARCANE SANS NOM OU LE SQUELETTE FAUCHEUR

Les questions de l'Arcane sans nom : Qu'est ce que je ne suis pas et qui suis-je vraiment ? Qu'est ce qui en moi est en sommeil, oublié et comme mort ? Que dois-je transformer ? Qu'est ce qui est en train de se transformer ? Que dois-je abandonner et oublier et au profit de quoi ? Qu'y a-t-il de l'autre côté ? Comment cela se termine-t-il ? Qu'est ce que la mort ? Comment mourir en conscience dans la joie et accéder à la vie éternelle ? Qu'est ce qui ne change jamais ? Que ferai-je quand je serai dans l'au-delà ?

Le sens à donner quand cette lame est choisie : La présence de l'Arcane sans nom dans un tirage apporte une certaine charge émotionnelle à la situation.

- Il y a une nécessité de créer ou d'affronter le vide, le désert, l'obscurité, un tunnel, un passage, un seuil, un problème et la vérité.

- Il y a une nécessité d'éliminer un obstacle, d'épurer, de couper avec le passé et les conditionnements, de vous défaire des masques qui vous procurent un faux sentiment de sécurité, d'abandonner une position, des peurs, des résistances, des idées inculquées ou des objets qui ne servent plus et de détruire pour recréer, de tourner une page, de tout changer et mettre en place un ordre nouveau.

- Il y a une libération du passé, un deuil qui se fait, une perte, une détoxination, une mise à mort de la corruption ou d'une mauvaise habitude, une évacuation d'illusions et un abandon de ce qui n'est plus utile. Cela peut être plus où moins douloureux si vous ne lâchez pas et n'acceptez pas.

- Il y a un prix à payer, un travail à faire, une pièce usée ou défectueuse à changer, la nécessité de trancher dans le vif et une prise de conscience à réaliser pour voir les causes et les racines de ce qui est ici et maintenant.

- Vous allez et avancez dans l'inconnu, dans le néant, dans le noir. Les certitudes et les habitudes de l'Empereur (qui est celui qui donne le nom) sont remises en cause et symboliquement fauchées. Il y a une perte de repères et une certaine angoisse. Il faut pourtant se lancer.

• Il y a une initiation pour apprendre le silence intérieur, pour aller à l'essentiel, vers votre vérité profonde, vers votre âme éternelle, pour intégrer la dimension invisible de la réalité et l'existence de l'au-delà, pour faire la paix avec vos ancêtres ou avec des morts et pour retrouver la mémoire spirituelle qui vous permet d'accéder à votre cœur éternel en oubliant et en abandonnant ce qui est terrestre.

• Il y a un passage difficile, une situation extrême, un changement radical, profond et soudain, une transformation profonde, une métamorphose, un bouleversement émotionnel total et parfois une révolution. Un cas de force majeure oblige à une modification radicale de la trajectoire prévue et des plans. Cette transformation vous permet d'aller vers de nouveaux objectifs voire vers une nouvelle identité. Il est nécessaire d'accepter et d'accompagner le changement. Il y a ensuite une renaissance.

• Il y a la fin d'une étape, la fin d'une situation, la fin d'un cycle et un renouveau en vue car la vie continue.

• Vous récoltez ce que vous avez semé. Votre travail et votre instinct de survie portent leurs fruits et rien ne peux vous arrêter.

• Il y a un refus, un rejet, un échec, une embuche, une situation absurde, un « loup » c'est-à-dire un souci plus ou moins visible, une faillite ou la mort réelle ou symbolique de quelque chose, c'est-à-dire une mise en sommeil, un oubli et une disparition. Le message est « non » ou « C'est mort ».

14- TEMPERANCE OU L'ANGE

Les questions de l'Ange : Quels excès doivent être tempérés ? Où dois-je apporter de l'harmonie, un nouvel équilibre, de l'espoir et trouver des solutions ? Que puis-je guérir ou améliorer dans ma vie ? Qu'est ce qui est en train de guérir en moi ? Qu'ai-je besoin ou envie de demander à mon « Ange-Gardien » ? Que dois-je faire pour progresser ? Comment développer mon réseau ? De quelle technologie ou de quelle approche psychologique ai-je besoin pour avancer ? Que dois-je faire pour devenir une personne libre et heureuse ?

Le sens à donner quand cette lame est choisie :

• Il y a une continuité dans le flux des événements, un passage logique et serein d'un état à un autre en vue d'un mieux-être, sans qu'il y ait forcément quelque chose de radicalement nouveau. La vie suit son cours de façon fluide.

• Vous êtes libre de faire ce que vous voulez. C'est à vous de faire un sage usage de votre libre arbitre. Il peut cependant être nécessaire de tempérer les choses et de modérer vos élans afin d'aller vers plus d'équilibre.

• Il y a de l'espoir, une promesse d'évolution, un progrès, une amélioration et une guérison, dans la quiétude et la sérénité, de quelque chose qui est déjà là. Il y a une réussite sereine et discrète de votre projet.

• Il est nécessaire de générer un mouvement, de changer d'état ou de lieu, d'aller sur un autre plan, de voir les choses d'une façon plus céleste, d'être une personne inspirée et positive, de combiner les choses différemment, de passer à autre chose et de vous libérer. Il y a une situation de transition, que ce soit sur un plan personnel, affectif, matériel ou spirituel.

• Il y a un message en provenance de l'univers, une coïncidence, une synchronicité, une intervention d'un plan supérieur ou du plan divin, une aide bienveillante et un accompagnement psychologique, affectif ou matériel.

• Il est nécessaire de communiquer, de faire circuler l'énergie, d'effectuer un grand nettoyage, de générer de la fluidité, de travailler en réseau ou en groupe, d'établir les bonnes connexions ou de voir les liens et les connections en jeu dans la situation, de vous connecter ou de connecter entre elles des personnes ou des informations, de vous moderniser, de gérer un projet, d'utiliser les technologies de l'information ou d'utiliser votre intelligence psychologique, relationnelle ou technologique pour trouver des solutions ou générer un progrès.

•Vous traversez une période fluide et harmonieuse, une période de calme, de repos et de tranquillité, ou bien vous vous régénérez et prenez soin de vous.

15-LE DIABLE

Les questions du Diable : Comment est-ce que je fais pour me saboter ou pour saboter ma vie et comment puis-je changer cela ? Qu'est ce qui m'angoisse ? De quoi ai-je peur et que puis-je faire pour surmonter cela ? De quoi suis-je esclave ou à quoi suis-je enchainé? Qu'est ce qui me passionne ? Qu'est ce qui ne va pas ? A qui ou à quoi suis-je lié et comment ? Quels sont mes moyens de pression ? Qu'est ce qui me met la pression ? Comment contrôler la situation ? Comment gagner de l'argent ? Qu'est ce qui est pour moi une tentation ? Qu'est ce qui me met en échec et me rend misérable ? Comment est-ce que je créé ou maintiens un état de souffrance et de misère en moi, dans ma vie ou dans la vie d'autrui ? Que dois-je amener à la lumière ?

Quelles sont les parties de moi qui manquent d'amour et qui doivent être reconnues ? Que dois-je transformer en moi ?

Le sens à donner quand cette lame est choisie : Cet arcane apporte une forte charge émotionnelle et une certaine pression à la situation. Il peut signaler un problème et une faille à traiter. Il apporte de la passion et des possibilités de gain ou de pertes.

• Il y a un problème de choix, soit on vous met la pression pour orienter votre choix, soit vous n'avez pas le choix, du moins est-ce que vous croyez, soit le choix est évident mais vous avez des difficultés à le faire par fidélité envers une ou plusieurs personnes. Vous devez pourtant trancher et agir.

• Il y a le risque de succomber à des tentations, d'être enchainé à vos excès et à vos démons intérieurs, de vous dévaloriser et de saboter votre réussite.

• Il est nécessaire de gérer vos peurs et vos angoisses.

• Il est nécessaire d'exprimer votre pouvoir personnel, de reprendre votre pouvoir, de ne plus le donner aux autres, d'utiliser vos talents cachés et votre puissance pour dominer la situation, de faire preuve d'audace et de vivre ce qui vous passionne vraiment.

• Il est nécessaire de vous fier à votre instinct et d'être lucide, de voir derrière les apparences au-delà des illusions, de voir les intentions cachées des personnes présentes dans la situation, de prendre en compte votre côté obscur ou ce que vous ne voulez pas avouer, de voir les fictions que vous créez et l'importance que vous leur accordez.

• Il est nécessaire de vous confronter à vos difficultés, de gérer vos points faibles ou vos interdits, de voir et gérer les parties de vous qui manquent d'amour, d'arrêter de vous saboter, de couper les chaines de la négativité, d'être vous-même, de faire ce qui vous passionne vraiment et d'expérimenter vos pulsions instinctives, vos désirs, vos envies, votre ombre ou vos démons.

• Vous avez la possibilité d'effectuer des transactions financières et d'obtenir des gains plus ou moins conséquents.

• La situation comporte une part d'ombre, de secret, de non-dits, d'illégitimité ou d'absence de statut. Vous subissez une influence extérieure qui freine vos progrès voire qui bloque votre situation.

• Il y a un souci, un vice caché, un « loup », un mal-être, une personne pas nette ou qui est dans un environnement négatif.

- Vous avez l'opportunité et la capacité de progresser sur le chemin vers vous-même, d'accepter vos zones d'ombre, celles que vous auriez tendance à juger et à rejeter, en cessant de leur accorder de l'attention et donc de les nourrir, d'aller au-delà des concepts du bien et du mal, de vous affranchir de vos limites, de briser vos chaines, d'aller au-delà des normes morales, sociales, philosophiques et religieuses afin d' exprimer votre être authentique et d'expérimenter ce qui vous fait vibrer.

16-LA MAISON DIEU OU LE FEU DU CIEL

Les questions de la Maison Dieu : A quoi sui-je connecté ? Qu'est ce qui me structure ? Dans quoi suis-je enfermé ? Qu'est ce qui me choque ? Quelle est la solution ? De quoi dois-je me libérer ? Quel défi dois-je relever ? De quoi suis-je en train de me libérer ? Comment puis-je m'élever jusqu'aux sommets ? Comment vivre l'expérience de Dieu ? Que puis-je faire pour favoriser la croissance de mon âme ? Que dois-je symboliquement purifier par le feu du ciel ? Quelle prise de conscience dois-je effectuer ? Qu'est ce que je dois-exprimer ? Quel cri dois-je pousser ? Quelle technologie dois-je utiliser ? Qu'est ce qui s'effondre ? Quelle vision nouvelle dois-je adopter ?

Le sens à donner quand cette lame est choisie : Cet arcane peut symboliser un choc émotionnel, une prise de conscience soudaine, un imprévu et parfois un stress dans la situation. Il peut indiquer un changement de structure.

- Il est nécessaire ou temps de déménager, de changer de structure, de maison, de local ou de façon de penser et d'aller vers une vie nouvelle.
- Il y a un événement ou une nouvelle totalement inattendue qui tombe du ciel. Cela provoque une prise de conscience, un déclic, une élévation, une libération, une explosion de joie et d'enthousiasme. Il y a une récompense, une guérison et une réussite foudroyante. Vous sabrez le champagne.
- Il est nécessaire d'utiliser votre intelligence technologique et psychologique pour gérer un projet plus ou moins complexe, pour trouver une solution et pour générer du progrès. Votre état d'hyper concentration et d'hyper organisation vous permet de faire preuve d'une redoutable efficacité.
- Une technologie, une structure ou un bâtiment jouent un rôle important dans la situation.

• Il y a une accélération des événements et une situation stressante. Cela demande de gros investissements en temps et en énergie et provoque une certaine tension intérieure.

• Il est nécessaire de sortir de vos enfermements ou au contraire de vous isoler pour être seul avec vous-même, d'effectuer une prise de conscience, de laisser vos neurones crépiter pour que les idées jaillissent, de faire une découverte, d'ouvrir une porte pour faire entrer la lumière, d'adopter une nouvelle vision du monde, de vous-même et des choses, de faire preuve d'humilité, de grandir, de vous libérer, de surprendre, d'aller vers l'inconnu et la nouveauté, de relever un défi, de vous aligner avec la « Nécessité », d'expérimenter une illumination et d'exprimer votre nature divine.

• Il y a un avertissement, un rappel à l'ordre ou un ultimatum.

• Ce qui se produit est vécu comme un défi. Cela vous propulse dans une nouvelle situation et vous oblige à vous réorganiser, à effectuer une remise en question, une prise de conscience, un changement de vision et une transformation. Il est nécessaire d'abandonner quelque chose de rigide, d'orienter votre énergie dans une nouvelle direction, de vous adapter et de vous remettre sur les rails de votre destinée.

• Il y a une expérience douloureuse et difficile, un choc, une explosion, un bouleversement, un événement soudain, brusque, brutal, foudroyant et totalement imprévu. Il y a un accident, un désastre, une explosion, une tragédie, un écroulement, quelque chose qui s'effondre, une catastrophe naturelle ou simplement un puissant orage contre lequel il faut vous préparer. Il y a un anéantissement de vos repères, de vos croyances, de vos illusions, de vos bases et fondations.

• Il y a une expérience de la présence de Dieu, de l'union de votre âme avec Dieu et une expérience de la libération de l'âme.

17-L'ETOILE OU L'ETOILE DE VENUS OU LES DEUX SOURCES

Les questions de l'Etoile : De quoi ai-je besoin pour être bien dans mon corps ? Que puis-je donner à la vie et aux autres ? Que puis-je faire pour rendre le monde meilleur ? Qu'ai-je à pardonner ? Comment créer mon bonheur ou mon paradis sur Terre ? Qu'est ce qui me remplit de joie ? Qu'est ce qui me donne de l'espoir ? Qu'est ce qui m'inspire ? Que dois-je reconnecter à la vie ?

Quelle est ma meilleure forme d'expression possible ? Comment puis-je concrétiser cette meilleure forme de moi-même ? Quel est mon meilleur futur possible ? Que puis-je donner à moi-même et aux autres ? Que puis-je faire concrètement pour créer l'abondance dans chaque domaine de ma vie ?

Le sens à donner quand cette lame est choisie : L'Etoile permet la vision du meilleur futur possible. Elle apporte une touche d'amélioration, de développement, d'espoir, de grâce et de joie à un tirage.

• Vous bénéficiez de la protection d'une bonne étoile, de l'aide de la vie ou d'une femme généreuse et une période de chance et de douceur. La situation est fluide, très harmonieuse et elle évolue naturellement. Les graines que vous avez plantées poussent et deviennent de belles plantes. Les potentiels fleurissent et les projets avancent. Il y a de l'espoir et de l'espérance.

• Il y a un besoin, une capacité et la nécessité d'être naturel(le) et vrai(e) avec vous-même et donc avec les autres, d'être relié(e) et connecté(e) à la force de la vie qui fait naturellement évoluer les choses vers leur meilleure forme, d'être relié(e) et connecté(e) à la nature et aux autres, de trouver en vous la lumière de l'amour qui vous guide, de créer des liens avec autrui, de respecter votre corps et d'en prendre soin, de vous faire plaisir, de gérer vos approvisionnements et vos ressources, de trouver les objectifs et la direction qui sont harmonieux pour votre croissance, d'exprimer votre richesse, de permettre à votre âme de croître, de générer l'abondance, d'exprimer votre joie, d'utiliser votre sens esthétique ou des capacités artistique et de faire de votre vie ou de la situation une œuvre d'art.

• Vous avez la possibilité d'être artistiquement inspiré(e), d'exprimer des capacités artistiques ou des dons, d'utiliser votre sens esthétique, de prendre soin de votre corps et de créer ou expérimenter la beauté.

• Il est nécessaire de vous reposer ou de prendre des vacances dans un environnement beau, harmonieux, agréable, tranquille, paisible, positif, inspirant et régénérant, à la campagne ou au bord de l'eau.

• Il y a une réussite grâce à votre inspiration, au fait de suivre votre intuition et votre ressenti, grâce à la chance, à vos relations, à votre sens esthétique,   à votre capacité à gérer ce qui est lié au corps, à votre capacité de gérer des ressources et à votre capacité de générer l'abondance.

• Il y a la nécessité de plier les genoux, de prendre conscience que vous êtes souvent en train de plier les genoux, de faire preuve de patience et de vous relever.

• Il est nécessaire de développer votre sentiment d'appartenir à un tout plus grand, de faire preuve d'humilité, d'avoir confiance en la vie et de servir la vie en donnant le meilleur de vous-même, avec grâce et élégance, afin d'enchanter les êtres et les lieux.

18-LA LUNE

Les questions de la Lune : Quelle est l'influence précise de mon inconscient (du passé et des mémoires) sur la situation présente ? De quoi ai-je besoin pour me ressourcer et me sentir bien ? Comment est-ce que j'utilise mon intuition ? Quelle partie de mon passé dois-je nettoyer ? Qu'est ce qui me nourrit vraiment ? Quelle porte dois-je franchir afin d'accéder à un nouveau monde ? Qu'est ce qui me fait rêver et quels sont mes rêves ? Qu'est ce que je ressens ?

Le sens à donner quand cette lame est choisie : Cet arcane relie la situation présente à l'inconscient, à l'invisible, au passé, à la mère, aux personnes présentes dans l'environnement, aux émotions ou à des faiblesses. Il apporte une part de rêve, des émotions, des incertitudes et il invite à purifier ses mémoires.

• Il y a, en lien avec la situation qui vous préoccupe, un environnement incertain, angoissant, stressant et perturbant émotionnellement ou une personne angoissée, effrayée, hyperémotive, craintive, dans un état de confusion, de mal-être ou d'illusions, plongée dans ses souvenirs et perturbée par son passé. La situation est trouble. On vous cache des choses.

• Il y a une nécessité de vous nourrir correctement sur tous les plans, de prendre soin de la vie et de votre bien-être, de vous occuper de votre foyer et de votre famille, de vous ressourcer dans un lieu protecteur et d'œuvrer pour que la vie continue avec quiétude et fluidité. L'amour maternel prend soin de la vie et vous permet d'aller vers un bien-être. La situation est comme un rêve ou un conte des mille et une nuits.

• Votre vision de la situation est influencée par vos peurs ou vos projections. Il y a des choses enfouies dans les profondeurs de votre inconscient dont il est judicieux de vous occuper. Il y a une remontée de choses du passé en provenance de votre inconscient. Il y a une nécessité d'y voir clair dans votre inconscient et dans votre passé, de nettoyer vos mémoires et votre passé, d'affronter vos peurs, d'aller au-delà de vos zones ombres, de voir des vérités précédemment cachées et de franchir une porte vers un monde inconnu, vers une nouvelle demeure plus profonde. Il y a une nécessité de franchir un seuil et une ultime étape de doutes, de craintes et d'angoisses avant d'accéder au Soleil.

• Il est nécessaire de focaliser votre attention sur des enfants ou sur le monde de l'enfance et d'utiliser l'énergie de votre inconscient et de votre imagination pour devenir le créateur de votre propre vie et pour vivre vos rêves.

• Il y a une nécessité de voir que la féminité n'est pas une source d'ombre mais de vie, de bien-être, d'inspiration et de ressourcement.

19-LE SOLEIL

Les questions du Soleil : Qu'est ce que je vois quand je regarde ce qui est avec un regard d'enfant au cœur pur ? Quelle est ma relation avec la lumière ? Quel est mon objectif ? Quelles sont mes valeurs ? Où dois-je mettre de la lumière ? Que dois-je clarifier ? Que me dit mon cœur ? Qu'est ce que je veux ? Qu'est ce qui est important ? Que signifie réussir pour moi ? Qu'est ce qui m'aide à réussir ? Qu'est ce qui me met en joie ? Que puis-je partager ? Que puis-je donner ? Que dois-je mettre en valeur ? Quelle partie de moi dois-je apprendre à mieux aimer ? Que dois-je réussir ?

Le sens à donner quand cette lame est choisie :

• Il est nécessaire d'avoir une vision claire et juste, de voir les choses telles quelles sont avec un cœur pur et un regard d'enfant, d'être réaliste, de faire des prises de conscience, de définir des objectifs, d'exprimer qui vous êtes, d'affirmer votre volonté et votre lumière, de vous mettre en valeur, de vous aimer et d'aimer les autres, de partager, d'exprimer votre créativité, d'être dans la joie, d'avoir de la gratitude pour tout ce que vous avez, de donner le meilleur de vous-même et de briller comme un soleil.

• Il y a une réussite par votre propre volonté et vos propres capacités créatrices mais aussi grâce au partage, à l'aide reçue et à l'environnement.

• Il y a contexte positif d'entraide et de partage dans la joie et le bonheur. Vous donnez et recevez. Vous exprimez votre générosité, votre cœur et votre joie.

• Vous êtes soutenu(e) et reconnu(e) par votre père ou par une personne qui fait figure de père. Vous recevez l'aide nécessaire à la réussite de vos projets.

• Il y a une expérience de l'amour, de l'union avec votre pôle complémentaire, de la joie et du bonheur. Une relation d'amour illumine votre vie.

• Il y a une expérience divine, une expérience de l'union avec vous-même.

• Il y a une période de vacances où vous pouvez profiter du soleil, partager avec les gens que vous aimez, exprimer votre enfant intérieur, passer d'agréables moments avec des enfants et voir que la vie est belle.

20- LE JUGEMENT OU LA RESURECTION OU L'ARCHANGE OU LE REVEIL DES MORTS.

La présence de cet arcane dans un tirage apporte un élément nouveau qui émerge de l'invisible, une vision nouvelle, des prises de conscience, un changement, un imprévu, une situation nouvelle, une accélération des événements et un renouvellement. Il évoque une discussion, une réunion, une conférence, une activité de groupe ou un rituel initiatique.

Les questions du Jugement : De quoi dois-je me souvenir ? Que dois-je faire pour accéder à la vie éternelle ? Quel changement puis-je apporter à ma vie ? Dans quelle nouvelle dimension ou nouveau monde puis-je entrer ?
Quel appel ai-je entendu ou rejeté ? Qu'est ce qui me permettrait de ressusciter ? Si je mourais demain, qu'est ce que je regretterais d'avoir fait ou de ne pas avoir fait et si c'était à refaire, que ferais-je et comment ? Quels sont les moments de ma vie où j'ai eu la sensation de vivre une vie nouvelle ? Qu'est ce qui est en train d'émerger en ce moment ? Quel est le message ?

Le sens à donner quand cette lame est choisie :

• Vous recevez la réponse que vous attendez, un message qu'il faut entendre, un appel auquel il faut répondre, un signe qu'il vous faut voir, une opportunité qu'il vous faut saisir et une nouvelle qui doit vous faire réagir.

• Quelque chose que vous attendez se produit. Quelque chose de nouveau arrive et apparait sur la scène. Il y a une réponse à votre prière, une récompense du travail fourni, une annonce officielle de quelque chose, une reconnaissance de ce qui a été accompli ou une révélation. Cela permet de tourner la page sur le passé, d'effectuer un changement, de vivre une résurrection et d'aller vers un nouveau départ.

• Il est nécessaire d'écouter votre petite voix intérieure, d'élever votre vision, de voir l'aspect sacré de la situation, de communiquer et faire passer des massages, de vous mettre au service de la vie et d'accepter le changement.

• Une situation particulière requiert votre attention, un abandon de tout jugement et nécessite une action spécifique. Il est temps, c'est le moment d'agir et logiquement, le réveil sonne.

• Il est nécessaire d'avoir un jugement juste, c'est-à-dire de faire preuve de discernement, d'aller au fond des choses, d'approfondir, de faire le lien avec des mémoires généalogiques ou des mémoires d'âme, de voir les choses en profondeur et de trouver une solution.

• Vous êtes un porte-parole. Vous annoncez un événement. Vous apportez des messages, des clefs, des révélations, une seconde chance, de l'espoir et une régénération. Vous donnez une conférence. Vous participez à une activité en groupe.

• Il y a une nouvelle conscience, une nouvelle orientation, une nouvelle opportunité, une libération, une nouvelle naissance, une renaissance et une seconde chance ou bien vous vous sentez régénéré(e) et comme une personne nouvelle dans un nouveau monde.

• Quelque chose du passé ou qui était en gestation remonte à la surface. Un jugement est prononcé. Un accouchement et une naissance ont lieu.

• Il est nécessaire de gérer un projet complexe faisant appel à des technologies modernes et avant-gardistes, de créer votre site internet, de vous moderniser, d'innover ou de faire de la publicité.

• Il y a un appel de Dieu, une expérience sacrée de communion avec le divin, un éveil spirituel, un éveil de l'âme, une sortie hors du corps, une expérience de révélation mystique, de transfert du corps physique aux corps de lumière, d'équilibre entre le masculin et le féminin, de rencontres avec les Anges et un accès à l'au-delà où à de nouveaux plans de conscience.

• Il y a une surprise, un imprévu et un changement auxquels il faut vous adapter.

21-LE MONDE OU L'AME QUI DANSE

Les questions du Monde : Quelle image ai-je du monde ? Quelle est ma mission de vie et ma place dans le monde ? Qu'ai-je à offrir au monde ? Comment aller au bout de moi-même ? Que dois-je faire pour me réaliser et m'épanouir ? Comment trouver Dieu et un sentiment d'unité intérieure ? Que dois-je réaliser ? Que dois-je terminer ? Comment faire triompher la joie du cœur ? Comment est-ce que la situation va aboutir ? Quel sera le résultat ? Comment est ce que je peux aller au-delà de mes frontières habituelles ? Comment aller plus loin ? Comment danser ma vie en personne libre et heureuse ?

Le sens à donner quand cette lame est choisie :

• Il y a une opportunité à saisir. La chance est de votre côté. Des personnes de votre entourage vous soutiennent. Vous êtes porté par le monde.

• Il est nécessaire d'élargir vos horizons, d'aller au-delà de vos repères habituels, de découvrir de nouvelles cultures et de nouvelles personnes, d'aller dans le monde, de voyager, de vous développer à l'international, d'aller au bout de quelque chose ou de vous-même, d'en faire plus, de rassembler tous les éléments afin de réaliser une œuvre, de voir grand et d'exprimer votre grandeur.

• La situation est fluide, très favorable et aussi parfaite qu'elle peut l'être. Tout s'emboite parfaitement. Vous êtes en harmonie avec l'univers.   Vous recevez une réponse positive. Vous réussissez grâce à vos capacités personnelles et votre expérience. Vous trouvez la solution, maîtrisez la situation et atteignez votre objectif. Vous faîte l'expérience d'une belle récompense, de la réussite, du triomphe voire de la renommée. Vos projets se réalisent. Vous obtenez un résultat très satisfaisant.

• Il y a une formation à effectuer.

• Il y a un voyage à vivre ou un lien à créer avec l'étranger.

• Vous êtes en symbiose avec votre environnement. Vous ressentez l'esprit des choses, l'essence des choses, l'énergie divine et la joie du cœur.

• Vous prenez votre place, vous réalisez et faites l'expérience de l'épanouissement personnel, de l'aboutissement, de la plénitude et de la complétude. Vous sentez en vous une réalisation totale. Vous expérimentez une période où vous donnez le meilleur de vous-même.

• Il y a une forte influence du monde extérieur sur la situation. Il est nécessaire de reconsidérer l'influence du monde extérieur dans votre vie.

• Vous faites une expérience divine d'éveil, d'unité du corps, de l'âme et de l'Esprit, de l'union totale du masculin et du féminin, du rassemblement de toutes vos forces, du bonheur suprême, de la conscience cosmique,   de l'union avec Dieu, de votre vérité profonde et de l'extase.

• Vous allez au bout de la situation. Vous achevez et réalisez une œuvre. C'est la fin d'un cycle ou d'une époque.

0 ou 22 ou pas de nombre - LE MAT OU LE FOU

Les questions du Mat en vous : Qu'est ce qui me rend libre ? Où suis-je libre et où ne le suis-je pas ? Que dois-je faire pour me libérer ? Dans quelle circonstance ai-je été inconscient et quel en était le bénéfice secondaire ? Qu'est ce qui me rend fou ? Quelle est ma spécificité ? Que puis-je faire pour avancer ? Quel chemin dois-je prendre ? Quels risques suis-je prêt(e) à prendre ? Quel acte de foi puis-je effectuer ? Est-t-il judicieux de remettre les compteurs à zéro ? Quel nouveau programme dois-je mettre en pratique ?

Le sens à donner quand cette lame est choisie : Cet arcane apporte un facteur inconnu et une énergie nouvelle dans un tirage.

• Il est actuellement difficile de voir clairement comment va évoluer la situation. Des événements que vous ne pouvez pas arrêter sont cependant en marche. Une situation imprévue, étrange, atypique, qui n'a initialement ni sens ni statut officiel, un peu folle, délirante, incroyable, géniale ou hallucinante va se produire. Il faut poser un acte de foi et l'attendre.

• Il est nécessaire d'accueillir une situation totalement nouvelle et inattendue, qui est sur le point d'arriver, avec un regard neuf, symboliquement sans bagages. Il est temps d'être une personne libre et heureuse, d'exprimer votre libre arbitre en vous adaptant, d'aller là où la vie vous porte et de vivre dans l'instant présent, sans aucune planification.

• Il est nécessaire de sortir de l'errance et faire preuve de réflexion, de rigueur, de prudence, d'honnêteté, de cohérence et de précision pour éviter de partir dans tous les sens ou de faire n'importe quoi.

•Vous ne savez absolument pas où vous allez et il est nécessaire de poser un acte de foi, d'attendre et d'entendre le signal, d'écouter et de suivre votre instinct et votre intuition, de prendre un risque, de faire un saut dans l'inconnu, de tenter votre chance, de saisir les opportunités qui vont se présenter et d'avancer sur votre chemin.

• Il est nécessaire de vous libérer de toute contrainte, de vous désinscrire du passé, de prendre votre baluchon et de vous en aller ou de remettre les compteurs à zéro, de sortir du système pour vivre autre chose, de repartir sur de nouvelles bases et de mettre en place un nouveau programme.

• Il y a un voyage lointain au bout du monde, un pèlerinage, un exil, un déplacement éphémère et inconsistant qui n'a ni sens ni statut ou simplement une balade pour vous dégourdir les jambes.

• Un sentiment de confusion et de perte de repères, une certaine agitation, un manque de conscience et une tendance à tourner en rond provoquent un flottement dans votre activité et freinent votre évolution.

• Il y a une idée hors-normes, une proposition surprenante et atypique, un coup de génie ou une invention révolutionnaire.

• Il y a une fin de cycle et le début d'un nouveau cycle avec de nouveaux projets. Il sera nécessaire de changer de projet, de plan ou de niveau, de créer une nouvelle situation dans un nouveau monde ou de repartir à zéro différemment.

Arcane 4 : Le résultat : Il décrit les conséquences de l'intervention

et indique la réponse possible à la question dans la vie quotidienne, ce qui va se concrétiser, le présage de ce qui se passera à court terme, la sentence, le verdict, les conséquences, le résultat immédiat qu'on ne peut pas changer et sur lequel l'on n'a pas de prise. Cela peut par exemple s'interpréter ainsi « Dans l'état actuel des choses, la situation débouche rapidement sur… ». Il est important d'observer si les arcanes 3 et 4 ont une symbolique proche et s'il y a une logique entre eux. Si le conseil de la lame 3 est suivi, la réponse allant dans le même sens devrait apparaître avec une certaine cohérence en position 4. Si le significateur de la question se trouve en réponse, alors la réponse est positive.

Interprétation des 22 arcanes en position 4

Question : Comment savoir si l'on doit interpréter l'arcane en position 4 dans son côté positif ou comme une réponse négative ?

Cela dépend en grande partie de la question. Cela dépend également de l'arcane en position 2 qui rayonne sur tout le jeu. L'addition de l'arcane en position 3 avec celui en position 4 va également nuancer l'arcane en maison 4. Si vous utilisez les arcanes à l'endroit et à l'envers, un arcane inversé indiquera une réponse négative et un arcane à l'endroit indiquera une réponse positive. Si vous utilisez uniquement les arcanes à l'endroit, un arcane dit positif indiquera une réponse positive tandis qu'un arcane négatif indiquera une réponse négative, sauf si l'arcane à priori négatif est le significateur de la question.

Les arcanes ayant une polarité négative sont surtout le Pendu qui bloque les choses, l'Arcane sans Nom où là c'est la mort qui se manifeste, le Diable qui détruit tout et la Maison Dieu où tout s'écroule et secondairement le Mat où tout lâche, la Lune où l'on se fait des illusions, la Grande-Prêtresse où tout reste virtuel, l'Hermite où la situation est plombée et ralentie, l'Amoureux ou c'est « ni…ni « ou « moitié moitié » et la Justice où l'on craint une sanction.

Exemple : Une jeune fille demande si elle va réussir son diplôme d'infirmière et obtient le Pendu en réponse. Le Pendu représente les personnes qui soulagent les souffrances et les misères du monde. Si elle sort cet arcane, c'est qu'elle va pouvoir l'exprimer et donc la réponse est positive. Par contre, si le Pendu sort en position deux, dans ce cas la réponse est négative.

Exemple : Un jeune homme demande s'il va réussir son diplôme de radiologue et obtient l'arcane sans nom en réponse. L'arcane sans nom est l'arcane significateur des radiologues et ostéopathes. La réponse est donc positive.

Exemple : Vais-je vendre ma maison ? Si la Lune ou la Maison Dieu sort en position 4, la réponse sera positive car la Lune ou la Maison Dieu symbolise les lieux d'habitation. Si c'est non, l'un ou l'autre de ces arcanes doit alors se trouver en position 2.

Exemple : Est-ce que mon livre va être édité ? Si la Grande-Prêtresse est en position 4, la réponse est positive.

1-LE BATELEUR OU LE MAGICIEN

Les événements positifs associés au Bateleur : Vous avez tout ce qu'il faut pour réussir et tout est possible. Il suffit de bien définir votre objectif, de rechercher à incarner « l'état d'esprit du Magicien », c'est-à-dire d'être complètement présent à ce qui est, de focaliser votre attention là où elle est nécessaire, d'exprimer vos émotions, votre enfant intérieur et la force magique de la foi, d'être naturel et spontané(e), d'être positif(ve) et enthousiaste, de décider, d'agir et de faire ce qu'il faut pour que votre objectif soit atteint. Il y a quelque chose qui démarre bien et qui fonctionne bien. Vous pouvez démarrer en toute confiance. Il y a un jeu ou une compétition sportive. Il y a une naissance, le début de quelque chose, la première étape d'un projet, un nouveau projet qui démarre efficacement, un élément nouveau qui entre en scène, une nouvelle opportunité, une nouvelle période de vie et une réussite par vos propres moyens. Il y a un événement qui vous enchante. Ce que vous faites réussit.

2-LA PAPESSE OU LA GRANDE PRETRESSE

Les événements positifs associés à la Grande-Prêtresse :

La situation a un statut officiel. La période actuelle est féconde. La situation évolue naturellement et de façon fluide. Elle permet aux valeurs féminines de s'exprimer et de porter la situation vers une lente évolution. Tout ce qui concerne les contrats, les associations, les structures administratives ou les activités nécessitant des documents se déroulent positivement. Vous recevez de bons conseils ou l'aide d'une femme. Une période d'étude est fructueuse. La préparation de quelque chose se déroule dans de bonnes conditions.

Vous trouvez les bonnes informations et les bonnes clefs. Une intuition géniale vous traverse. Les choses sont en gestation, en attente ou en préparation. L'époque est caractérisée par une absence d'événements marquants où par des événements qui ne sont pas clairement visibles, qui sont en préparation dans les coulisses ou qui sont en train de prendre forme dans l'invisible. Il y a une lente croissance intérieure, une lente maturation. Quelque chose est en train d'accoucher, de naître. Un secret peut être dévoilé. Il peut y avoir une période de grossesse avec la Lune. Vous êtes initié(e) à quelque chose. La situation avance lentement mais surement.

3-L'IMPERATRICE

Les événements positifs associés à l'Impératrice: Vous avez plein de bonnes idées. Vous exprimez vos opinions, votre potentiel, votre inspiration, votre intelligence et vos idées avec clarté, joie, détermination et efficacité. Une femme vous donne des informations très pertinentes et vous apporte son l'aide. Une réunion, des échanges, des négociations ou un déplacement sont particulièrement productifs. Ce que vous dites ou écrivez produit les résultats espérés. Vous recevez de bonnes nouvelles et une réponse positive.   Vous parvenez à coordonner les différents éléments d'une situation avec succès, à maîtriser les événements, à trouver des solutions adaptées et à gérer un projet efficacement. Une idée ou un projet se clarifie et prend forme. Vous avez un pouvoir sur les événements. Il y a des discussions et des échanges. Le dialogue fait avancer les choses. Un projet se concrétise. La situation évolue harmonieusement grâce à une communication et une organisation adaptées.

4-L'EMPEREUR

Les événements positifs associés à l'Empereur : Vous obtenez un poste, un rôle et des responsabilités qui impliquent une importante charge de travail. Vous exprimez votre autorité pour prendre votre place. Grâce à votre maturité, votre force de caractère, votre confiance en vous, votre réalisme, votre détermination, votre rigueur et votre organisation efficace, vous réussissez à concrétiser votre projet, à réaliser votre objectif et à obtenir des résultats concrets. Vous atteignez votre objectif et concrétisez quelque chose. Vos bases sont bonnes et sérieuses. Vous accédez à un certain confort. La situation est sûre, consistante et solide. Vous êtes officiellement reconnu(e). La maitrise que vous avez vous permet d'accomplir une mission et vos devoirs, de construire une œuvre, de valoriser des compétences, de mettre en place une situation stable, de développer une assise, de bien gérer la situation et de vous enraciner. Tout rentre dans l'ordre. Il y a une réussite matérielle.

5-LE GRAND PRETRE OU LE PAPE

Les événements positifs associés au Grand-Prêtre : Vous avez de la chance. Vous vous orientez dans la bonne direction. Vous rencontrez la/les bonnes personnes. Elle vous aide avec bienveillance et de façon concrète. Vous recevez des conseils judicieux, un enseignement productif qui est en accord avec votre philosophie de vie et avec vos valeurs ou une guidance spirituelle de grande valeur. Vous bénéficiez d'une expertise qui vous permet de trouver des solutions légales. Vous effectuez un stage ou une formation bénéfique. Il y a un accord officiel, une autorisation officielle, une légalisation, une régularisation, une réconciliation, une protection et une bénédiction. Vous signez un contrat. La situation est confortable, rassurante et bienveillante. Elle évolue favorablement. Il y a une excellente adaptation au monde extérieur et une situation qui a du sens. Vous obtenez un poste de responsable ou de guide. Vous prenez conscience du sens de votre vécu et découvrez de nouvelles valeurs spirituelles.

6-L'AMOUREUX, LES AMOUREUX OU LES DEUX ROUTES

Les événements positifs associés à l'Amoureux : Vous vivez un événement très agréable. Vous créez un partenariat harmonieux. Vous faites une belle rencontre. Vous rencontrez l'amour. De multiples possibilités vous permettent de faire un choix. On vous propose plusieurs choix très intéressants. Vous êtes libre de choisir. Vous effectuez le bon choix parce que vous êtes à l'écoute de vos vrais désirs et parce que votre curiosité vous permet d'évaluer au mieux les différentes possibilités. Vous trouvez le bon compromis. Vous vous engagez dans une relation. Vous développez votre cercle relationnel. Vous bénéficiez du soutien de vos relations. Vous expérimentez le désir et le plaisir. Vous exprimez vos facultés artistiques. Vous êtes heureux en couple. Vous éprouvez du plaisir et de la joie à faire ce que vous faites. Vous travaillez dans un environnement beau et harmonieux. L'union fait la force. Vous partagez dans la joie avec amour et complicité.

7-LE CHARIOT

Les événements positifs associés au Chariot : Vous faites le point sur votre vie ou sur vos ressources. Vous vous fixez des objectifs pertinents et mettez en place l'organisation pour les atteindre. Les choses bougent ou redémarrent. Vous vous affirmez. Vous devenez autonome. Vous vous remettez sur les rails. Il y a un nouveau départ. Vous prenez la route avec enthousiasme. Vous vous engagez dans une nouvelle direction. Vous approvisionnez ce qui est nécessaire. Ce que vous faîtes fonctionne bien parce que vous êtes organisé(e), efficace et rapide. Il y a une période d'intense activité. La situation est maîtrisée. Il y a des déplacements, une expédition, un voyage, un déménagement, des démarches, une promotion, un avancement, une progression, l'organisation d'un projet ou d'une campagne. Vous avancez et vous progressez. Vous atteignez votre destination avec succès. Vous obtenez une réponse positive. Le résultat est positif. Le succès est au rendez-vous. Vous gagnez, obtenez la victoire, triomphez et vous réalisez.

8-LA JUSTICE

Les événements positifs associés à la Justice : Vous faîtes votre choix et tranchez en toute conscience. Vous bénéficiez des conséquences des actions que vous avez accomplies. Vous récoltez ce que vous avez semé. La situation est claire, en ordre, en règle, bien coordonnée et évidente. Il y a une bonne gestion, une claire définition des priorités et une organisation impeccable. Une administration ou une association agit en votre faveur. Il y a une décision positive. La justice ou un organisme officiel vous soutient. Un contrat est signé. Un traité est conclu et ratifié. Une situation est officialisée et normalisée. Une union, une association, un partenariat ou une activité est légalisée. Il y a une décision de justice favorable. Il y a un mariage ou un héritage. Un événement survient nécessitant de trancher. Il y a une réussite à un examen ou à un concours administratif.

Vous recevez une allocation ou une subvention. Vous faîtes de votre mieux. Vous effectuez un examen de conscience afin d'avancer vers plus de sérénité. Vous agissez en harmonie avec l'ordre des choses. Votre honnêteté et votre rigueur sont récompensées. Vous exprimez une forme d'excellence et les résultats se font sentir. Vous accomplissez vos obligations. Un nouvel équilibre se met en place. La situation devient plus équitable et rentre dans l'ordre.

9-L'HERMITE

Les événements positifs associés à l'Hermite : Vous comprenez les structures de la situation et son sens profond. Vous prenez votre temps. Vous questionnez et trouvez des réponses à vos questions. Il y a un ralentissement, un retard, une période de bilan, de recherches, d'études, de stages, de remise à niveau, de travail sur le passé, de retraite, d'introspection et de solitude bien vécue. Il y a un projet à long terme ou un chantier qui avance lentement mais surement grâce à une bonne organisation et à votre force de travail. Il y a un approfondissement qui débouche sur une plus grande connaissance de vous-même, sur plus de joie, de sagesse et sérénité. La situation se concrétise petit à petit. Les choses mettent du temps mais la réussite est au bout du chemin. Votre patience et votre persévérance sont récompensées. Vous poursuivez sereinement votre chemin.

10-LA ROUE DE FORTUNE

Les événements positifs associés à la Roue de Fortune : Vous prenez la situation en main intelligemment. Quelque chose se met ou se remet en mouvement. Il y a un tournant favorable, un changement et un nouveau départ. Il y a un changement positif, une nouvelle étape, de nouvelles perspectives, une suite d'événements inattendus, une surprise, un heureux hasard, une opportunité à saisir, une bonne occasion, des gains, un bonus, un coup de chance, une évolution bénéfique, une roue qui tourne dans le bon sens, des événements qui jouent en votre faveur et un changement de cycle. On vous rappelle que la fortune sourit aux audacieux et aux personnes qui tentent leur chance. Tout fonctionne bien techniquement parlant. Vous récoltez ce que vous avez semé. Votre situation évolue positivement d'un point de vue concret, matériel, financier ou technique.

11-LA FORCE OU LE LION DOMPTE

Les événements positifs associés à la Force : Un centrage dans votre cœur et dans votre corps et votre confiance en vous vous permettent d'exprimer les bonnes attitudes et les bonnes actions au bon moment, d'affirmer votre puissance avec énergie, passion, audace et détermination, de surmonter les obstacles et de réaliser ce qui doit l'être. Vous avez une vision claire, des objectifs justes et des moyens adaptés. La force est avec vous. Vous êtes aligné(e), écoutez votre cœur et faites instinctivement ce qui est juste, avec une grande persévérance, pour surmonter les difficultés. Vous maîtrisez la situation. Vous réussissez. Vous obtenez de la reconnaissance et la joie du cœur.

12-LE PENDU

Les événements positifs associés au Pendu : Vous êtes lié(e) et accroché(e) à une situation, en position d'attente ou dans un état d'extase plus ou moins illusoire. Il y a un arrêt, un blocage en lien avec le passé, un retard, un délai, une immobilisation ou une période d'attente bénéfique. Vous prenez le temps de faire une pause et de méditer. La situation est étrange et inexplicable. Elle peut être en lien avec des mémoires généalogiques ou des mémoires de vie passées. Vous êtes porté(e) par votre foi, par votre amour, par la force de vos ancêtres ou par l'énergie de la mémoire d'une vie passée. Les choses évoluent lentement mais surement de façon fluide. La situation se dénoue à l'intérieur de vous comme par miracle, comme par magie et devient synonyme d'enchantement. Vous finissez par trouver le bon compromis, par accepter ce qui est, par renoncer à ce qui ne vous fait pas avancer et par lâcher. Vous pardonnez. Vous soulagez une très ancienne souffrance. Vous surmontez une épreuve. Vous recevez un soutien d'une personne éclairée ou de votre collectivité. Vous vous investissez dans votre collectivité ou pour soulager les souffrances et les misères du monde. Vous comprenez le sens spirituel profond de ce qui se passe. Vous coupez la corde et transcendez la situation. Vous faites l'expérience de la présence divine et de l'unité avec le grand tout. Vous êtes inspiré(e).

13-L'ARCANE SANS NOM OU LE SQUELETTE FAUCHEUR

Les événements positifs associés à l'Arcane sans Nom : Une situation se termine et vous en récoltez les fruits. C'est la fin de quelque chose, la fin d'un cycle et la préparation d'une nouvelle étape. Vous démarrez une vie nouvelle dans un monde nouveau. Il y a une transformation positive, un changement radical, une séparation, une disparition qui soulage, une élimination bénéfique, une désintoxication, un éloignement de quelque chose de négatif, le déblocage d'une situation ou une rupture positive. Une crise salutaire vous permet de couper avec le passé. Vous prenez rendez-vous avec un ostéopathe, un radiologue, un chamane ou avec toute autre personne capable de vous aider à changer les choses. Vous vivez une expérience initiatique intense ou une sortie hors du corps. Vous accompagnez une personne au seuil de la mort.

Vous bénéficiez d'un héritage. Il y a un processus de transformation ou une initiation synonyme de plus grande lucidité. Vous faîtes votre deuil puis renaissez de vos cendres.

14- TEMPERANCE OU L'ANGE

Les événements positifs associés à l'Ange : Il y a une circulation fluide dans le flux des événements, une continuité logique de la situation de part vos efforts, une consolidation des événements, des projets qui avancent, des espoirs qui se concrétisent et une clarification amenant de l'harmonie avec la volonté du ciel. Il y a des coïncidences surprenantes, une ouverture aux autres, une communication claire, des échanges harmonieux, une expérience très agréable de loisirs, des vacances ou d'amitié, une activité en groupe ou en réseau. Il y a un retour au calme et à la sérénité après une tempête, après la fin d'une période de très intense activité ou après une crise. Il y a un travail de développement personnel libérateur, des réponses rassurantes, des solutions adaptées, une expérience de réconfort, un soulagement, un passage d'un état à un autre, une guérison de quelque chose, une réparation, une réconciliation, une maîtrise de la situation, la création d'une situation harmonieuse, une réussite, un progrès, un nouveau départ et une évolution positive. Vous êtes en phase avec vos aspirations profondes et avec la nécessité. La situation évolue de façon fluide et harmonieuse.

15-LE DIABLE

Les événements positifs associés au Diable : La situation est complexe, ambigüe et chargée d'émotions intenses. Elle comporte des risques et des zones d'ombre. Il y a peut-être « un loup », une personne malveillante ou un environnement déséquilibré. Votre lucidité, votre vigilance et votre sens de ce qui est juste vous permettent de gérer votre saboteur et de neutraliser une menace. Vous surmontez les difficultés qui se présentent avec une grande efficacité. Vous faites face avec succès à une situation extrême et difficile. Vous exprimez vos désirs profonds et votre pouvoir personnel avec détermination. Vous explorez vos peurs et vos points faibles. Vous faites ce qui vous passionne. Il y a des rentrées d'argent. Vous vivez une passion sexuelle. Votre audace débouche sur d'excellents résultats. Vous trouvez des moyens de pression très pertinents. Vous passez à l'action et maîtrisez la situation. Vous êtes d'une efficacité redoutable.

Vous faites la fête avec quelques excès. Des liens puissants sont créés. Vous vivez une vie intense.

16-LA MAISON DIEU OU LE FEU DU CIEL

Les événements positifs associés à la Maison Dieu : Vous êtes connecté(e). Vos illusions s'effondrent mais c'est un choc salutaire. Vous vous libérez de vos enfermements et d'une certaine tristesse. Il y a une prise de conscience soudaine qui apporte un changement, une nouvelle compréhension ou une révélation. Il y a une vision du meilleur de vous-même, un processus de nettoyage, une transformation, une guérison, une inspiration divine, une intervention divine, un concours de circonstances, une coïncidence, un coup de chance ou un changement de structure (déménagement, changement de lieu de travail, restructuration). Il y a une opportunité de croissance et d'élévation, un événement brusque et inattendu apportant des résultats surprenants que vous n'attendiez pas. Vous utilisez votre intelligence technologique ou psychologique pour aider ou libérer quelqu'un, pour apporter des solutions et pour faire progresser la situation. Les choses s'accélèrent. Il y a un coup de tonnerre. Il y a une libération, une excellente surprise, un nouveau projet, la construction d'une nouvelle situation, une restructuration positive, un changement de structure, une rénovation, une remise sur rails, un déménagement qui permet un nouveau départ, une aide inattendue, une célébration dans l'enthousiasme et une phase de croissance. Vous êtes propulsé(e) vers une nouvelle situation ou vers une vie nouvelle. Un orage éclate, une crise survient cela libère les tensions du passé. Il y a ensuite une reconstruction.

17-L'ETOILE OU L'ETOILE DE VENUS OU LES DEUX SOURCES

Les événements positifs associés à l'Etoile : Vous pouvez avoir confiance en votre bonne étoile et vous fier à votre intuition et à vos ressentis. Vous avez de la chance. Vous recevez de l'aide. Vous traversez une période astrologique très favorable. Il y a une expérience de grande harmonie intérieure qui génère une réussite extérieure. Il y a une expérience de connexion avec la vie, de détente, de plaisir, de joie, de don du meilleur de vous, de bonheur, de tranquillité, de beauté, de création artistique et d'abondance. Vous vivez une relation d'amour épanouissante et pleine de promesses. Il y a un retour aux sources ou une expérience de communion avec la nature.

Il y a la résolution d'un conflit et un retour à l'harmonie. La situation est fluide. Il y a une évolution harmonieuse. Une graine se trouve dans un environnement propice et reçoit tout ce dont elle a besoin pour se développer et pour devenir une belle plante. Tout pousse à merveille. Votre patrimoine fructifie. Il y a une situation paisible, harmonieuse et agréable. Il y a un événement heureux en lien avec l'eau, le corps, la beauté et de la joie. Vous vous reposez ou prenez des vacances. La vie est belle.

18-LA LUNE

Les événements positifs associés à la Lune : Vous percevez la situation à travers le filtre de votre passé, de votre inconscient, de vos souvenirs, de vos émotions ou des charges émotionnelles portées par des personnes présentes dans votre environnement et donc d'une façon très personnelle. Vous ne percevez pas et ne maîtrisez pas tous les paramètres de la situation. Des valeurs refuges comme l'eau, la nourriture, le passé, une femme, la mère, un enfant, la famille, un public, une clientèle ou encore une relation avec une institution en lien avec ces sujets (Caf etc.) influencent la situation. Il y a une situation reposante, nourrissante et ressourçante. Votre imagination, votre intuition et vos inspirations débouchent sur une situation féconde et productive. Vous vous sentez nourri(e). Vous avez foi en la vie et la vie prend soin de vous. Vous êtes sympathique et populaire. Vous passez d'un état de stress émotionnel à un état de bien-être. Tout se cuisine à point et cuit à merveille quand vous écoutez votre intuition et vos ressentis. La vie avance avec naturel et fluidité. La situation évolue lentement selon son cycle naturel.

19-LE SOLEIL

Les événements positifs associés au Soleil : Vous avez pleinement conscience de vos objectifs, de votre identité, de votre valeur et de vos moyens. Vous recevez de bonnes nouvelles. La situation s'éclaircit. Elle devient lumineuse et joyeuse. Vous exprimez votre vision des choses, votre créativité et votre amour. Il y a une expérience de la générosité, du partage, de l'entraide et du bonheur. Il y a une période de vacances au Soleil. Il y a une rencontre avec vous-même, une union heureuse ou encore l'arrivée d'un enfant. Vous êtes mis(e) en valeur sur les devants de la scène. Vous exprimez le meilleur de vous-même et vous réussissez. Vous traversez une période très agréable, une période de chance et de grande joie. Vous faites l'expérience de la lumière, de la conscience totale, de l'illumination, de Dieu et de l'amour divin. Vos projets se réalisent. Il y a une réponse positive, une reconnaissance, une mise en valeur et une belle réussite.

20- LE JUGEMENT OU LA RESURECTION OU L'ARCHANGE OU LE REVEIL DES MORTS.

Les événements positifs associés au Jugement : Vous recevez un message, une nouvelle, une réponse libératrice, une révélation, une certitude, une clef et une solution évidente. Vous découvrez un nouveau potentiel à concrétiser. Vous ressentez un appel intérieur puissant où l'on vous demande quelque chose. Vous découvrez la vérité et une nouvelle vision des choses. Cela vous fait ressusciter et vous donne une seconde chance. Il y a un imprévu, un changement brusque et inattendu, un grand nettoyage voire une transformation totale et une métamorphose. Il y a un changement brusque, une amélioration soudaine, une aide efficace, une libération et une seconde chance. Les événements s'accélèrent et s'enchainent à un rythme rapide. Vous faites l'expérience de la modernité, des technologies ultramodernes, de voyages aériens, de la prise de parole en public, de la nudité du corps, d'une activité en groupe, d'un rituel particulier, d'un événement exceptionnel ou d'une sortie hors du corps. Vous allez à un entretien, à une conférence, à une interview ou à un événement initiatique. Votre prière est entendue. Il y a une réponse positive. Une décision est prise en votre faveur. Il y a une guérison, une régénération et une libération. Vous renaissez de vos cendres et faîtes l'expérience d'une vie nouvelle. Vous vous réveillez en pleine conscience dans l'au-delà. Cet arcane peut parfois symboliser un accouchement et une naissance.

21-LE MONDE OU L'AME QUI DANSE

Les événements positifs associés au Monde : L'expérience que vous vivez permet à votre âme de se rassembler, de grandir et d'accoucher d'elle-même. Il y a un événement heureux. Un nouvel équilibre se met en place. Vous vivez une expérience dans le monde, un rendez-vous, une réunion, une négociation, une formation ou un voyage. Vous trouvez votre place dans le monde. Vous accomplissez votre mission. Vous prenez en compte tous les paramètres de la situation. Vous produisez une œuvre. Vous achevez quelque chose. Vos efforts et votre mérite sont récompensés. Vous réussissez et vous profitez de votre réussite. Il y a une influence positive de l'étranger, d'un voyage ou de personnes d'origines étrangères. Vous allez au bout de vous-même et terminez un projet.

Vous faîtes l'expérience d'une récompense, du succès, d'un couronnement, de la gloire, des honneurs, de la notoriété, de la célébrité, de l'épanouissement, du rassemblement de votre âme en une nouvelle unité ou de l'union avec Dieu. Vous passez d'Apprenti à Maître. Vous obtenez votre diplôme ou votre billet vers un nouveau monde. Vous célébrez la vie à travers la danse.

0 ou 22 ou pas de nombre - LE MAT OU LE FOU

Les événements positifs associés au Mat : Vous sortez des cases afin d'exprimer votre spécificité. Vous vivez selon vos propres règles. Tout est possible, il y a de l'espoir et il se passe ce qui est nécessaire à votre évolution. Il y a une situation atypique, incroyable, surprenante, extrême ou difficile à comprendre. Vous avez un coup de génie ou une idée géniale. Vous obtenez des résultats exceptionnels. Il y a une situation de transition bénéfique, un petit déplacement ou un voyage au bout du monde. Vous ne savez pas trop où vous allez mais vous y aller quand-même. Il y a une nouvelle étape comportant certes des incertitudes mais sans que cela ne soit un souci. Vous faites un travail sur les mémoires généalogiques (avec le Pendu). Vous vous libérez de quelque chose. Il est temps de partir alors vous partez vers de nouveaux horizons. Vous passez à autre chose. Vous recommencez une vie nouvelle dans un nouveau monde, à l'étranger ou ailleurs. Vous vivez en personne libre et heureuse.

Position 5 : Le cœur de la situation et le conseil philosophique ou spirituel : Ce cinquième arcane est choisi comme les autres. Il est placé au centre. Il révèle la clef du jeu, le cœur de la situation, le sens de la situation, l'enseignement que l'on peut en tirer, le sens et la morale de l'histoire, le chemin qui amène jusqu'au résultat et ce qu'il est nécessaire d'accepter et d'intégrer d'un point du vue spirituel. Il est important d'observer si l'arcane en position 5 est en accord avec les autres car si une contradiction apparaît, elle viendra nuancer l'interprétation totale du jeu, mais dans tout les cas, l'arcane 5 ne peut remettre en question la réponse de l'arcane 4. Elle peut s'interprétez ainsi : « Ce qui est au cœur de la situation c'est … »

Pour interpréter l'arcane 5, vous pouvez vous référer aux textes de l'arcane 3.

Position 6 : L'évolution : Il est choisi et placé soit en bas à droite,

soit en haut à gauche. Il révèle comment évolue la situation à moyen et long terme, le devenir de la situation, l'épilogue, la conclusion finale et l'impression que l'on garde du tirage. Vous pouvez le comparer à la coupe de début si vous en avez fait une. Ainsi vous bouclez la boucle.

Pour interpréter l'arcane 6, vous pouvez vous référer aux textes de l'arcane 4.

Arcane 7 : Arcane de synthèse : Cet arcane facultatif est calculé en additionnant les arcanes des quatre premières positions. Il synthétise la situation et donne un conseil supplémentaire. Il complète l'arcane en position 5 et celle en position 6.

Arcane d'éclairage : Vous pouvez, si vous sentez que c'est judicieux, ajouter un deuxième arcane, appelé arcane d'éclairage, sur une ou plusieurs des quatre premières positions. Cela apporte alors une information complémentaire qui précise l'interprétation.

APPROFONDIR LE TIRAGE EN CROIX.

Il est possible d'additionner de différentes façons les 5 arcanes du tirage en croix et de calculer jusqu'à 19 nouveaux arcanes ! Monsieur Bruno de Nys propose une façon très intéressante d'approfondir le tirage en croix dans sa « Méthode complète » aux éditions Bruno de Nys.

D'autres tarologues proposent d'autres méthodes. L'important est de définir une convention qui est cohérente et efficace pour vous. L'objectif, en intégrant des arcanes en plus, est d'obtenir des informations supplémentaires sur le déroulement des événements dans le temps. Il est donc nécessaire de définir quatre zones temporelles.

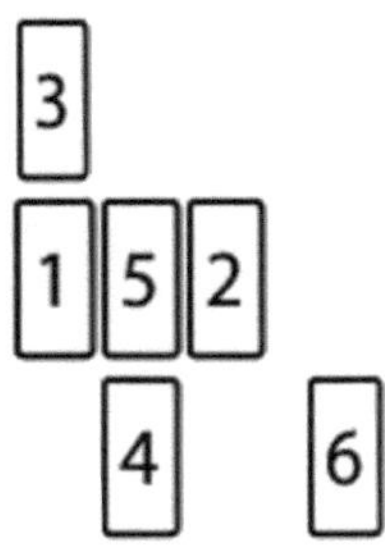

Création de 4 zones ou espaces de temps : En partant du consultant représenté par l'arcane 1, voici les 4 zones de temps avec le tirage selon la méthode dite française.

> **Espace entre 1 et 4 :** L'espace du passé et l'arcane que l'on peut y placer révèlent les causes de la situation présente du consultant.
>
> **Espace entre 4 et 2 :** Cet espace et l'arcane que l'on peut y placer donnent des informations supplémentaires sur le futur immédiat de la position 1 et/ou sur le passé et les causes de la position 2.
>
> **Espace entre 2 et 3 :** Cet espace et l'arcane que l'on peut y placer donnent des informations supplémentaires sur le futur à moyen terme ce qui est représenté par la position 1 mais aussi le futur immédiat de la position 2.
>
> **Espace entre 3 et 1 :** Cet espace et l'arcane que l'on peut y placer donnent des informations supplémentaires sur le futur à long terme de la position 1 et le futur à moyen terme de la position 2. C'est ce qui complète l'arcane obtenue en position 6.

Cela révèle quatre arcanes cachés. (Arcanes 8, 9,10 et 11).

Les quatre arcanes nucléaires temporels primaires : Afin de rester simple, vous pouvez juste remplir ces 4 espaces avec 4 numéros d'arcanes qui sont obtenues en additionnant les arcanes 1 et 4 pour le passé (arcane 8), 4 et 2 pour le futur immédiat (arcane 9), les arcanes 2 et 3 pour le futur à moyen terme (arcane 10) et les arcanes 3 et 1 pour le futur éloigné (arcanes 11).

L'énergie du présent : L'addition des arcanes 1 et 2 révèle l'énergie du présent avec ses forces et ses faiblesses. Elle décrit un état psychologique ou une ambiance. (Arcane 12).

L'énergie du futur : L'addition des arcanes 3 et 4 décrit l'énergie du futur par rapport à la question. Elle révèle comment le passé et l'impact de l'environnement transforment la situation et génère un nouvel état psychologique. Elle peut indiquer un événement spécifique. Elle complète l'arcane 6. (Arcane 13).

Les quatre arcanes structurelles périphériques : Si vous voulez avoir des précisions sur les arcanes en position 1, 2 ,3 et 4, vous pouvez chacune les additionner avec l'arcane 5 au centre, voire avec l'arcane 6. (Arcanes 14, 15, 16 et 17)

Les quatre arcanes nucléaires temporels secondaires : Si vous voulez approfondir le tirage, vous additionnez les quatre arcanes temporels primaires (arcanes 8, 9, 10 et 11) avec les cinq premiers arcanes. Vous obtenez alors 12 arcanes supplémentaires. Les informations supplémentaires seront toujours liées à la zone temporelle concernée. Vous pouvez additionner les arcanes 1 et 8, 1 et 9, 1 et 10 puis 1 et 11, puis 2 et 8 etc. Vous obtenez alors des arcanes pouvant être numérotés de 18 à 29. Le tirage en croix prend alors une toute autre dimension.

Le tirage en croix français approfondi

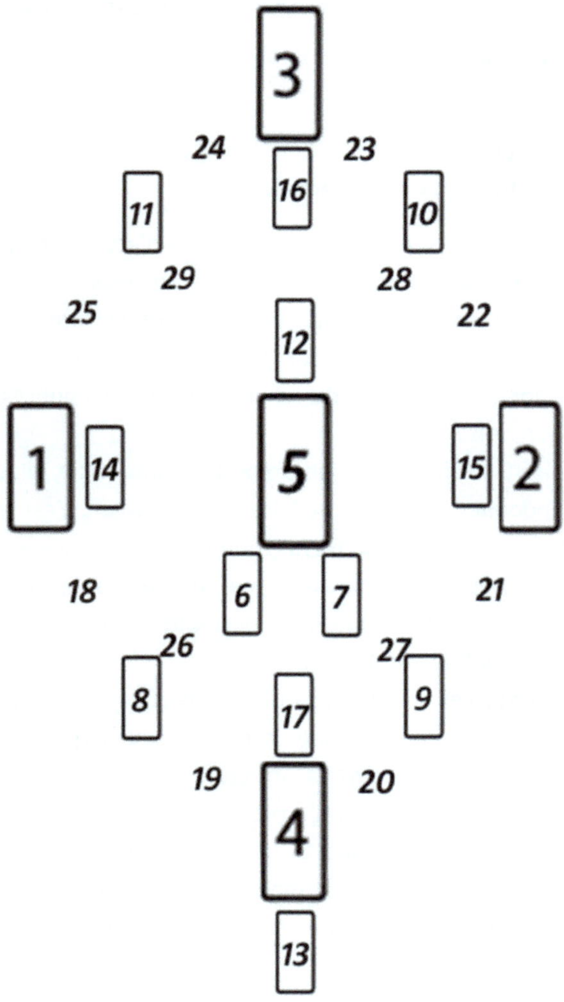

Cinq exemples de tirage en croix français

Les exemples donnés proviennent de tirages réels effectués soit par des personnes de mon entourage familial et amical, soit par des élèves et stagiaires. Les prénoms ont été modifiés par soucis de confidentialité.

Exemple 1 : Réussite à un examen : Réponse positive. Alice pratique la Médecine Traditionnelle Chinoise depuis plusieurs années après avoir effectué une formation de 8 ans. Elle aimerait passer l'examen d'acupuncture de la fédération française de MTC afin d'avoir le diplôme de la fédération. Elle demande au tarot si elle réussira son examen si elle le passe cette année.

Elle obtient le tirage suivant :

Arcane 6   Arcane 11   Arcane 19
Arcane 13   Arcane 11   Arcane 9
Arcane 9   Arcane 14   Arcane 5   Arcane 1

Le pour : Arcane 13 : L'arcane 13 nous parle bien d'acupuncture et d'énergies subtiles. Alice accorde beaucoup d'importance à cet examen mais elle se sent plutôt stressée. Il y a une charge émotionnelle forte. Le tarot indique qu'il est nécessaire de creuser certains sujets et de travailler en profondeur et dans le détail, point par point. La présence du significateur de l'acupuncture en position « pour » est un bon présage.

Le contre : Arcane 9 : Il n'est pas judicieux de rester seule, d'attendre ou de traîner ou d'abandonner. Ce qui peut faire échouer Alice, c'est un manque de temps pour réviser, un manque de travail, une faible confiance en elle, le fait de rester seule pour préparer cet examen ou une tendance à douter de ses capacités à l'avoir. Le tarot indique ici la nécessité de trouver du temps pour réviser sereinement tout en étant entourée.

L'énergie du présent : Les arcanes 13 et 9 révèlent l'arcane 22. Alice se laisse porter par le courant et révise d'une façon un peu atypique, voire un peu chaotique. Elle gagnerait peut-être à structurer un peu plus sa préparation d'examen mais aussi à écouter son intuition.

L'environnement-le destin : L'arcane 11 : Cet arcane indique qu'Alice à la force et les moyens de réussir et qu'elle est motivée pour s'engager. L'arcane indique également un environnement où règne une certaine tension.

Le résultat : L'arcane 14 : En guise de réponse, la Tempérance indique une réussite, de l'inspiration et de l'aide. L'arcane n'indique pas un résultat spectaculaire mais plutôt juste la note qu'il faut pour passer en douceur, avec fluidité. Il y aura alors un grand soulagement.

L'énergie du futur : Les arcanes 11 et 14 révèlent l'arcane 7. Grâce à son efficacité et à ses capacités à prendre les rennes de la situation en main, Alice réussira certainement.

La synthèse : L'arcane 11 en synthèse (addition des 4 premiers arcanes) confirme une maîtrise de la situation et une réussite malgré une certaine tension intérieure.

L'évolution : L'arcane 1 en position 6 indique un nouveau départ avec plus de joie et la possibilité de travailler avec une énergie nouvelle ou avec de nouveaux outils.

Les quatre arcanes temporels :

Arcanes 1 et 4 : Le passé : L'addition des arcanes 13 et 14 révèle l'arcane 9. Cela indique que ce qui motive Alice pour passer cet examen, c'est d'avancer et d'être sereine.

Arcanes 4 et 2 : Le futur proche : L'addition des arcanes 14 et 9 révèle l'arcane 5. L'arcane du Grand-Prêtre indique qu'Alice peut-être rassurée et avoir confiance.

Arcanes 2 et 3 : Le futur à moyen terme: L'addition des arcanes 9 et 11 révèle l'arcane 20. L'arcane du Jugement annonce une réponse rapide, sans doute avant le délai annoncé.

Arcanes 3 et 1 : Le futur à long terme: L'addition des arcanes 11 et 13 révèle l'arcane 6. L'Amoureux annonce de la joie, de l'harmonie et la possibilité d'apporter de l'équilibre aux personnes qui viennent la voir.

Retour quelques temps plus tard : Alice à réussi son examen quatre mois après sa consultation tarologique. L'examen a été assez stressant mais elle a obtenu juste un peu plus que le minimum nécessaire pour réussir.

Exemple 2 : Changement de statut professionnel : Réponse positive.
Jean exerce en profession libérale depuis des années. Il me demande s'il serait judicieux pour lui de changer de statut et d'exercer en portage salarial auprès d'une société qu'on lui a conseillée.

Il obtient le tirage suivant :

Arcane 4   Arcane 10   Arcane 11
Arcane 21   Arcane 13   Arcane 19
Arcane 11   Arcane 8   Arcane 9   Arcane 20

Le pour : Arcane 21 : L'arcane 21 nous parle bien d'une profession libérale avec une clientèle variée. Elle nous indique que Jean joue pleinement son rôle dans le monde et maîtrise parfaitement son art. La présence du Monde en position « pour » est un bon présage. Elle invite à élargir ses horizons et à exprimer meilleur de soi-même.

Le contre : Arcane 19 : Malgré ses compétences, Jean se dévalorise. Sa situation actuelle ne le met pas en joie. Il fonctionne beaucoup avec sa volonté et s'obstine à vouloir des choses qui lui sont défavorables. Il est nécessaire d'aller vers une situation avec plus de joie. Cet arcane indique également que la société de portage salarial dont il est question est très positive. Le Soleil en contre indique également qu'il est défavorable d'être trop dans la lumière, d'être trop visible, de vouloir monter sur le podium avant d'avoir fait le nécessaire.

L'énergie du présent : Les arcanes 21 et 19 révèlent l'arcane 4. Jean est bien installé dans sa position actuelle. Il est une autorité dans son secteur d'activité. Il a bâti son empire à sa façon.

L'environnement-le destin : L'arcane 10 : Cet arcane indique que Jean a conscience de tourner en rond dans des cycles répétitifs qui aboutissent toujours aux mêmes difficultés, à cause des charges excessives qui plombent son budget. Il indique qu'il a la compréhension, l'énergie et l'intelligence pour faire tourner la roue différemment et pour repartir sur un nouveau cycle.

L'arcane indique également un environnement où il est question de chiffres, de destin et d'échanges commerciaux. Il indique enfin qu'il est judicieux de tenter sa chance dans cette nouvelle orientation et de démarrer un nouveau cycle.

Le résultat : L'arcane 8 : En guise de réponse, la Justice, symbole de statut légal et de contrat, indique que sa démarche est juste. Elle permettra une remise en ordre et un meilleur équilibre.

L'énergie du futur : Les arcanes 10 et 8 révèlent l'arcane 18. L'arcane de la Lune montre une évolution d'une situation où il y a un certain stress émotionnel et une forte influence du passé vers une situation fluide où l'on ressent du bien-être.

La synthèse : L'arcane 13 (21+19+10+8=58=13) en synthèse confirme la fin d'une situation et une transformation radicale.

L'évolution : L'arcane 20 au centre confirme que ce serait pour Jean, à terme, une seconde chance et une véritable résurrection.

Les quatre arcanes temporels :

Arcanes 1 et 4 : Le passé : L'addition des arcanes 21 et 8 révèle l'arcane 11. Cela montre que Jean a beaucoup de cœur mais aussi qu'il a beaucoup été dans la dualité, dans la lutte pour réussir et qu'il a une grande maîtrise de lui-même.

Arcanes 4 et 2 : Le futur proche : L'addition des arcanes 8 et 19 révèle l'arcane 9. La lumière sera au bout du chemin et il y aura une évolution vers plus de sérénité.

Arcanes 2 et 3 : Le futur à moyen terme: L'addition des arcanes 19 et 10 révèle l'arcane 11. L'arcane de la Force annonce une réussite et la possibilité d'exprimer le meilleur de soi-même. Elle évoque également la possibilité d'effectuer des activités en groupe.

Arcanes 3 et 1 : Le futur à long terme: L'addition des arcanes 21 et 10 révèle l'arcane 4. L'Empereur annonce une situation solide et une bonne assise. Elle révèle que d'un point de vue professionnel, la situation future ne sera pas très différente de ce qu'il vit dans le présent. L'empire demeure mais sous une autre forme.

Retour quelques temps plus tard : Jean a quitté son statut de profession libérale. Il exerce en portage salarial. Les premiers mois ont été un peu stressants mais à présent, il travaille d'une façon beaucoup plus sereine et juste pur lui.

Exemple 3 : Déménagement : Réponse négative. Anna habite en colocation et n'est pas satisfaite de sa situation. Elle me demande s'il serait judicieux de chercher une autre colocation dès maintenant.

Elle obtient le tirage suivant :

Arcane 17 Arcane 9 Arcane 13
Arcane 8 Arcane 10 Arcane 5
Arcane 5 Arcane 15 Arcane 20   Arcane 10

Le pour : Arcane 8 : L'arcane 8 évoque une structure locative associative avec une organisation imposée, des règles strictes, beaucoup d'échanges et une certaine harmonie. Le lieu de vie est une civilisation ou un monde à lui tout seul.

Le contre : Arcane 5 : Malgré cette richesse d'échanges et le bon fonctionnement de l'ensemble, Anna trouve que la situation est dogmatique et étouffante. Elle ne se sent pas vraiment protégée et elle a l'impression qu'elle n'est pas libre de s'exprimer selon ses valeurs, comme elle veut. Le Pape en contre indique qu'il n'est pas favorable d'entreprendre des négociations.

L'énergie du présent : Les arcanes 8 et 5 révèlent l'arcane 13. Derrière l'harmonie de façade, il y a d'intenses échanges d'énergies et une certaine tension. L'arcane 13 symbolise une énergie très collective à laquelle l'individu doit s'adapter comme il le peut. Elle montre aussi un désir de changement.

L'environnement-le destin : L'arcane 9 : Cet arcane indique qu'Anna est en pleine construction, en plein chantier dans sa vie et qu'il y a un chemin à parcourir avant de pouvoir créer une nouvelle situation. Elle indique enfin qu'il est judicieux de prendre du recul, de rechercher plus de sérénité, de patienter, d'approfondir, de gérer les difficultés du présent, de murir et de faire preuve de sagesse et de bon sens.

Le résultat : L'arcane 15 : En guise de réponse, le Diable indique que le remède risque d'être pire que le mal et aboutirait à une crise. La réponse est négative.

L'énergie du futur : Les arcanes 9 et 15 révèlent l'arcane 6. L'amoureux invite à écouter ses vrais désirs pour faire les bons choix. Il peut suggérer qu'une rencontre sociale ou sentimentale permettra plus tard de changer de lieu de vie.

La synthèse : L'arcane 10 (8+5+9+15=37=10) en synthèse confirme que la roue finira par tourner quand le cycle actuel se terminera. Anna pourra alors repartir vers un nouveau cycle.

L'évolution : L'arcane 10 montre qu'à moyen terme, la roue tournera à nouveau et qu'Anna pourra trouver un autre lieu.

Les quatre arcanes temporels :

Arcanes 1 et 4 : Le passé : L'addition des arcanes 8 et 15 révèle l'arcane 5. Anna s'est mise en colocation car cela la rassurait.

Arcanes 4 et 2 : Le futur proche : L'addition des arcanes 15 et 5 indique qu'il est nécessaire de créer les conditions adéquates pour effectuer un nouveau départ et que cela passe par une transformation profonde.

Arcanes 2 et 3 : Le futur à moyen terme: L'addition des arcanes 5 et 9 révèle l'arcane 13. L'arcane sans nom confirme qu'une grande transformation va arriver et qu'il y aura une rupture avec la situation actuelle.

Arcanes 3 et 1 : Le futur à long terme: L'addition des arcanes 8 et 9 révèle l'arcane 17. L'Etoile annonce un avenir meilleur et beaucoup plus joyeux.

Retour quelques temps plus tard : Anna a trouvé un nouvel emploi six mois après avoir effectué ce tirage. Elle a quitté la résidence associative où elle logeait précédemment, a abandonné toute idée de colocation et habite dans un petit appartement, seule, dans une belle résidence où il y a de la verdure. La Roue a ainsi tourné deux fois, pour son travail et pour son logement.

Exemple 4 : Evolution professionnelle et financière : Réponse positive.

Sophie occupait un poste de cadre dans une grande entreprise. Son CDD a pris fin et elle souhaite vivre de ses passions, à savoir la distribution de produits cosmétiques et de prestations en coaching. Elle me demande si ces différentes activités vont prospérer suffisamment pour déboucher avant 24 mois sur un équilibre financier.

Elle obtient le tirage suivant :

Arcane 5 Arcane 6   Arcane 19

Arcane 17 Arcane 11 Arcane 13

Arcane 19 Arcane 2   Arcane 15   Arcane 7

Le pour : Arcane 17 : L'Etoile symbolise la beauté et ce qui guide vers un avenir meilleur. Placée en position 1, son présage est particulièrement favorable. Sophie est dans la voie qui est juste pour elle.

Le contre : Arcane 13 : Sophie est devenue depuis peu extrêmement lucide et cela la perturbe beaucoup. Son défi est d'accepter cette lucidité et de la mettre au service de sa nouvelle activité.

Elle vivra sans doute un passage un peu stressant émotionnellement. Il est nécessaire de rester positive. Il n'est pas favorable de voir les choses en noir ou d'abandonner ses projets.

L'énergie du présent : Les arcanes 17 et 13 révèlent l'arcane 3. Il y a une phase de mise en forme où une communication intense et pertinente est nécessaire. Sophie agit avec succès pour coordonner les différents paramètres de la situation et pour mettre en place ses nouvelles activités commerciales.

L'environnement-le destin : L'arcane 6 : Cet arcane indique que Sophie a une intense activité relationnelle, une intelligence relationnelle et une vie de couple qui occupe une place importante dans sa vie. Cela va beaucoup l'aider pour mettre en place ses nouvelles activités.

Le résultat : L'arcane 2 : En guise de réponse, la Grande-Prêtresse montre qu'après une phase de préparation, une nouvelle situation verra le jour.

La situation va évoluer naturellement et de façon fluide. Elle indique que les activités générant du bien-être sont favorisées. La réponse est positive.

L'énergie du futur : Les arcanes 6 et 2 révèlent l'arcane. La Justice indique une remise en ordre, un nouvel équilibre et une façon nouvelle de participer à la société.

Le moyen terme : L'arcane 7 montre qu'à moyen terme, l'entreprise atteindra sa vitesse de croisière et sera performante. Il y aura certainement de fréquents déplacements, ce que confirme Sophie.

La synthèse : L'arcane 11 (17+13+6+2=38=1) en synthèse indique une réussite et une maîtrise de la situation.

Les quatre arcanes temporels :

Arcanes 1 et 4 : Le passé : L'addition des arcanes 17 et 2 révèle l'arcane 19. Sophie occupait un rôle central dans sa précédente entreprise et son expérience a été une belle réussite.

Arcanes 4 et 2 : Le futur proche : L'addition des arcanes 2 et 13 indique que Sophie va être passionnée par ses nouvelles activités mais aussi qu'elle va devoir gérer des situations parfois compliquées en lien avec le pouvoir et l'argent, ce qu'elle confirme. Certaines relations et certains partenariats n'ont pas toujours été bien définis, ce qui a généré des crises. Un recadrage sera alors nécessaire pour canaliser les passions.

Arcanes 2 et 3 : Le futur à moyen terme: L'addition des arcanes 17 et 6 révèle l'arcane 19. Le Soleil confirme une belle réussite grâce aux relations positives et privilégiées que Sophie a l'intention de créer.

Arcanes 1 et 3 : Le futur à long terme: L'addition des arcanes 17 et 6 révèle l'arcane 5. Le Grand-Prêtre est rassurant et protège le nouveau statut. Il confirme qu'il y aura à terme un équilibre financier et révèle que Sophie fera sans doute des conférences, des stages et de la formation. Elle me confirme que c'est ce qu'elle souhaite mettre en place.

Retour peu de temps plus tard : Sophie m'a confirmé quelque mois plus tard que le projet progresse, que tout se passe comme prévu et que l'avenir est rassurant.

Exemple 5 : **Vie sentimentale : Vivre ensemble : Réponse négative.** Louis, qui est très indépendant, vit depuis trois ans une relation sentimentale avec Aline. Aline veut qu'ils habitent ensemble et demande à Louis de s'engager en ce sens. Louis ne se sent pas prêt à franchir le cap. Il me demande s'il est judicieux d'habiter ensemble dans les 14 prochains mois?

Il obtient le tirage suivant :

Arcane 5	Arcane 14	Arcane 20	
Arcane 18	Arcane 8	Arcane 6	
Arcane 6	Arcane 15	Arcane 21	Arcane 8

Le pour : Arcane 18 : La Lune indique une relation fortement influencée par le passé, par les mémoires. Elle montre que la relation est perçue à travers le filtre des émotions. Elle indique beaucoup de bien-être et d'intimité dans la relation mais aussi que la question est source d'un certain stress émotionnel.

Le contre : Arcane 6 : L'Amoureux en contre indique un problème de choix et de possibilités. Il n'est pas à priori possible, actuellement, pour Louis, de quitter son lieu actuel. Louis confirme que sa situation économique actuelle a déjà généré un refus de deux agences immobilières et sa banque lui a signifié qu'il n'a pas la possibilité d'emprunter. Habiter ensemble ne serait pas forcément un choix favorable ou tout au moins possible actuellement pour Louis. Il risque aussi d'avoir l'impression qu'Aline lui impose un choix qui n'est pas le sien.

L'énergie du présent : Les arcanes 18 et 6 révèlent à nouveau l'arcane 6. Cela révèle qu'il y a une belle entente, une réelle complicité amoureuse et une grande harmonie relationnelle entre Louis et Aline.

L'environnement-le destin : L'arcane 14 : Cet arcane indique que Louis et Aline sont tous les deux très indépendants, qu'ils s'aident beaucoup mutuellement, que la situation évolue d'un état vers un autre et que de l'aide est nécessaire pour qu'une vie commune sous le même toit devienne possible.

Le résultat : L'arcane 15 : En guise de réponse, le Diable indique qu'actuellement, forcer le destin conduirait à une situation de crise voire à une situation infernale. Les conditions ne sont pas propices pour une vie commune. La réponse est négative.

L'énergie du futur : Les arcanes 14 et 15 révèlent l'arcane 11. La Force indique soit des rapports de force et des conflits, soit une capacité à maîtriser la situation.

La synthèse et l'évolution : L'arcane de la Justice révèle la nécessité d'être juste, équilibré et en harmonie avec soi-même et avec l'ordre des choses. Elle indique la nécessité de peser le pour et le contre, de prendre en compte le temps nécessaire et de trancher. Aline est persuadée d'avoir raison et d'être dans son bon droit en insistant sur la nécessité de vivre sous le même toit et de son point de vue, son besoin est parfaitement légitime. La Justice indique qu'un accord sera trouvé et qu'un nouvel équilibre sera créé.

Les quatre arcanes temporels :

Arcanes 1 et 4 : Le passé : L'addition des arcanes 18 et 15 confirme la bonne entente et l'harmonie relationnelle entre Louis et Aline.

Arcanes 4 et 2 : Le futur proche : L'addition des arcanes 15 et 6 révèle l'arcane 21. Le Monde indique une évolution positive de la situation et un aboutissement. Il montre que des événements extérieurs en lien avec des activités économiques dans le monde auront un impact favorable sur la situation. Louis et Aline sont tous les deux en transition et développent chacun une nouvelle activité professionnelle. Cela ne peut que contribuer à créer les conditions économiques futures permettant un rapprochement et une vie commune.

Arcanes 2 et 3 : Le futur à moyen terme: L'addition des arcanes 6 et 14 révèle l'arcane 20. Le Jugement indique un événement inattendu, un nouveau départ, une seconde chance et une résurrection.

Arcanes 1 et 3 : Le futur à long terme: L'addition des arcanes 14 et 18 révèle l'arcane 5. Le Grand-Prêtre est rassurant et protège la relation. Il confirme qu'il peut y avoir à long terme une possibilité de vie commune.

Retour peu de temps plus tard : Quelques mois ont passé depuis le tirage. Louis et Aline continuent leur relation et se voient très souvent mais ils vivent toujours dans deux lieux séparés. La communication et le dialogue ont permis de poser les bases d'un nouvel équilibre.

3- TIRAGE CINEMA AVEC SEPT ARCANES OU TIRAGE DE JFK

Ce tirage très pertinent associe les arcanes majeurs et les arcanes mineurs.   Il couvre tous les domaines de la vie. Il peut être effectué avec entre 4 et 12 arcanes majeurs et le même nombre d'arcanes mineurs. Parce que 7 est un nombre sacré, le tirage d'origine s'effectue avec 7 arcanes. Ce tirage a été créé par le Tarologue Lyonnais Monsieur JF Kermoyan. Il couvre une période de temps d'environ 6/8 mois quand il est effectué avec sept arcanes. Vous mélangez les arcanes majeurs et vous les étalez devant vous. Vous choisissez 7 arcanes en les disposant en ligne comme suit. Vous mélangez ensuite les arcanes mineurs et vous les étalez devant vous sous les arcanes majeurs.

Le tirage raconte une histoire, comme un court métrage, en 7 images. Les arcanes majeurs décrivent un événement, une situation, un vécu. La famille des arcanes mineurs décrit le domaine rattaché à la situation révélée par l'arcane majeur. (coupes = domaine sentimental, bâtons = domaine professionnel, épées = domaine de l'énergie et les deniers = domaine des finances.) Elle décrit également, par le nombre, la forme ou l'intensité de la situation. Les chiffres des arcanes mineurs indiquent l'intensité du vécu et ils apportent les précisions nécessaires. Une famille absente indique ainsi peu d'événements marquants en lien avec le domaine en question. Une famille représentée deux fois peut indiquer un lien entre deux événements.

Comment combiner un arcane majeur avec un arcane mineur ? Voici un exemple : La Tempérance et un 6 d'épée. La Tempérance indique une continuité logique, une solution, une libération psychologique et le 6 d'épée parle de limitations dans le domaine de l'énergie et dans l'expression de la parole. Cette combinaison peut alors indiquer une libération psychologique de l'énergie et une intelligence permettant de faire des choix efficaces.

Exemple de tirage cinéma : Ma cousine Noémie vient me voir et me demande comment je sens les prochains mois pour elle.

Elle vit avec son compagnon depuis plusieurs années et ils attendent un enfant. Nous effectuons le tirage suivant.

Arcane 20 Arcane 9 Arcane 11 Arcane 17 Arcane 5 Arcane 14 Arcane 16

As épée 4 coupes 4 deniers 10 deniers As coupes Roi Bâtons Valet coupes. Il y a un arcane d'épée, un arcane de bâton, deux arcanes de deniers et trois arcanes de coupe. Noémie sera donc surtout concentrée sur la vie privée durant cette période.

Mois 1 : Arcane 20 et As d'épée : L'arcane 20 annonce un changement.   Les épées correspondent à l'énergie, la santé et l'action. L'As annonce aussi quelque chose de nouveau et d'intense. Noémie doit accoucher dans moins d'un mois.

Mois 2 : L'Hermite et l'As de coupe : L'Hermite annonce un chantier, une période d'intériorisation et la nécessité de voir les choses à long terme.   On est un peu plus lent que d'habitude. Les coupes évoquent le domaine relationnel, sentimental et la vie privée. Le quatre symbolise une construction. On bâtit son empire et on le gère. Pour Noémie, son empire, c'est son nouvel enfant, son foyer et sa famille. Elle récupère lentement mais surement de son accouchement.

Mois 3 : La Force et le quatre de deniers : La Force indique la maîtrise de l'énergie, l'expression du cœur et une activité intense. Ce mois correspond ici aux fêtes de Noel. Les deniers nous parlent du corps et d'argent. Il y a des achats en lien avec la famille et Noémie m'annonce qu'elle va recevoir une prime de naissance.

Mois 4 : L'Etoile et le 10 de deniers : Cette nouvelle année démarre sous une bonne étoile. On se repose et on prend soin de soi. Les deniers sont en lien avec le corps et l'argent. Le 10 annonce un nouveau cycle et des projets.

Mois 5 : Le Grand-Prêtre et l'As de coupe : Il y a des discussions, des négociations et peut-être l'officialisation de quelque chose. Les coupes sont en lien avec la vie privée, l'amour et les sentiments. L'As annonce un événement fort. Noémie sourit et me dit qu'il est question de mariage mais aussi de son retour dans son entreprise le mois prochain.

Mois 6 : L'Ange et l'As de bâton : La Tempérance annonce le passage d'un état à un autre, une continuité logique dans le flux des événements mais aussi une activité nécessitant l'usage de son intelligence et d'une capacité à travailler en réseau. Noémie est chef de projet dans une entreprise et doit y retourner ce mois ci. Les bâtons mettent en valeur la vie professionnelle et le roi de bâton symbolise le responsable de Noémie qui attend son retour.

Mois 7 : La Maison Dieu et le valet de coupe : La Maison Dieu annonce un changement de structure. Les coupes nous parlent de la vie privée. Le valet indique les démarches, la gestion de papiers et l'organisation autour d'un projet. Noémie sourit à nouveau et évoque le projet de changer de lieu de vie pour s'adapter à l'arrivée du nouvel enfant.

Retour : La naissance de l'enfant s'est bien passée. Noémie et son compagnon se sont mariés. Noémie a repris son travail comme prévu et ils ont déménagé dans une petite maison.

***

Remerciements

Ce livre s'est fait grâce à différentes personnes qui m'ont fait découvrir le Tarot, qui m'ont aidé à en comprendre les structures et la profondeur et qui m'on permis de développer une pratique intuitive profonde.

Avec amour et gratitude, je remercie :

Daniel Jackson et Marie-Christine Jackson
Marguerite Bennasar Ballester
Jean-François Kermoyan
Denis, Corinne, Nathalie et Marie-Hélène
Nadine Kaiser et Hélène Givaudin
Roxane Flornoy, Igor Barzilai et Bruno de Nys pour l'autorisation des images
Et Nephtys

***

Le tarot vous passionne !

Le Tarot éternel n'est que la première étape du voyage !

Le livre « Le Tarot Eternel 2 » vous accompagne plus loin dans la poursuite du voyage !

Le livre « Le Diamant de Naissance » vous permet de prendre conscience de votre plan d'âme et de votre plan d'évolution !

Le livre « Le Chemin de votre vérité profonde » vous révèle les clefs spirituelles des 22 arcanes du tarot... et du « chemin vers Dieu ».

Ils sont disponibles sur mon site
http://www.coaching-evolution.net

Et sur le site de Kindle amazon.

Etudes proposées en Développement Personnel

Votre Diamant de Naissance 70 pages
Votre Thème Astral Approfondi 110 pages
Votre Thème annuel ou révolution solaire 15 pages
Votre Thème Maya 60 pages
Plus d'infos : http://www.coaching-evolution.net
Contact : EJP : 06 62 51 32 26